PARIS. — IMPRIMERIE DE C. L. F. PANCKOUCKE,
Rue des Poitevins, n° 14.

# LE SATYRICON

DE

# T. PÉTRONE

TRADUCTION NOUVELLE

## PAR C. H. D. G.

AVEC LES IMITATIONS EN VERS,
ET LES RECHERCHES SCEPTIQUES SUR LE SATYRICON
ET SUR SON AUTEUR

DE J. N. M. DE GUERLE.

TOME PREMIER.

PARIS
C. L. F. PANCKOUCKE
MEMBRE DE L'ORDRE ROYAL DE LA LÉGION D'HONNEUR
ÉDITEUR, RUE DES POITEVINS, N° 14

M DCCC XXXIV.

# AVERTISSEMENT
## DU
## TRADUCTEUR.

Il n'est pas un ami des lettres qui ne connaisse la traduction en vers du poëme de la *Guerre civile* de Pétrone\*, par M. de Guerle, et ses imitations des autres morceaux de poésie que renferme le *Satyricon*\*\*.

Ces pièces charmantes perdaient beaucoup de leur prix à être ainsi isolées du roman satyrique où Pétrone les a si heureusement semées, et où elles répandent tant de charme

---

\* *La Guerre civile*, poëme, traduction libre de Pétrone, suivie de recherches sceptiques, tant sur la Satyre de Pétrone que sur son auteur. Un volume in-8º. Paris, chez Brasseur. An VII de la république.

\*\* Ces *morceaux choisis de Pétrone* ont été réimprimés dans les *OEuvres diverses de J. N. M. de Guerle*. Un volume in-8º. Paris, Delangle frères, 1829.

et de variété. Le désir de les replacer dans leur cadre naturel est ce qui m'a engagé à faire cette traduction.

Ce qui, surtout, m'encourageait dans cette entreprise, c'est la médiocrité de toutes les traductions du *Satyricon* publiées jusqu'à ce jour. En effet, sans parler de celle que l'on doit à la plume infatigable de l'abbé de Marolles, la plus mauvaise, peut-être, de toutes celles qu'il a faites, et ce n'est pas peu dire; Nodot et Lavaur, tous les deux hommes de mérite, en s'imposant une fidélité trop scrupuleuse, ont bien rendu *la lettre*, mais non *l'esprit* de Pétrone; ils semblent avoir oublié qu'ils avaient à reproduire un des écrivains les plus délicats et les plus ingénieux de l'antiquité: toutes les grâces du modèle, toute la vivacité de son coloris, disparaissent sous leur pinceau lourd et blafard. D'autres, comme Boispréaux (Desjardins) et M. Durand, ont voulu donner à leur version une allure leste et dégagée; mais, par une erreur encore plus grande, en habillant Pétrone à la française, ils lui ont ôté sa physionomie originale, et l'ont rendu méconnaissable.

Placé entre ces deux écueils, j'ai tâché, tout en suivant exactement le texte, que ma fidélité n'eût rien de servile. Si je n'ai pu rendre tout l'éclat des morceaux saillans, j'ai quelquefois pallié les défauts de l'original. Sans doute cette version n'est qu'une bien pâle copie d'un brillant tableau ; mais je prie le lecteur de considérer que, si j'ai souvent échoué dans mes efforts, c'est que j'avais à lutter contre des obstacles presque insurmontables.

La première difficulté qui se présentait, c'était le choix d'un texte : l'ouvrage de Pétrone a tellement souffert de l'injure des temps et de l'ignorance des copistes, qu'il offre à chaque instant des passages mutilés ou corrompus, dont il est impossible de fixer le véritable sens, malgré les doctes et laborieuses élucubrations des Reinesius, des Douza, des Gonsalle de Salas, des Barthius, des Heinsius, des Pithou, des Bourdelot, des Bouhier, des

Burmann, et d'une foule d'autres savans illustres.

Le texte de Burmann (Amsterdam, 1733), l'édition Bipontine de 1790, et celle que M. Renouard a publiée en 1797, sous le format in-18, ont servi de base à mon travail. Lorsque je m'en suis écarté, c'est que j'avais pour le faire d'imposantes autorités.

Tout en reconnaissant, avec Burmann et Breugière de Barante, pour apocryphes les prétendus fragmens du *Satyricon* trouvés à Belgrade en 1688, et publiés par Nodot en 1692, je n'ai pas laissé de les admettre dans mon texte, en les plaçant toutefois entre deux crochets, pour les distinguer de ce qui est entièrement conforme aux manuscrits. J'ai suivi en cela l'édition Bipontine et l'opinion de Basnage : ce critique célèbre pense que ces fragmens, qui remplissent d'énormes lacunes, donnent de la liaison et de la suite à un ouvrage qui n'en avait pas, et rendent la lecture du *Satyricon* plus facile et plus agréable.

Quant aux notes, je ne me suis fait aucun scrupule d'emprunter, soit aux commentateurs, soit aux traducteurs mes devanciers, tout ce qui, dans leurs remarques, se trouvait à ma convenance : j'ai surtout mis à profit celles de Lavaur, qui se distinguent par une solide érudition.

J'avais d'abord eu l'intention de faire précéder cette traduction d'une notice historique et littéraire sur Pétrone : la préface de Bourdelot m'offrait d'excellens matériaux pour ce travail ; mais au moment de les mettre en œuvre, je me suis rappelé que M. de Guerle avait publié, à la suite de sa traduction de la *Guerre civile*, des *Remarques sceptiques sur le Satyricon et sur son auteur*, qui remplissaient parfaitement le but que je me proposais. J'ai donc pensé que c'était la meilleure introduction que je pusse placer en tête de cet ouvrage. J'espère que le lecteur sera de mon avis, et qu'il me saura gré de reproduire ici cette ingénieuse dissertation, où l'érudition la plus variée s'unit à une critique fine et spirituelle. Le seul reproche que l'on pourrait peut-être faire à l'auteur de ces *Remarques*, c'est de laisser le lecteur dans le doute, et de ne rien conclure; mais l'épithète de *sceptiques*, qu'il leur a donnée, répond d'avance à cette objection.

Si j'osais, après tant de savans qui se sont épuisés en conjectures sur cet ouvrage, émettre mon opinion personnelle, je dirais:

Non, le *Satyricon* n'est pas la diatribe contre Néron, que Pétrone composa à l'article de la mort, tandis que sa vie s'écoulait avec son sang : la longueur de cette Satyre ne permet pas de le croire ; mais il est très-probable que quelque compilateur du moyen âge aura réuni sous ce titre général de *Satyricon* ou plutôt de *Satyricôn*, comme le veulent Rollin, Baillet, et Burmann, tous les fragmens épars des différens écrits de Pétrone, tels que l'*Albutia*, l'*Eustion* et la diatribe en question, pour en former un corps d'ouvrage : dès-lors, le défaut de plan et de suite dans ce roman serait facile à expliquer.

Non, ce n'est pas l'empereur Néron que

## AVERTISSEMENT.

Pétrone a représenté sous le personnage de Trimalchion, mais bien plutôt Tigellin, l'infâme Tigellin ; cet homme sorti de la lie du peuple, qui, par la corruption de ses mœurs et ses lâches adulations, prit en peu de temps un grand ascendant sur l'esprit de l'empereur, et fut le principal auteur de la disgrâce de Pétrone. Celui-ci s'en vengea sans doute en homme d'esprit, et peignit cet ignoble favori du prince sous les traits d'un amphitryon fastueux et ridicule ; peut-être aussi le festin de Trimalchion est-il la parodie de cette fameuse orgie que Néron donna sur l'étang d'Agrippa, par les soins et sous la direction de Tigellin [*].

Dans tous les cas, il n'est pas douteux, selon moi, que le *Satyricon* ne soit, du moins en grande partie, l'ouvrage de ce même Pétrone dont parle Tacite [**], et qui fut, à la cour de Néron, l'arbitre du goût, *arbiter elegantiarum*, ce qui lui fit donner le surnom d'*Ar-*

---

[*] TACITE, *Annales*, livre xv, chapitre 37.
[**] *Ibid.*, livre xvi, chapitres 14 et 18.

*biter*, non pas comme une simple épithète, mais comme un de ces surnoms si communs chez les Romains, et qu'on employait indifféremment en place du nom propre.

Il ne me reste plus qu'un mot à dire sur les fragmens qui viennent à la suite du *Satyricon*. Parmi tous ceux que l'on attribue à Pétrone, je n'ai traduit que ceux qui m'ont paru présenter quelque intérêt, sans m'occuper de leur plus ou moins d'authenticité. La plupart sont extraits du recueil intitulé : *Veterum poetarum catalecta*, publié par Joseph Scaliger en 1573, et que l'on a joint depuis à presque toutes les éditions de Pétrone.

# RECHERCHES SCEPTIQUES SUR LE SATYRICON

ET SUR SON AUTEUR.

## PREMIÈRE PARTIE.

SI l'on en croit plusieurs savans [1], onze auteurs célèbres ont porté le nom de Pétrone; malheureusement, il ne nous reste de chacun d'eux que des fragmens. Parmi ces différens Pétrone, le plus illustre est distingué par le surnom d'*Arbiter;* c'est à lui qu'on doit le *Satyricon,* monument de littérature autrefois précieux sans doute par son élégance et sa légèreté, puisque ses ruines même ont encore de quoi plaire; mais dont la clef,

---

1. Entre autres Lotichius, poète et médecin allemand. Dans un énorme in-4° latin, publié à Francfort en 1629, il a recueilli les fragmens épars de onze auteurs, auxquels le nom de Pétrone est commun, et dont voici la nomenclature : Petronius Rhetor; Petronius Grammaticus; Petronius Affranius; Petronius Venustianus; Petronius antigenes Pisaurensis; Petronius hilaris Pisaurensis; Petronius Appollodorus, pontifex romanus; Petronius Levita; Petronius Indicus; Petronius Boloniensis; Petronius arbiter. A la suite de cette longue kyrielle de noms, Lotichius conclut gravement que ce dernier Pétrone pourrait bien être l'auteur du *Satyricon !*

depuis long-temps perdue, ne se retrouvera probablement jamais, quoi qu'en aient dit quelques modernes antiquaires.

Nul écrivain, si l'on en excepte Aristote, n'a trouvé peut-être autant d'interprètes[1]; cependant il n'en est ni mieux compris, ni plus connu.

Selon Gennadius de Marseille[2], écrivain du cinquième siècle, copié par la plupart de ceux qui l'ont suivi, notre Pétrone dut être au moins chevalier romain. Nodot[3] fait remonter son origine jusqu'aux anciens Sabins. Comme si son mérite personnel n'était pas son plus beau titre, on croit ajouter à sa gloire en parlant de ses ancêtres et de ses descendans. Rien ne prouve, il est vrai, que l'auteur du *Satyricon* ait eu plus que le nom de commun avec les différens Pétrone mentionnés par l'histoire[4]. N'importe; on a ri de Burmann[5], quand il s'avisa d'alléguer, contre l'opinion reçue, le silence des historiens latins[6], qui, dans le recensement de la

1. HUETIANA, *Jugement sur Pétrone*.
2. GENNADIUS, *de Viris illustribus*.
3. NODOT, *Vie de Pétrone*, en tête de sa traduction du *Satyricon*.
4. L'histoire vante surtout un Pétrone, officier de César et questeur en Afrique, qui se donna la mort plutôt que de rendre les armes à Scipion; un Pétrone, préfet du prétoire sous Auguste; un Pétrone, gouverneur d'Égypte sous Tibère, et de Syrie sous Caligula; un Pétrone, consul sous Gallien; un Pétrone, assassin de Valentinien III, et lui-même assassiné après trois mois de règne. Elle parle avec éloge d'un Flavius, d'un Sabinus, d'un Probus, d'un Maximus, d'un Primulus, d'un Turpillianus, tous rejetons célèbres de la famille des Pétrone.
5. BURMANN, Préface de son édition de *Pétrone*.
6. Parmi les savans modernes qui ont traité la même ma-

famille Pétronienne, ne donnent à aucun de ses membres le surnom d'*Arbiter*. En vain a-t-il insisté, en disant que souvent, par un charlatanisme non moins en usage chez les anciens que chez les modernes, l'auteur inconnu d'un ouvrage, pour lui prêter plus de relief, affectait de le publier sous un nom fameux; qu'ainsi les distiques de Caton ne sont point de Caton [1]; qu'ainsi le *Cuisinier romain* d'Apicius n'est point d'Apicius [2]. Aux yeux des généalogistes, une lettre, et moins encore, suffit pour donner aux gens un air de famille.

De graves auteurs qui ne doutent jamais [3], nous ont donné la vie de Pétrone bien circonstanciée. Le temps où il vécut, la cité qui le vit naître, les charges dont il fut honoré, les ouvrages qu'il composa, le caractère qui lui fut propre, la manière dont il mourut; rien n'est oublié : ils connaissent Pétrone, comme s'ils eussent été ses contemporains, ses compatriotes, ses amis. Et tout cela se trouve, selon eux, dans une page de Tacite! Il s'agit ici d'un passage des *Annales* [4], relatif à la mort du consul Pétrone. « C'était, dit Tacite, un courtisan voluptueux, passant avec aisance des plaisirs aux affaires, et des affaires aux plaisirs. Habitué à donner le jour au sommeil, il partageait la nuit entre ses devoirs, la table

tière, *voyez* Fulvius Ursinus, *de Familiis Romanorum*, in-fol., 1665.

1. Tanneguy Lefèvre attribue à Publius Syrus les prétendus distiques de Caton.

2. Le traité *de Re culinaria* est de M. Cœcilius, selon Vossius, *de Analogia*, lib. 1, cap. xiv, pag. 55.

3. Nodot, Lavaur, Dujardin, caché sous le nom de Boispréaux.

4. Tacite, *Annales*, liv. xvi, chap. 14 et 18.

et ses maîtresses. Idole d'une cour corrompue, qu'il charmait par son esprit, ses grâces et ses dépenses, il y fut long-temps l'arbitre du goût, le modèle du bon ton, le favori du prince. Mais enfin, supplanté par Tigellin son rival, il prévint, par une mort volontaire, la cruauté de Néron. Fidèle épicurien, même à son dernier soupir, il regardait en souriant la vie s'échapper avec son sang de ses veines entr'ouvertes. Quelquefois il les faisait fermer un instant, pour s'entretenir quelques minutes de plus avec ses amis, non de l'immortalité de l'âme ou des opinions des philosophes, mais de poésies badines, de vers légers et galans. Loin d'imiter ces lâches victimes du tyran, qui baisaient en mourant la main de leur bourreau, et léguaient leurs biens à leur avare assassin, il s'amusa dans ses derniers momens à tracer un récit abrégé des débauches de Néron; il le peignit outrageant à la fois la pudeur et la nature dans les bras de ses mignons et de ses prostituées. Après avoir adressé à Néron lui-même ce testament accusateur, scellé de l'anneau consulaire, il se laissa tranquillement expirer, et sembla s'endormir d'une mort naturelle. »

Rien de plus beau que ce morceau de Tacite: pour en sentir toutes les grâces, il faut le lire dans l'original. Mais peut-il s'appliquer à l'auteur du *Satyricon*? Voilà le point à résoudre.

On peut dire en faveur de l'affirmative:

1°. S'il est vrai que tout écrivain se peigne dans ses ouvrages, la ressemblance est parfaite entre le courtisan et l'auteur. L'un donne le jour au sommeil et la nuit aux plaisirs; l'autre prête à ses acteurs cette maxime d'Aristippe : *Vivamus, dum licet esse, bene.* Le premier ne disserte point comme Socrate, à son dernier soupir, sur l'immortalité de l'âme ; mais il récite nonchalamment à ses amis quelques strophes d'Anacréon ou d'Horace, et, sur le bord même de la tombe, il semble jouer avec la mort ; le second nous peint de jeunes débauchés, calmes sur un navire battu par l'orage, raillant, au milieu d'une mer en courroux, la piété tardive des matelots, et s'écriant au sein d'une orgie :

<blockquote>La force a fait les rois, la crainte a fait les dieux [1].</blockquote>

Le favori disgracié adresse à Néron, pour dernier adieu, une diatribe sanglante où sont livrés à l'opprobre, et ce tyran sans pudeur, et ses infâmes complices ; or, dans les scènes symboliques du *Satyricon*, qui ne reconnaît les nuits du Sardanapale romain et le scandale de sa cour ?

2º. Pline [2] et Plutarque [3] confirment ce qu'avance Tacite touchant le luxe délicat de Pétrone et la satyre dont il flétrit en mourant les vices de Néron. Ils nous apprennent aussi qu'un moment avant d'expirer, Pétrone, pour dérober une coupe précieuse [4] à l'avidité du tyran, la fit briser en sa présence.

1. *Primus in orbe deos fecit timor.*
2. C. PLIN., *Hist. nat.*, lib. XXXVII, cap. 11.
3. PLUT., *Traité du flatteur et du véritable ami.*
4. Pline dit : *Trullam murrhinam* CCC. HS. *emptam,* « une coupe de cassidoine valant 300 grands sesterces. » Selon le calcul de Jaucourt, cette coupe aurait valu 60,000 francs de notre monnaie.

3°. Terentianus Maurus [1] cite Pétrone comme faisant un usage familier du vers ïambe, et la lecture de Pétrone justifie la remarque de Terentianus : or, ce poète écrivait, dit-on, sous Domitien. Pétrone est donc antérieur à ce prince.

4°. Enfin, entre les règnes de Néron et de Domitien, nul auteur connu n'a porté le nom de Pétrone; car on ne peut citer *Petronius aristocrates* de Magnésie, philosophe contemporain de Perse, mais dont il ne nous reste aucun ouvrage. Donc Terentianus, Tacite, Pline et Plutarque ont, sous le nom de Pétrone, désigné un seul et même personnage; donc l'auteur du *Satyricon* vécut dans le premier siècle de l'ère vulgaire; donc il fut un seigneur romain, célèbre à la cour des empereurs, et qui s'y vit décorer des honneurs du consulat; donc sa mort coïncide avec la douzième année du règne de Néron; donc le *Satyricon* est la peinture des vices de ce prince.

Ce qui pourrait donner quelque poids à cette opinion, c'est qu'elle fut celle de P. Pithou [2], justement surnommé le Varron français dans le XVIe siècle. Mais, d'abord, on peut opposer à ce savant des savans non moins respectables, un Juste-Lipse, un Petit, les deux Valois, Voltaire et beaucoup d'autres : viennent ensuite quelques objections assez fortes contre le sentiment commun. Les voici : j'en attends la solution.

1°. C'est en vain qu'on invoquerait dans les deux

---

1. TERENTIANUS MAURUS, *in Arte metrica*.
2. P. PITHOU, *in Conjectaneis de Petronio*.

Pétrone la ressemblance des noms. Le seul Pétrone qui se vit honorer du consulat sous Néron, fut Caïus Petronius Turpillianus; Tacite et les fastes consulaires sont d'accord sur ce point. Or, l'auteur du *Satyricon* est Titus Petronius Arbiter. Cette double différence et de prénoms et de surnoms suffirait seule pour détruire l'identité des personnes. Mais, dira-t-on, Tacite n'appelle-t-il pas son Pétrone *elegantiæ arbiter?* Oui, mais ces deux mots doivent être traduits par ceux-ci : « Arbitre du goût; » ils ne forment donc là qu'une épithète. Séparez l'attribut du sujet, il ne vous restera qu'une abstraction. S'agit-il, au contraire, du *Satyricon?* le mot seul *Arbiter* présente l'idée complète de son auteur; il fait l'office de nom propre; *Arbiter* et *Pétrone* sont alors synonymes. Aussi voyons-nous ces deux mots employés indifféremment l'un pour l'autre par Planciades Fulgence, Diomède, Servius Honoratus, Macrobe, Victorin, Sidoine Appollinaire, saint Jérôme, et Terentianus Maurus lui-même. C'est pour n'avoir pas fait cette remarque, que plusieurs savans ont erré.

2°. Il n'existe pas plus de parité entre les ouvrages qu'entre les personnes. La diatribe dont parle Tacite fut composée un instant avant la mort de son auteur. Elle était donc fort courte, et contenait au plus quelques pages. Au moment où ses forces et son génie s'écoulaient avec son sang, restait-il au consul assez de verve pour improviser sur la guerre civile un poëme de trois cents vers, qui, selon quelques écrivains, valent seuls toute la *Pharsale?* L'impromptu sans doute eût été merveilleux; mais il serait venu à contre-temps : Lucain en eût été plus piqué que Néron, et ce n'était pas Lucain que Pétrone voulait punir. Quoi qu'il en soit, si l'on en croit Douza [1], nous avons à peine aujourd'hui la dixième partie du *Satyricon*; cependant ce faible débris, échappé aux injures du temps, forme encore un volume assez considérable. Or, à qui persuadera-t-on qu'un ouvrage de si longue haleine ait été conçu et dicté en un seul jour, et par un homme à l'agonie ?

3°. La diatribe du favori disgracié était la chronique du jour; chronique scandaleuse, mais véridique et basée sur des faits trop certains. Elle dénonçait à l'indignation publique les turpitudes confiées au secret de la nuit. Les agens du crime et ses complices, leurs noms, leur sexe, leur âge, les lieux qui le virent commettre, tout s'y trouvait décrit en peu de mots comme sans emblème. Ainsi l'exigeait la vengeance : le voile de l'énigme en eût émoussé les traits, et le raccourci du tableau donnait un jeu plus fort aux figures. Mais que voit-on dans le *Satyricon?* Là, chaque acteur, sous un nom supposé, voyage dans le pays des fables, raconte quelque aventure galante, fait tour-à-tour, à l'aide de récits imaginaires, la satyre de quelque vice, et jette le ridicule à pleines mains sur les objets qui lui déplaisent. Tantôt on y déplore la corruption du goût, l'avilissement des beaux arts, la chute de l'éloquence : on y donne parfois d'excellens préceptes de morale et de poésie. Tantôt l'auteur nous promène sur les mers, à travers les écueils ou les querelles des passagers; puis, tout à coup inter-

---

[1]. J. Douza, *In Præcidaneis pro Satyrico Petronii.*

rompant son récit, il repose agréablement l'esprit du lecteur sur l'épisode de la matrone d'Éphèse, et donne aux prudes une leçon utile. Plus loin, il embouche fièrement la trompette de Mars, décrit en vers ïambes l'embrasement de Troie, ou consacre à peindre les fureurs de la guerre civile la majesté de l'hexamètre. Enfin son vol s'abaisse, et sa dernière scène nous présente un fripon dupe de sa propre fourberie. En vérité, voir, dans ces jeux d'un esprit qui s'amuse, les débauches d'un tyran et la vengeance d'une de ses victimes, c'est avoir l'œil bien pénétrant!

4°. Sous quel personnage du *Satyricon* Néron serait-il donc caché? Encolpe et son cher Ascylte n'ont ni feu ni lieu; ils sont réduits à voler pour vivre; Néron est maître de l'univers, le monde met en tremblant ses richesses aux pieds de ce tyran. Eumolpe est un pauvre poète maltraité de la fortune, il fait d'assez bons vers qu'on bafoue; Néron, bel esprit couronné, voit partout ses méchans vers applaudis[1]. Pour Trimalchion, c'est un vieillard cassé, chauve, difforme, cacochyme, du reste assez bonhomme; Néron est dans la fleur de l'âge, mais, sous les grâces extérieures de la jeunesse[2], il cache

[1]. Vossius (*de Poetis latinis*) prétend que les vers de Néron n'étaient pas à mépriser; et Voltaire dit quelque part, en parlant de cet empereur : « Ce jeune prince, après tout, avait de l'esprit et des talens. » Mais Perse a réfuté d'avance ce sentiment, par ce vers qu'il applique à Néron, dans sa première *Satyre* :

Auriculas asini Mida rex habet. . . . . . . . . .

[2]. Selon Tacite, Néron était d'un extérieur agréable : Suétone le fait difforme. Auquel ajouter foi ?

un cœur féroce [1]. Trimalchion fut autrefois esclave en Asie, le commerce a fait sa fortune; Néron, né d'un sang illustre, petit-fils de Germanicus, fils adoptif d'un empereur, doit à sa naissance, et non point à son industrie, le pouvoir suprême dont il abuse. De plus, si le *Satyricon* est la peinture des nuits de Néron, si Trimalchion est Néron lui-même, comme quelques-uns le prétendent, pourquoi l'ouvrage entier ne nous offre-t-il qu'une seule orgie nocturne? Pourquoi Trimalchion n'y préside-t-il pas en personne? Pourquoi n'en est-il pas même un des acteurs subalternes? Serait-ce là une finesse de l'art? Mais, dans ce cas, comment l'empereur se serait-il reconnu dans ces hiéroglyphes perpétuels? D'ailleurs, pour couvrir d'opprobre Néron, le consul avait-il besoin de ces détours? et puisqu'il ne devait pas survivre à son ouvrage, pouvait-il craindre de faire briller aux yeux du tyran l'éclat terrible de la vérité nue?

5°. Favori de la fortune et du prince, le consul se vit

---

1. On n'est pas unanimement d'accord sur la férocité de Néron. Antistius et Vejento le déchirèrent, dit-on, presque impunément dans leurs satyres. Un cynique l'insulte en pleine rue; un comédien le joue sur le théâtre : à peine daigne-t-il les bannir de l'Italie. Après le parricide d'Agrippine, sa mère, un anonyme fait courir ce distique :

> Quis negat Æneæ magna de stirpe Neronem?
> Sustulit hic matrem, sustulit ille patrem.

Le sénat en fait rechercher l'auteur. Néron déclare qu'il lui pardonne. A sa mort, plus d'un Romain jette des fleurs sur son tombeau, et se prosterne devant ses statues.

combler de richesses et d'honneurs; mais, parmi les anciens écrivains, nul n'a fait de notre Pétrone un magistrat romain, un second Lucullus, un courtisan de Néron, une victime de ses fureurs. Ce qui est bien plus décisif encore, c'est le silence absolu des auteurs jusqu'au troisième siècle. Martial, Suétone, Pline, Juvénal, Quintilien même, qui a parlé de presque tous ceux qui l'ont précédé, ne disent pas un mot du *Satyricon*, ni de Petronius Arbiter. Les premiers qui en aient fait mention sont Diomède, Priscien, Victorin, Macrobe et saint Jérôme.

6°. L'autorité du poète Terentianus Maurus ne prouve rien en fait d'époque, puisqu'on ignore quand il vécut lui-même. C'est sur l'autorité de Martial [1] que quelques-uns l'ont fait contemporain de Domitien; mais Martial parle seulement d'un Terentianus, gouverneur de Syenne en Afrique, sous l'empire de Trajan; or, rien ne démontre qu'il soit l'auteur de l'*Art poétique* qui porte son nom. N'est-il pas au contraire plus naturel d'en faire honneur au Terentianus, à qui Longin dédia son traité du sublime dans le troisième siècle? et Vivès [2] d'ailleurs ne rapproche-t-il pas le poète Terentianus des derniers jours de Dioclétien?

7°. Lactance-Placide [3] accuse T. Pétrone d'avoir dé-

---

1. MARTIAL, liv. 1, *Épigr.* 87.
2. VIVÈS, *Commentaire sur la Cité de Dieu.*
3. LACTANCE-PLACIDE, *Comment. in Statii Thebaïd.* Il ne faut pas confondre, comme quelques-uns l'ont fait, ce grammairien avec Lactance le Philosophe : tous deux fleurirent sous Constantin.

robé au troisième livre de la *Thébaïde* cet hémistiche fameux que nous y lisons encore aujourd'hui :

> Primus in orbe deos fecit timor.

Or, ce fut sous Trajan que mourut Stace : son prétendu plagiaire lui est nécessairement postérieur; il n'est donc pas le Pétrone dont Tacite a parlé.

8°. Les regrets de notre Pétrone sur la triste situation de la peinture, disparue, dit-il, jusqu'à la dernière trace, au temps où il vivait, *picturæ ne vestigium quidem reliquum*, ne démontrent-ils pas jusqu'à l'évidence combien il est plus récent que Néron, puisque Rome possédait encore des chefs-d'œuvre de peinture et de sculpture, sous le règne même de Commode?

9°. Henri Valois fait vivre l'auteur du *Satyricon* sous Marc-Aurèle; Adrien, son frère, sous Gallien; Statilius, Bourdelot et Jean Leclerc, sous Constantin; Lylio Giraldi, sous Julien; d'autres, par une méprise assez plaisante, en ont fait un évêque de Bologne, mort dans le cinquième siècle, et qu'il plut au pape de canoniser. Le chantre un peu profane du plaisir ne s'attendait guère apparemment que les dévotes lui crieraient un jour : « Saint Pétrone, priez pour nous! » Quoi qu'il en soit, Henri Valois, qui lui donne le plus d'antiquité, le place, comme on voit, environ un siècle après Néron. Il est bon de remarquer combien est moderne l'opinion qui le recule vers le milieu du premier siècle. Avant P. Pithou, personne ne s'était avisé d'appliquer le passage de Tacite à l'auteur du *Satyricon*. Du moins, ce savant modeste ne l'a fait qu'en hésitant; il donne son sentiment pour une simple conjecture. « Si je ne me trompe, dit-il [1], l'auteur du *Satyricon* est le Pétrone dont Tacite a parlé. » Ainsi ses premiers mots expriment l'incertitude. Ceux qui depuis ont d'abord partagé son doute, ont trouvé bientôt plus commode de trancher que d'examiner; ils ont juré, par paresse, *in verba magistri*. Mais, quoique les adversaires de cette opinion ne s'accordent point entre eux sur l'époque où vécut T. Pétrone, le consentement unanime de ces derniers à le faire postérieur aux douze Césars, n'en est pas moins par lui-même une réfutation suffisante du système opposé; et tout ce qui résulte, en saine logique, de tant de variations, c'est qu'on ignore à quel siècle T. Pétrone appartient.

10°. C'est en vain qu'on argumenterait, avec Baillet [2] et plusieurs autres, de la pureté du style de Pétrone, pour en conclure qu'il ne peut être postérieur à Néron. Le style d'un auteur [3] est un garant peu sûr de l'époque qui le vit fleurir. Pourquoi Pétrone, formé sans doute par l'étude des grands modèles, n'aurait-il pas mieux écrit que ses contemporains? Lactance, postérieur de plus de trois cents ans à Cicéron, n'a-t-il pas été surnommé le Cicéron de son siècle; et ne semble-t-il pas appartenir à celui d'Auguste, tant son style est pur, abondant et fleuri? Chapelain et Pradon, au contraire, quoique contemporains de Racine, ne lui sont-ils pas

---

1. Voici les paroles de P. Pithou, dans ses conjectures sur Pétrone : *Aut valde me conjectura fallit, aut hic ipse est Petronius, de quo Tacitus, libro* XVI, *Annalium.* — *Voyez* ci-dessus page 3.

2. BAILLET, *Jugemens des savans*, tome IV.

3. LECLERC, *Biblioth. choisie*, tome XIX.

antérieurs de deux siècles, tant leur manière est rude, incorrecte et barbare?

11°. Quoi qu'en ait dit Goujet[1], le style, incapable de désigner le temps où vécut un auteur, n'est pas plus propre à constater la contrée qui le vit naître ou celle qu'il habita. Quelqu'élégamment que puisse être écrit le *Satyricon*, il ne s'ensuit nullement que T. Pétrone fût Romain, ou qu'il ait dû nécessairement respirer long-temps l'air et la politesse de la capitale du monde. Combien d'excellens écrivains en France n'ont jamais approché de Versailles ou du Louvre! Sulpice-Sévère, né dans les Gaules, et qui put voir jeter les premiers fondemens de la monarchie française; Sulpice-Sévère, dis-je, n'avait jamais vu Rome; et pourtant quelle latinité, quelle précision, quelle force dans son *Histoire sacrée!* c'est avec raison que l'Aquitaine le surnomma son Salluste. Bayle, sous l'air épais de la Hollande, ne déshonora point sans doute la langue française; il mania la dialectique avec autant de vigueur et d'adresse qu'aucun écrivain de la cour de Louis XIV. D'un autre côté, Tite-Live, si long-temps façonné à l'urbanité romaine, ne conserva-t-il pas, dans la cour même d'Auguste, un reste de patavinité? Théophraste, si rempli de sel attique, après un long séjour dans Athènes, n'y fut-il pas reconnu pour un étranger par une simple marchande d'herbes? Dira-t-on que Pétrone soit plus poli que Tite-Live, plus élégant que Théophraste? Sommes-nous juges compétens d'une langue morte depuis quatorze

---

[1] Goujet, *Biblioth. franç.*, tome I.

siècles? Qui de nous a le tact aussi sûr que celui de la marchande d'herbes?

12°. Ceux qui font de l'auteur du *Satyricon* un seigneur romain, n'ont pas même daigné motiver leur assertion, tant la chose leur paraît claire. Sidoine Appollinaire n'est pourtant pas de leur avis. Il semble [1] indiquer Marseille pour la patrie de notre Pétrone, ou du moins pour le lieu de sa résidence ordinaire. Cette opinion paraîtrait plus probable encore, si, comme l'atteste Servius Maurus [2], il faut compter parmi les ouvrages de T. Pétrone, qui ne sont pas venus jusqu'à nous, une histoire des Marseillais. Elle est d'ailleurs soutenue par plusieurs savans estimables, tels que Lylio Giraldi [3], et Conrad Gesner, le Pline de l'Allemagne [4]. Malgré ces considérations, Bouche [5] attribue l'honneur d'avoir vu naître notre Pétrone au village de Pétruis, assez voisin de Sisteron et des rives de la Durance. Il se fonde sur ce que le nom latin de ce village est *Vicus Petronii*; ce qu'il prouve, en citant une inscription trouvée en 1560, et qui, en parlant d'un préfet du prétoire assassiné à Pétruis, s'exprime en ces termes: *A sicariis nefandum facinus in vico Petronii ad ripam Druentiæ.*

1. SIDONIUS APPOLLINARIS, *in carmine quod inscribitur Narbo* :

> Et te *Massiliensium* per hortos
> Sacri stipitis *Arbiter* colonum
> Hellespontiaco parem Priapo.

2. SERVIUS MAURUS, dans son *Commentaire sur Virgile.*
3. LYLIO GIRALDI, *Hist. poetar.*, dialog. 2.
4. CONRAD GESNER, *Bibliothèque universelle.*
5. BOUCHE, *Hist. de Provence.*

D'après cet exposé impartial, voici, je crois, tout ce qu'on peut raisonnablement conclure.

1°. Nous n'avons rien de certain sur la personne de T. Pétrone.

2°. Peut-être son berceau doit-il être placé dans l'ancienne Provence, et c'est le sentiment qu'ont adopté les savans compilateurs de notre *Histoire littéraire* [1].

3°. Le silence absolu des auteurs des deux premiers siècles semble prouver qu'il leur est postérieur.

4°. Les différens passages de T. Pétrone, rapportés par quelques écrivains du troisième siècle, défendent, à mon avis, de le placer au dessous de Dioclétien.

5°. On se tromperait probablement fort peu, en le faisant contemporain du philosophe Longin, ministre de la célèbre Zénobie, et mis à mort, l'an 273, par l'ordre du superbe Aurélien.

6°. Dans aucun cas, le *Satyricon*, dont quelques parties seulement sont parvenues jusqu'à nous, sous le nom de T. Petronius Arbiter, ne peut être le testament de mort du consul Caïus Petronius Turpillianus, ni l'histoire secrète de Néron [2].

Si l'on me reprochait d'avoir détruit sans réédifier; quelle nécessité, répondrais-je, de bâtir des systèmes? Ne peut-on montrer au doigt l'erreur, parce qu'on ne se flatte point de tenir la vérité? Le doute n'est un tourment que parce que l'esprit humain est faible. Plutôt que de rester en suspens, il s'appuie sur des chimères. Mais

---

[1]. *Hist. litt. de France*; in-4°, tome 1.

[2]. *Histoire secrète de Néron*. C'est le titre que Lavaur a donné à sa traduction du festin de Trimalchion.

dans le voyage de la vie, le doute est le bâton du sage[1] : Socrate le quittait peu ; et, parmi nous, le doute méthodique de Descartes a tiré la philosophie du maillot.

[1]. Aristote a dit Ἀρχὴ σοφίας ἀπιστία; « le doute est le Commencement de la sagesse. »

## DEUXIÈME PARTIE.

Après avoir principalement cherché l'homme dans Pétrone, occupons-nous plus spécialement de son ouvrage. Ici, la même incertitude va présider, malgré nous, à ce nouvel examen. Considérons attentivement les fragmens de Pétrone sous leurs trois principaux rapports : l'objet, la forme et le style. Au milieu des opinions contradictoires qui déjà nous assiègent, nous saurons nous borner aux fonctions modestes de rapporteur; c'est aux lecteurs éclairés par la discussion qu'il appartient d'être juges.

### I.

#### *Objet du Satyricon.*

J'ai réfuté, dans la première partie, ceux qui regardent l'ouvrage de Pétrone comme la satyre de Néron; n'en parlons plus. D'autres ont cru reconnaître le vieux Claude dans Trimalchion, Agrippine dans Fortunata, Lucain dans Eumolpe, Sénèque dans Agamemnon : Tiraboski [1], Burmann [2] et Dotteville [3], semblent pencher de

---

1. Tiraboski, *Hist. littér. de l'Italie.*
2. Burmann, Préface de *Pétrone.*
3. Traduction de *Tacite* par Dotteville, notes.

ce côté. Selon les deux Valois, le *Satyricon* n'est que le tableau ordinaire de la vie humaine, une véritable Ménippée, mêlée de prose et de vers, dans le goût de Varron, une satyre générale des ridicules et des vices qui appartiennent à tous les peuples, à tous les temps[1]. Quelques-uns ont presque fait de Pétrone un casuiste; ils y voient à chaque page des sermons très-édifians : et le *Satyricon* est, à leur avis, un traité complet de morale, qui vaut bien celui de Nicole. C'est du moins ce que semble insinuer Burmann, quand il appelle Pétrone *virum sanctissimum*[2]. L'ingénieux Saint-Évremont[3] a réfuté, d'une manière agréable, ce dernier sentiment. A l'appui de cet écrivain, Leclerc, toujours caustique, ajoute avec un peu d'humeur : « Que dirait-on d'un peintre qui, pour inspirer l'horreur du vice, tracerait avec toute la délicatesse possible les postures de l'Arétin[4]? » Enfin, si l'on en croit Macrobe[5], le *Satyricon* est un pur roman dont l'unique but est de plaire.

Je ne vois pas trop ce qu'on pourrait opposer à l'autorité de Macrobe. Il fut l'écrivain du quatrième siècle le plus versé dans la connaissance de l'antiquité; sa

[1]. Valesii, *Dissertat. sup. fragment. taguriens.*

[2]. Burmann, *loco citato.*

[3]. St-Évremont, *Dissertat. sur Pétrone*, tome II, édition de Londres.

[4]. Leclerc, *Biblioth. choisie*, tome XIX.

[5]. Macrobe, *Commentaire sur le songe de Scipion* : « Fabulæ auditum mulcent velut commœdiæ aut argumenta fictis casibus amatorum referta, in quibus Apuleium *Arbitrumve* lusisse miramur. »

sagacité dans la critique égalait sa vaste érudition. Il vivait dans un temps où l'on ne pouvait encore avoir perdu le secret du *Satyricon*, s'il eût renfermé quelque mystère. Son opinion individuelle peut donc ici passer pour celle de ses contemporains; et, dans le cas où l'une eût différé de l'autre, un auteur aussi judicieux aurait-il manqué d'exposer au lecteur les motifs qui l'engageaient à s'écarter du sentiment général? Parmi les modernes, Huet[1], Leclerc[2], Basnage[3], se sont rangés à l'avis de Macrobe. Défions-nous de ces esprits systématiques ou malins, qui se plaisent à torturer un auteur, pour lui faire penser ce qu'ils eussent dit : leur pupitre est, en fait de critique, le lit de fer de Procuste. La Bruyère riait sous cape des prétendues clefs ajustées à ses *Caractères* par des devins en défaut. Peut-être, un jour, tirant Artamène ou Clélie de la poussière, quelques savans en *us* les publieront tour-à-tour grossis de nouveaux tomes; et pour prouver que Louis XIV est Cyrus ou Porsenna, ils joindront aux fadeurs de Scudéry, avec leurs propres visions, les *variorum* des commentateurs.

## II.

### Forme du Satyricon.

L'Espagnol Joseph-Antoine-Gonsalle de Sallas[4] a fait jadis une belle dissertation sur ce seul mot *Satyricon*.

---

1. Huet, *Origine des romans*.
2. Leclerc, *loco citato*.
3. Basnage, *Hist. des ouvrages des savans*, octobre 1692.
4. Gonsallius, *in Præludiis ad Satyricon*.

Son étymologie est-elle grecque ou latine? grande question parmi les érudits. Voici ce qu'Heinsius[1], Scaliger[2] et plusieurs autres, allèguent en faveur de la première opinion. Les Grecs appelaient *satyriques*, certains drames, moitié sérieux, moitié bouffons, dans lesquels les acteurs, le visage barbouillé de lie, imitaient les danses grotesques, ainsi que les propos un peu lestes des divinités des bois, et tournaient en ridicule, dans la personne des magistrats et des riches, les véritables dieux de la terre. Ces drames eurent cours long-temps encore après Thespis: il nous en reste un modèle dans le *Polyphème* d'Euripide. D'après cette hypothèse, notre mot *satyre* vient du grec Σάτυρος, Faune ou Satyre; il doit alors s'écrire par un Y.

Casaubon[3], Spanheim[4] et Dacier[5], ne manquent point d'argumens pour combattre Heinsius et Scaliger. Ils dérivent *satyre* du latin *satura* (plat rempli de différens mets). Si vous demandez quelle analogie peut exister entre un plat rempli de différens mets et les satyres d'Horace, par exemple, on vous répond que ce genre de poésie est farci, pour ainsi dire, de quantité de choses diverses, comme s'exprime élégamment Porphyrion[6], *multis et variis rebus hoc carmen refertum est.* Ce raisonnement est fort! Au compte de ces mes-

---

1. Heinsius, *Remarques sur Hesychius.*
2. Scaliger, *Conjectures sur Varron.*
3. J. Casaubon, *de Satyra.*
4. Spanheim, Préface des *Césars de Julien.*
5. Dacier, *Mémoires de l'Académie des Inscriptions*, tome II.
6. Porphyrion, cité par Dacier.

sieurs, que d'auteurs, qui ne s'en doutent guère, sont des Juvénal! que de satyres sont des pots-pourris! Quoi qu'il en soit, selon cette doctrine, de *satura* l'on a fait *satira*, comme on a fait *optimus* d'*optumus*, et *maximus* de *maxumus*. Vous voyez bien que, dans ce cas, on doit écrire *satire*, et que l'y est chassé par l'i [1].

Le vulgaire des écrivains, gens dénués d'érudition, ont simplement distingué la satyre en deux espèces. L'une, ont-ils dit, tend directement à réformer les mœurs, ou à ridiculiser les travers de l'esprit humain. Ceux qui la craignent l'accusent de misanthropie ou de malignité. C'est sans doute pour adoucir l'austérité du précepte ou l'acerbe du sarcasme, qu'elle emprunte à la poésie les grâces de son langage. Sœur cadette de la comédie, elle n'en diffère que dans sa forme. Elle est plus courte, et n'est pas essentiellement dramatique. Horace, Juvénal et Perse ont porté dans Rome cette espèce de satyre à sa perfection ; elle n'a point dégénéré en France sous la plume des Régnier, des Boileau, des Gilbert.

La seconde espèce de satyre est celle qu'on nomme *Ménippée*. Le plus savant des Romains, Varron, la mit en honneur chez ses concitoyens. Si son but est égale-

---

[1]. Les disputes de ce genre ne sont pas rares chez les savans. Le Parnasse, selon Boccalin, fut long-temps partagé entre Lambin et Manuce, pour un *p* : il s'agissait de savoir s'il fallait écrire *consumptus* ou *consumtus*. Que de veilles passa Politien à rechercher si l'on doit prononcer *Virgilius* ou *Vergilius, Carthaginensis* ou *Carthaginiensis*, etc. ! Nicanor composa six traités sur le point et la virgule. On connaît un ample traité de Messala sur la lettre *s*.

ment d'instruire, elle y vise par des détours plus cachés; plaire est son premier désir, l'instruction chez elle n'est que secondaire. Ses tableaux plus variés embrassent toutes les scènes de la vie, comme toutes les branches de la littérature. Son caractère distinctif est un mélange agréable de prose et de vers. La fiction est son arme favorite; sa marche approche de celle du roman dont elle usurpe impunément l'étendue. Elle caresse plus souvent qu'elle n'égratigne; et, pour faire aimer la vertu, elle l'affuble quelquefois des livrées de la folie. L'*Apocolokyntosis* de Sénèque, le *Misopogon* de l'empereur Julien, la *Consolation* de Boëce, sont autant de *Ménippées*. La France peut leur comparer sans honte le *Pantagruel* de Rabelais, le *Catholicon d'Espagne*, la *Pompe funèbre de Voiture*, par Sarrazin.

Aux yeux de ceux pour qui les disputes de mots ne sont que de doctes âneries, Rome paraîtra peut-être redevable à la Grèce de ces deux espèces de satyres. Varron, de son aveu même[1], avait imité Ménippe le Cynique; et les satyres du second genre s'appellent encore aujourd'hui *Ménippées*, du nom du philosophe grec. Pour la satyre du premier genre, elle fut évidemment chez les Romains, dans son origine, une copie informe de ces tragi-comédies grecques, que les acteurs de Thespis allaient représentant de ville en ville sur des tombereaux. Avant qu'Épicharme de Mégare eût inventé la bonne comédie, la Sicile, qui servait de lien commun

---

[1]. VARRON, cité par Cicéron dans ses *Questions académiques*, liv. I.

entre la Grèce et l'Italie, avait porté dans la seconde les *satyriques* de la première. Elles succédèrent sur le théâtre des Romains aux danses des Étrusques, que des histrions toscans avaient jusqu'alors exécutées au son de la flûte, mais sans les accompagner d'aucune pièce réglée qui représentât une action. La satyre grecque, ainsi naturalisée chez les Romains, y fut encore longtemps mêlée, comme dans son pays natal, de chants bouffons, de danses burlesques, de postures lascives, de railleries grossières. Bientôt Ennius essaya de la faire descendre du théâtre, pour la rendre plus décente. Il la restreignit à de simples discours en vers, destinés à être lus dans des cercles d'amis. Mais, sous sa plume, elle ne changea que de forme; à l'exception du chant et de la danse, elle retint son nom, son fiel et sa gaîté. Pacuve, neveu d'Ennius, imita son oncle par complaisance ou par goût. Enfin parut Lucilius; en faveur du sel et de la politesse qu'il répandit dans cette composition nouvelle, il mérita d'en être appelé l'inventeur. Ce n'est que dans ce sens qu'il faut entendre le *Græcis intactum carmen* d'Horace, et ces paroles de Quintilien : *Satyra quidem tota nostra est, in qua primus insignem laudem ademptus est Lucilius;* « la satyre appartient tout entière à Rome, Lucilius s'y distingua le premier. »

Au reste, les Grecs avaient aussi cette espèce de satyre dont parle Quintilien; ils lui avaient donné le nom de *Silles*; et les fragmens des *Silles* de Timon le Phliasien, sceptique célèbre par ses vers mordans contre les dogmatiques, prouvent assez que la Grèce avait ses Lucile et ses Horace. N'était-ce donc pas une satyre, ces iambes lancés par le Grec Sotade contre Ptolémée-Philadelphe, ces iambes que Suidas appelle κύναιδοι (cyniques, sans pudeur): ces iambes cruels qui mirent en fureur leur royale victime, et firent enfin précipiter dans le Nil leur malheureux auteur? Maintenant personne n'ignore que Lucile, Pacuve, Ennius même, ne parurent qu'après Ptolémée-Philadelphe; or, Timon et Sotade florissaient sous ce prince. Les Grecs connurent donc la satyre proprement dite; ils la connurent donc même avant les Romains. Ainsi la satyre fut d'abord à Rome ce qu'elle avait été dans Athènes : la seule différence qui la distingua par la suite chez ces deux peuples, c'est qu'en changeant de forme, elle retint en Italie son nom primitif, tandis qu'elle prenait tour-à-tour chez les Grecs celui de *Silles* ou de *Ménippée*.

Les mots ne tiennent pas toujours ce que leur étymologie promet; l'usage, ce tyran des langues, est plus fort que les grammairiens, et souvent l'expression est la même quand la chose a changé. Charmés de la marche libre et facile que donnait à la Ménippée le mélange des vers et de la prose, les Romains s'accoutumèrent insensiblement à désigner par son nom les écrits revêtus de la même forme, quoiqu'éloignés de son caractère original. Histoire, romans, philosophie, morale, tout fut bientôt de son ressort. On oublia qu'elle était née caustique, pour ne plus voir en elle qu'une ingénieuse babillarde. Pourvu que, dans un même ouvrage, elle semât avec esprit et les vers et la prose, on lui pardonna de ne plus médire; en dépit de son changement, elle resta Ménippée. Cette satyre n'est donc point essentiellement mordante. Celle même de Varron, quoique plus proche de son origine, montre rarement le vice couvert de ridicule ou d'opprobre. Sa philosophie badine plus qu'elle ne dogmatise; elle cache sous les fleurs les épines de l'érudition; et ses leçons de morale, elle ne les donne qu'en se jouant. La satyre, chez Pétrone, est encore plus indulgente. Ne cherchez pas en elle un pédagogue : enfant gâté d'Épicure, sa malignité s'endort auprès du vice aimable; craignez qu'elle ne s'éveille aux sermons de la sagesse. Près de Pétrone, l'âne d'Apulée est un Caton. Il censura fort bien les travers de son siècle; cependant il n'a pas l'honneur de siéger parmi les satyriques. Cet âne, content de parler mieux que certains hommes, négligea d'employer le langage des dieux; et, je l'ai déjà dit, il n'est point de Ménippées, sans le mélange de la prose et des vers.

Pétrone ne pouvait choisir pour son roman une forme de composition plus variée, plus agréable que celle de la Ménippée; aussi n'y manqua-t-il point, et voilà sans doute tout le mystère du *Satyricon*. Quant à la désinence du mot, les Latins, selon Gonsalle de Sallas, ont fait *satyricon* de *satyra*, comme ils faisaient *epigrammation* d'*epigramma*, *elegidarion* d'*elegia*; le diminutif ne changeait rien d'essentiel dans l'objet principal de l'expression, il annonçait seulement dans le dérivé moins de prétention et plus d'enjouement. Peut-être aimerez-vous mieux la leçon de Rollin, Baillet, Burmann et autres : ils font longue la dernière de *satyricon*, et la prononcent comme l'*oméga* des Grecs. Dans cette hypothèse, le *Satyricón* serait un recueil de satyres.

Mais l'*omicron* n'en fait qu'un innocent badinage; je suis pour l'*omicron*.

## III.

### Style du Satyricon.

Le style de Pétrone a trouvé des censeurs, même parmi les meilleurs juges en cette matière. « Quoique Pétrone, dit Huet, paraisse avoir été un grand critique, et d'un goût exquis, son style pourtant ne répond pas tout-à-fait à la délicatesse de son jugement. On y remarque quelque affectation; il est un peu trop peint et trop étudié; il dégénère de cette simplicité naturelle et majestueuse de l'heureux siècle d'Auguste. Peut-être doit-il une partie de sa réputation à la liberté de ses portraits; il aurait été moins lu, s'il avait été plus modeste. » Rollin porte à peu près le même jugement [1]; et Rapin assure [2] que Pétrone, s'il donne quelquefois d'excellens préceptes d'éloquence, ne les suit pas toujours. Valois [3] croyait remarquer dans son style un air un peu étranger; il se servait même de cet argument, pour prouver que notre auteur était gaulois, et qu'il vécut après Suétone. Saumaise ne trouve dans les fragmens de Pétrone, que des extraits faits sans goût par quelques libertins obscurs du Bas-Empire. « Pétrone, dit Bayle [4], est moins dangereux dans ses tableaux trop nus, que dans les délicatesses

---

1. ROLLIN, *Hist. ancienne.*
2. RAPIN, *de Poesi.*
3. VALESIUS, *loco citato.*
4. BAYLE, *Éclaircissemens sur les obscénités,* etc.

dont Bussi-Rabutin les a revêtus; et la galanterie se présente dans les *Amours des Gaules*, sous des formes bien plus aimables que dans le *Satyricon*. » Aux yeux de Voltaire [1], cet ouvrage n'est pas plus un modèle de style qu'il n'est l'histoire secrète de Néron; les suppôts de nos tavernes tiennent, à l'entendre, des discours plus honnêtes que les convives de Trimalchion; à l'exception de quelques vers heureux, de deux ou trois contes agréables, tout le livre n'est qu'un amas confus d'images ampoulées ou lascives, d'érudition ou de débauches. Selon Baillet et Tiraboski [2], on y rencontre des tours ingénieux et de jolies pensées; mais ces beautés sont obscurcies par l'inégalité du style, par des mots barbares, par des récits où l'on ne comprend rien. C'est peut-être, ajoutent-ils, la faute des copistes; mais l'ouvrage en somme ne méritait pas les peines qu'on s'est données pour en rechercher et recoudre les lambeaux. Leclerc maltraite encore plus Pétrone. Mais c'est trop long-temps parler de ses détracteurs; écoutons enfin ses panégyristes.

A la tête des nombreux admirateurs de Pétrone, marchent Vossius et Douza, Turnèbe et Pithou, Briet et Ronsin. Les censures même hasardées contre Pétrone sont mêlées, disent-ils, d'éloges arrachés par la force de la vérité; et, dans la bouche d'un ennemi, la louange est d'un bien plus grand poids que les reproches. Cette barbarie même et cette bassesse d'expressions, qui pa-

---

1. VOLTAIRE, *Questions sur l'Encyclopédie*, au mot *Pétrone*.
2. BAILLET et TIRABOSKI, *locis citatis*.

raissent défigurer quelquefois le style de Pétrone, sont aux yeux de Ménage le chef-d'œuvre de l'art; il ne les a placées que dans la bouche des valets et des débauchés sans délicatesse. Voyez, au contraire, avec quelle élégance il fait parler les gens de la bonne compagnie. Pétrone donne à chacun de ses acteurs le langage qui lui convient. Ce mérite est d'autant plus précieux qu'il est plus rare; et les ombres qu'un peintre habile répand dans ses tableaux, en rendent les beautés plus saillantes. Barthius trouve réunies dans Pétrone seul, quand il n'est pas défiguré par l'ignorance des copistes, toutes les finesses de Plaute, toutes les grâces de Cicéron; et Juste-Lipse l'appelle *auctor purissimæ impuritatis*. Telle était l'admiration du vainqueur de Rocroi pour Pétrone, qu'il pensionnait un lecteur, uniquement chargé de lui réciter le *Satyricon*. En parlant du poëme de la *Guerre civile*, dans lequel Pétrone, dit-on, prétendit lutter contre Lucain, l'abbé Desfontaines s'écrie : « Quelle finesse dans la peinture des vices des Romains et des défauts de leur gouvernement! que d'esprit dans ses fictions! Ces beautés sont relevées par un style mâle et nerveux, en faveur duquel on doit pardonner au poète quelques fautes contre l'élocution, et certains traits qui sentent le rhéteur. » Fréron, dont le goût fut presque toujours d'accord avec la raison, quand il ne jugea que les anciens, parle de Pétrone dans le sens de Desfontaines : « Son pinceau, dit-il [1], respire partout la chaleur de l'imagination et la délicatesse de l'esprit; il est riant

---

[1]. *Opuscules* de Fréron, tome 1, page 185.

dans ses descriptions, coulant, net et facile dans sa narration, admirable dans ses vers; et, ce qui le caractérise plus particulièrement, il est toujours fin et délicat en fait de galanterie, quand il parle de celle que la nature avoue. » Je fais grâce des éloges prodigués à Pétrone par ses différens traducteurs, ils pourraient paraître suspects; mais on me permettra du moins d'opposer à ses censeurs le suffrage de Saint-Évremont. De tous les panégyristes de Pétrone, aucun n'eut plus de ressemblances morales avec son héros que cet ingénieux épicurien; et comme nul n'apprécia notre auteur avec plus de connaissance de cause, nul aussi ne l'a vanté avec plus d'esprit. Qu'on me permette de citer ce passage, malgré son étendue :

« Pétrone est admirable partout, dans la pureté de son style, dans la délicatesse de ses sentimens. Ce qui me surprend davantage est cette grande facilité à nous donner ingénieusement toutes sortes de caractères. Térence est peut-être l'auteur de l'antiquité qui entre le mieux dans le naturel des personnes : j'y trouve cela à redire, qu'il a trop peu d'étendue; et tout son talent est borné à faire bien parler des valets et des vieillards, un père avare, un fils débauché : voilà où s'étend la capacité de Térence. N'attendez de lui ni galanterie, ni passion, ni les sentimens, ni les discours d'un honnête homme. Pétrone, d'un esprit universel, trouve le génie de toutes les professions, et se forme, comme il lui plaît, à mille naturels différens. S'il introduit un déclamateur, il en prend si bien l'air et le style, qu'on dirait qu'il a déclamé toute sa vie. Rien n'exprime plus naïvement le désordre d'un vie débauchée, que les querelles d'Encolpe et d'Ascylte sur le sujet de Giton. Quartilla ne représente-t-elle pas admirablement ces femmes prostituées, *quarum sic accensa libido ut sæpius peterent viros quam a viris peterentur?* Les noces du petit Giton et de l'innocente Pannychis ne nous donnent-elles pas l'image d'une impudicité accomplie? Tout ce que peut faire un faux délicat, un impertinent, vous l'avez sans doute au festin de Trimalchion. Quoi de mieux touché dans le portrait d'Eumolpe, que la vanité des poètes, et cette manie de réciter leurs vers à tout venant? Est-il rien de plus naturel que le personnage de Chrysis? toutes nos confidentes n'en approchent pas. Sans parler de sa première conversation avec Polyœnos, ce qu'elle lui dit de sa maîtresse sur l'affront qu'elle a reçu est d'une naïveté inimitable. Quiconque a lu Juvénal, connaît assez *impotentiam matronarum,* et leur méchante humeur *si quando vir aut familiaris infelicius cum ipsis rem habuerit.* Mais il n'y a que Pétrone qui ait pu nous décrire Circé si belle, si voluptueuse et si galante. Enothéa, la prêtresse de Priape, me ravit avec les miracles qu'elle promet, avec ses enchantemens, ses sacrifices, sa désolation sur la mort de l'oie sacrée, et la manière dont elle s'apaise quand Polyœnos lui fait un présent dont elle peut acheter une oie et des Dieux, si bon lui semble. Philumène, cette honnête dame, n'est pas moins bonne, qui, après avoir escroqué plusieurs héritages, dans la fleur de sa jeunesse et de sa beauté, devenue vieille, et par conséquent inutile à tout plaisir, tâchait de continuer ce bel art par le moyen de ses enfans, qu'avec mille beaux discours, elle introduisait auprès des vieillards qui n'en avaient point; enfin, il n'y a profession dont Pétrone ne suive admirablement le génie. Il est poète, il est orateur, il est philosophe, quand il lui plaît.

« Pour ses vers, j'y trouve une force agréable, une beauté naturelle, *naturali pulchritudine carmen exsurgit*; en sorte que Douza ne saurait plus souffrir la fougue et l'impétuosité de Lucain, quand il a lu la prise de Troie :

Jam decuma mœstos, etc.,

ou l'essai sur la guerre civile :

Orbem jam totum, etc.

Je ne sais si je ne me trompe, mais il me semble que Lucrèce n'a pas traité si agréablement la matière des songes :

Somnia quæ mentes, etc.

Et que peut-on comparer à cette nuit voluptueuse, dont l'image remplit l'âme de telle sorte, qu'on a besoin d'un peu de vertu pour s'en tenir aux simples impressions qu'elle fait sur l'esprit :

Qualis nox fuit illa, Dii ! etc.

« Quoique le style de déclamateur semble ridicule à Pétrone, il ne laisse pas de montrer beaucoup d'éloquence en ses déclamations; et, pour faire voir que les plus débauchés ne sont pas incapables de méditations et de retour, la morale n'a rien de plus sérieux ni de mieux touché que les réflexions d'Encolpe sur l'inconstance des choses humaines et sur l'incertitude de la mort. Quelque sujet qui se présente, on ne peut ni penser plus délicatement, ni s'exprimer avec plus de netteté. Souvent, en ses narrations, il se laisse aller au simple naturel, et se contente des grâces de la naïveté : quelquefois, il met la dernière main à son ouvrage, et il n'y a rien de si poli. Catulle et Martial traitent les mêmes choses grossièrement; et si quelqu'un pouvait trouver le secret d'envelopper les ordures avec un langage pareil au sien, je réponds pour les dames qu'elles donneraient des louanges à sa discrétion. Mais ce que Pétrone a de plus particulier, c'est qu'à la réserve d'Horace, en quelques odes, il est peut-être le seul de l'antiquité, qui ait su parler de galanterie. Virgile est touchant dans les passions; les amours de Didon, les amours d'Orphée et d'Euridice, ont du charme et de la tendresse; toutefois il n'a rien de galant; et la pauvre Didon, tant elle a l'âme pitoyable, devient amoureuse du pieux Énée, au récit de ses malheurs. Ovide est spirituel et facile, Tibulle délicat; cependant il fallait que leurs maîtresses fussent plus savantes que mademoiselle de Scudery; car ils allèguent sans cesse les dieux, les fables, et des exemples tirés de l'antiquité la plus éloignée; ils promettent toujours des sacrifices, et je pense que Chapelain a pris d'eux la manière de brûler les cœurs en holocauste. Lucien, tout ingénieux qu'il est, devient grossier sitôt qu'il parle d'amour; ses courtisanes ont plutôt le langage des lieux publics que les discours des ruelles. Autant que les autres nations nous le cèdent en galanterie, autant Pétrone l'emporte sur nous dans ce genre de mérite. Nous n'avons point de roman qui nous fournisse une histoire si agréable que la Matrone d'Éphèse ; rien de si délicat que les poulets de Circé à Polyœnos. Toute leur aventure, soit dans l'entretien, soit dans les descriptions, a un caractère fort au dessus de la politesse de notre siècle. Jugez cependant s'il eût traité délicatement une belle passion, puisque c'était une affaire de deux personnes qui, à la première vue, devaient goûter les derniers plaisirs. »

Ce n'est pourtant pas sans quelque injustice peut-être, ou du moins sans un peu de prévention, que Saint-Évremont, après Douza, semble élever au dessus de la *Pharsale* l'*Essai* de Pétrone *sur la Guerre civile*, et même son *Fragment de la guerre de Troie*. Mais, si le premier de ces morceaux, à peine composé de trois cents vers, ne peut être mis en parallèle avec un poëme en dix chants, il n'en étincelle pas moins de beautés sublimes. Quant au fragment de la prise de Troie, son seul défaut peut-être est de rappeler un des plus beaux épisodes de l'Énéide : sans le Laocoon de Virgile, celui de Pétrone pourrait passer pour un chef-d'œuvre.

Voilà sans doute de quoi contre-balancer les reproches qu'on a pu faire au style de Pétrone. Je n'ai parlé que de ses vers ; sa prose est peut-être plus élégante encore. Qui ne sait que La Fontaine lui doit son joli conte de la *Matrone d'Éphèse* ; et Bussi-Rabutin, en transportant dans *les Amours des Gaules* l'épisode piquant de Polyœnos et de Circé, n'a changé que le nom des acteurs. Je ne prétends point fixer la place que doit occuper Pétrone; mais qu'il me soit permis de faire observer en passant que la critique n'a jamais rien trouvé de sacré. Scioppius[1] n'a-t-il pas traité Phèdre de barbare, et Cicéron de visigoth? Selon Claude Duverdier, Horace est raboteux, et Virgile fourmille de solécismes. Tassoni a rencontré, dit-il, cinq cents absurdités dans Homère; et, parmi nous, l'aimable Deshoulières préféra Pradon à Racine. Madame de Sévigné ne s'est pas montrée plus indulgente envers l'auteur de *Phèdre* et d'*Athalie*. La multiplicité des critiques, leur autorité même, ne forment donc pas toujours une présomption défavorable contre l'ouvrage critiqué.

Résumons-nous : 1°. Pétrone, sans doute, n'a voulu faire qu'un roman. 2°. Le *Satyricon* peut être classé parmi les Ménippées. 3°. Son style est mêlé de beautés et de défauts; mais risquerait-on beaucoup, en attribuant les beautés à Pétrone, et les défauts à ses copistes?

[1]. Les sarcasmes de Scioppius contre les plus beaux génies, tant anciens que modernes, le firent surnommer *le chien grammatical*. (BAYLE, art. *Scioppius*.)

# TROISIÈME PARTIE.

Nous venons de traiter, en quelque sorte, l'histoire ancienne du roman de Pétrone ; traçons maintenant en peu de mots l'histoire moderne de ses fragmens.

## I.

### *Des principales éditions de Pétrone.*

Parmi les livres qui n'ont pu soustraire qu'une partie d'eux-mêmes aux outrages du temps, le *Satyricon* est un de ceux qui ont le plus souffert [1]. Ce qui nous en reste n'est, comme nous l'avons déjà dit, qu'un mince débris de cet ingénieux ouvrage. Il contenait plusieurs livres, divisés en plusieurs chapitres ; on peut citer pour preuve de cette assertion l'autorité des anciens glossaires et le témoignage des savans Daniel, Douza, Gonsalle, Saumaise, Burmann, etc. Encore le peu que nous avons du *Satyricon* ne nous est-il parvenu que par lambeaux. La première antiquité ne nous en avait transmis, jusqu'en 1476, que des fragmens successifs. Était-ce, comme le croit Nodot, des collections qu'un homme studieux avait faites de quelques lieux choisis de cette satyre ? Dans cette supposition, ne peut-on pas dire avec Huet, que ce

---

1. BASNAGE, *Hist. des ouvrages des savans.*

recueil eut le sort de tant d'autres, celui de faire négliger d'abord, puis bientôt perdre entièrement l'original, comme il est arrivé, par exemple, à Justin, abréviateur de Trogue-Pompée? Faut-il, comme d'autres le veulent, accuser les moines, si long-temps possesseurs exclusifs des débris littéraires de Rome et d'Athènes, d'avoir mutilé Pétrone dans les endroits que leur pudeur n'osait fixer sans rougir? Saumaise ne le pense pas. Enfin, de ce que Jean de Sarisbéry, évêque de Chartres au XIIe siècle, rapporte [1] quelques fragmens de Pétrone qui ne se trouvent dans aucune édition du *Satyricon*, peut-on en conjecturer avec l'évêque d'Avranches [2], ou que l'ouvrage de Pétrone subsistait encore à cette époque en son entier, ou qu'il en existait du moins alors une collection manuscrite plus ample que celle que nous en avons? Quoi qu'il en soit, la première édition connue, et l'une des plus estimées de Pétrone, est celle publiée à Milan, en 1477.

Les deux Pithou, à qui l'on doit la découverte des fables de Phèdre, publièrent, en 1587, quelques additions trouvées dans un manuscrit, pris à Budes par Mathias Corvin. Soixante-seize ans après, c'est-à-dire en 1663, Pierre Petit déterra à Trau, en Dalmatie, dans la bibliothèque de Nicolas Cippius un manuscrit in-folio, dans lequel, à la suite des poésies de Catulle, Tibulle et Properce, se trouvait un fragment considérable de Pétrone, contenant la suite du festin de Trimalchion. Il

---

[1]. JOANNES *episcopus* SARESBERIENSIS, *in Polycratio*.
[2]. HUETIANA, *loco citato*.

commence par ces mots : *Venerat jam tertius dies*, et finit par ceux-ci : *ex incendio fugimus*. La date du manuscrit était du 20 novembre 1423 : en tête du fragment, on lisait : *Petronii Arbitri fragmenta ex libro quintodecimo et decimo sexto*. Les premiers mots de chaque chapitre étaient écrits avec de l'encre rouge, et les caractères en étaient bien lisibles.

A peine ces fragmens eurent-ils paru, imprimés pour la première fois à Padoue, en 1664, et l'année suivante à Paris, que soudain éclata, dans la république des lettres, une espèce de guerre civile. On vit les Schæfer, en Suède, les Reinesius et les Wagenseil, en Allemagne, les deux Valois et les Petit, en France, inonder, coup sur coup, le public de dissertations. Selon les uns, le fragment n'était qu'un enfant supposé : on ne pouvait, selon les autres, lui contester son adoption. Mantel, Lucius et Gradi s'en déclarèrent les premiers champions. L'auteur de la découverte, caché sous le nom de Statilius, en défendit éloquemment l'authenticité dans une apologie latine[1]; il fit plus, il envoya le manuscrit du *Fragment* à Grimani, ambassadeur de Venise à Rome, et le pria de le soumettre à l'examen des connaisseurs. Le 28 août 1668, une assemblée nombreuse de savans se réunit, à ce sujet, dans le palais de l'ambassadeur. L'avis unanime fut que le manuscrit comptait au moins deux cents ans d'ancienneté; la date de sa transcription devait être à peu près celle où fleurit Pétrarque, et la nature des caractères et du vélin parut être une preuve

---

[1]. Marinus Statilius, *in Apologia pro fragmento traguriano*.

incontestable de son authenticité. Le manuscrit, revenu en France, y excita de nouvelles contestations. De nouvelles conférences, tenues chez le grand Condé, produisirent le même résultat. L'ouvrage fut alors déposé dans la bibliothèque du roi; et, malgré les doutes affectés de certains critiques obstinés qui se rendent difficilement à l'évidence, il passa, dès cette époque, pour être de Pétrone. On l'a constamment imprimé depuis, comme tel, dans toutes les éditions du *Satyricon*. Cependant, plus de vingt ans après cette décision solennelle, la conviction, s'il en faut croire un critique célèbre[1], n'était pas générale. L'arrêt de partage, écrivait-il en 1692, subsiste encore aujourd'hui : peut-être subsistera-t-il jusqu'à la fin du monde, car la république des lettres n'a point de tribunal souverain qui prononce sans appel.

Cette même année 1692, Nodot, officier français, fit imprimer à Rotterdam, chez Leers, une édition de Pétrone, augmentée de nouveaux fragmens. Ils avaient été, disait-il[2], trouvés à Belgrade en 1688 : un heureux hasard lui en avait procuré, en 1690, une copie très-exacte; et l'Europe, ajoutait-il, pouvait se glorifier dé-

---

1. BASNAGE, à l'endroit précité. — Cette assertion de Basnage n'a rien qui m'étonne. Le doute des savans dont il parle était-il au fond si déraisonnable? N'avait-on pas déjà vu les plus fins critiques pris pour dupes dans plus d'une occasion de cette nature? Sans parler du tour de Michel-Ange, qui ne sait que Muret fit prendre à J. Scaliger, pour un fragment du vieux poète comique Trabéa, une épigramme de sa façon?

2. NODOT, *Lettre à Charpentier*. Le manuscrit de Belgrade, si l'on en veut croire Nodot, comptait mille ans d'antiquité.

sormais de posséder Pétrone tout entier. On avait réclamé contre l'original de Trau : jugez si la copie de Belgrade trouva des incrédules ! Malgré les lettres flatteuses des académies d'Arles et de Nîmes, ainsi que de Charpentier, alors directeur de l'Académie française, malgré les petits vers de quelques poètes enthousiastes dont Nodot n'avait pas manqué d'enfler son édition, les nouveaux fragmens ne passèrent point pour un rare trésor, comme Nodot se plaisait à les qualifier ; et quoi qu'en ait dit Charpentier dans une missive latine que peu de personnes s'empressèrent de lire, la France, dont les armes victorieuses faisaient alors trembler l'Allemagne, s'honora beaucoup plus par la brillante campagne de 1690, que par la prétendue découverte dont Nodot revendiquait la gloire.

L'adversaire le plus obstiné des nouveaux fragmens fut Breugière de Barante, célèbre avocat de Riom. Dans des observations publiées en 1694 [1], il prétendit prouver que ces fragmens n'étaient que de maladroites interpolations, ouvrages d'un moderne sans goût, et facilement reconnaissables à de fréquens gallicismes. Pourquoi d'ailleurs, si le *Satyricon* de Belgrade était entier, n'y retrouvait-on pas, par exemple, le *non bene semper olet qui bene semper olet*, cité par saint Jérôme [2] comme appartenant à Pétrone ? Burmann ne fut pas plus sensible au présent que Nodot croyait avoir fait à l'Europe.

---

1. *Observations sur le Pétrone trouvé à Belgrade en 1688, et imprimé à Paris en 1693 ; suivies d'une lettre sur l'ouvrage et la personne de Pétrone.*

2. HIERONYMUS, *Epist. ad Demetriad.*

Il gourmanda même assez rudement, sans respect pour les académies, ceux de leurs membres qui s'étaient laissés, disait-il, trop grossièrement surprendre à de trompeuses apparences [1]. Nodot répondit en savant courroucé : on remarqua dans sa *Contre-critique* [2] plus de présomption que de politesse, plus de pédantisme que de savoir, plus d'injures que de raisons. C'est ainsi que madame Dacier, mais dans une cause meilleure peut-être, avait défendu contre Lamotte l'honneur d'Homère, attaqué par les modernes. Il faut avouer pourtant que la dernière objection de Breugière de Barante n'était pas trop solide. Le pentamètre, cité par saint Jérôme, ne pouvait-il pas avoir fait partie, non du *Satyricon*, mais de l'*Eustion* ou de l'*Albutia*, deux des ouvrages de Pétrone, mentionnés par Planciade Fulgence [3], mais qui ne sont pas venus jusqu'à nous? C'est aussi la solution qu'en donna Nodot. Quant aux gallicismes, n'en avait-on pas aussi reproché au fragment de Dalmatie? et n'avait-il pas néanmoins été reconnu pour antique? Au reste, c'est toujours un mérite aux yeux de plus d'un lecteur, que d'avoir rempli des lacunes. C'est du moins le sentiment de Basnage : « Grâces à Nodot, dit-il, la lecture de Pétrone est devenue plus commode : on ne s'y trouve plus de temps à autre, comme auparavant, dans un pays perdu. La liaison et la suite qui règnent désormais dans le *Satyricon*, si elles ne sont pas l'ouvrage

---

1. Burmann, Préface de *Pétrone*.
2. *Contre-critique de Pétrone, ou Réponse aux Observations sur le Pétrone trouvé à Belgrade.*
3. Planciade Fulgence, *Mythologie*, liv. 1.

de son auteur, rendent du moins intelligible ce qui ne l'était pas. » Peu de personnes seront ici de l'avis de Basnage.

Malgré les recherches des savans, Pétrone est encore incomplet [1]. Parmi ceux dont l'érudition a consacré quelques veilles à fixer le véritable sens de notre auteur, dans les endroits difficiles ou corrompus, on distingue Tornésius, Sambucus, Richard, Muret, Scioppius, Brassican, Junius, Vouwer, Pontanus, Pulman, Barthius, Arnaud, Lundorpius, Binet, Passerat, Lotichius, Goldast, Gonsalle, Hermann, les deux Daniel, les deux

---

[1]. On connaît l'équivoque de nom qui fit faire inutilement un long voyage à Henri Meibomius, professeur dans l'université de Helmstadt. Le bruit venait de se répandre (c'était en 1691) qu'on avait trouvé un manuscrit complet de la satyre de Pétrone; il n'en était rien. Meibomius, ayant lu dans un itinéraire d'Italie : *Petronius Bononiæ integer asservatur, egoque ipsum meis oculis non sine admiratione vidi*, il part aussitôt de Lubec pour aller voir cette merveille. A peine arrivé à Bologne, il court chez le médecin Copponi qu'il connaissait de réputation; et là, ouvrant son livre dont il avait exprès marqué la page, il lui demande si le fait est véritable. « Très-véritable, répond le médecin; et je puis faire en sorte, par mon crédit, que votre curiosité soit satisfaite. » Meibomius le suit avec une joie qui ne se peut exprimer; mais quelle fut sa surprise, lorsque son guide, l'ayant conduit à la porte de l'église, le pria d'entrer, lui disant que c'était là qu'il trouverait ce qu'il cherchait. « Comment! s'écria Meibomius, dans une église, un livre aussi infâme! — Que voulez-vous dire, interrompit Copponi, avec votre livre infâme! C'est ici l'église de Saint-Pétrone, évêque et patron de Bologne; on y garde son corps tout entier, et vous allez vous-même le voir tout-à-l'heure. » Meibomius, revenant alors comme d'un profond sommeil, reconnut le quiproquo; et Copponi de rire.

Douza, les deux Pithou, Bourdelot, Burmann et Bouhier. Postérieurement à la plupart de ces commentateurs, l'abbé Sévin a rétabli un passage de Pétrone, visiblement altéré par l'ignorance des copistes, et sur lequel les meilleurs critiques semblent avoir erré. Voici ce qu'on lit à ce sujet dans les Mémoires de l'Académie des Inscriptions et Belles-Lettres : « Pétrone, après avoir donné de grands éloges à ces hommes illustres qui avaient consacré leurs veilles au bien de la société, ajoute : *Itaque, Hercula, omnium herbarum succos Democritus expressit; et ne lapidum virgultarumque vis lateret, œtatem inter experimenta consumpsit.* La difficulté roule sur *Hercula*. On ne rapporte point ici les différentes conjectures que ce mot a fait naître; la plupart ne paraissent appuyées que sur des fondemens peu solides. Dans le dessein de rehausser le prix de tant de découvertes dues aux soins de Démocrite, Pétrone insinue que les travaux de ce fameux philosophe, dans l'art de la médecine, pouvaient entrer en parallèle avec ceux qui avaient rendu le nom d'Hercule si célèbre dans la Grèce; et par une comparaison fort à la mode parmi les anciens, Pétrone n'aura pas cru pouvoir mieux exprimer sa pensée qu'en disant, pour désigner Démocrite, *Hercules alter*. C'est là sans doute ce qu'il faut lire, au lieu d'*Hercula*, qui ne signifie rien. »

L'abbé Sévin appuie son sentiment sur divers passages de Plutarque, de Cicéron et de Pline; ils prouvent qu'en effet Démocrite fut souvent assimilé à Hercule. Il est étonnant qu'une restitution si naturelle et si facile en apparence, n'ait pas été proposée plus tôt. Mais combien de secrets merveilleux ressemblent à l'œuf de Christophe Colomb !

Outre le *Satyricon*, Scaliger, Daniel et dom Rivet attribuent à notre Pétrone l'*Eustion*, l'*Albutia*, et les petits poëmes connus sous le nom de *Priapées* (*Lusus in Priapum*), ainsi que les épigrammes revendiquées par les différens Pétrone, et dont Lotichius a grossi son recueil. Cependant Tillemont[1] fait auteur de la plupart d'entre elles le poète Optatien Porphyre, qu'il ne faut pas confondre avec Porphyre le Philosophe. Selon Raphaël de Volterre, on doit aussi faire honneur à Pétrone d'un grand nombre de *Fragmens poétiques sur la médecine*; mais, comme l'observe Conrad Gesner[2], il est évident que l'on confond ici Pétrone avec Petrichius qui, au rapport de Pline[3], a écrit en vers sur les matières médicales. Enfin, Lamonnoie donne, sans hésiter, à Pétrone, la jolie épigramme latine de *la Boule de neige*, qu'Antoine Govea s'est appropriée, page 11 de son Recueil, imprimé à Lyon en 1540, chez Sébastien Gryphius.

Les bibliomanes, qui désireraient avoir sous les yeux une nomenclature plus étendue des diverses éditions de Pétrone, peuvent consulter l'*Histoire de la Littérature française*, par Labastide et d'Ussieux[4].

---

1. *Hist. des Empereurs*, tome IV, page 222.
2. Conrad Gesner, *Biblioth. univers.*, tome I.
3. Pline, *Hist. nat.*, liv. XXII, chap. 24.
4. *Hist. de la littérat. franç.*, tome II, vers la fin.

## II.

*Des principales traductions françaises de Pétrone.*

Il semble qu'un auteur aussi galant que Pétrone ne pouvait manquer de trouver en France beaucoup de traducteurs ou d'imitateurs. Cependant nous ne sommes pas très-riches de ce côté. Le premier morceau du *Satyricon* qu'on ait fait passer en notre langue est *la Matrone d'Éphèse*, et c'est un moine qui s'en avisa. On la trouve sous le titre de *Fable du Chevalier et de la Femme veuve*, dans celles d'Ésope, d'Aviénus et du Poge, publiées en français, l'an 1475, par *Frère Julien des Augustins de Lyon, docteur en théologie*. Comme il n'existe point d'édition de Pétrone qui date de si loin, Frère Julien avait probablement tiré cette fable de quelque manuscrit du *Satyricon*, enseveli dans la bibliothèque de son couvent; mais il n'en dit rien. C'est sur le même épisode que Brinon de Baumartin bâtit, en 1614, sa tragi-comédie de *l'Éphésienne*. On en trouve aussi une imitation dans le *Quatrième Discours de Brantôme sur les femmes galantes*; une autre dans la trente-quatrième lettre du *Recueil épistolaire* de Méré. Tout le monde sait que La Fontaine a fait de la *Matrone d'Éphèse* l'un de ses plus jolis contes. Saint-Évremont s'est également amusé à traduire ce passage célèbre : sa traduction, assez littérale, est en prose, et suit immédiatement sa *Dissertation sur Pétrone*. Elle a trouvé un nouveau traducteur dans Lavaleterie[1]. On doit encore à

---

[1]. LAVALETERIE, *OEuvres mêlées de Saint-Évremont.*

ce dernier une imitation du début de Pétrone contre les déclamateurs [1]. Fréron, dans ses *Opuscules*, a traduit le même fragment [2]. Prépétit de Grammont a mis en vers français [3] ceux que déclame Agamemnon sur la poésie latine. Ces différens essais sont agréables à lire; mais ils sont loin de soutenir la comparaison avec l'original, dont ils ne sont qu'une faible copie; j'en excepte le conte de La Fontaine.

Dans son *Histoire amoureuse des Gaules*, Bussi-Rabutin [4] introduit le comte de Guiche racontant sa dolente aventure avec la comtesse d'Olonne. Ses rendez-vous, ses désirs, son impatience amoureuse cruellement trompée par ses sens en défaut, ses sermens de réparer sa faute, sa rechute involontaire, l'emportement de sa maîtresse, tout, jusqu'aux lettres des deux amans, est une traduction littérale des *Amours de Polyœnos et de Circé*. Rabutin n'avait point indiqué la source où sa plume trop maligne avait puisé : les parties offensées ne prirent point la raillerie, comme Joconde, en véritables gens de cour. L'indiscret plagiaire pouvait acheter sa grâce, en décélant dans Pétrone le principal et le premier coupable : mais l'amour-propre du bel-esprit l'emporta; il ne dit rien, et son silence lui valut la Bastille et l'exil. Nul peut-être n'était plus capable de faire parler Pétrone en français que Bussi-Rabutin [5]. On as-

---

1. OEuvres du même, tome II.
2. *Opuscules de Fréron*, tome I; pag. 189 et suiv.
3. *Recueil de diverses traductions*, publié en 1711.
4. Bussi-Rabutin, *Hist. amoureuse des Gaules*, tome I.
5. Je ne parle que de la prose de Rabutin; car, pour ses vers, ils ne méritent guère d'être cités après ceux de Pétrone.

sure qu'il l'avait entrepris de concert avec le maréchal de Vivone et le célèbre abbé de la Trappe ; mais les scrupules tardifs du dernier firent échouer ce projet.

Il n'est personne qui ne connaisse la traduction en vers du poëme de la *Guerre civile*, donnée en 1737, par le président Bouhier. Le public applaudit alors à son élégance; on y voudrait aujourd'hui plus de chaleur : mais la critique la plus sévère ne contestera jamais aux notes qui l'accompagnent le mérite du goût le plus pur et de l'érudition sans faste.

Parmi les mille et une traductions dont l'infatigable abbé de Marolles fit gémir les presses de son siècle, on compte une version en prose du festin de Trimalchion, publiée en 1677, et non moins plate qu'infidèle. Goujet[1] attribue encore à l'abbé de Marolles le *Pétrone en vers français*, imprimé chez Barbin en 1667, d'après l'édition latine de Gabbéma. Marolles, dont la modestie n'était pas la vertu favorite, et qui se vantait avec complaisance d'avoir enfanté 133,124 vers, se déguisa pourtant, dans ce recueil, sous les lettres M. L. D. B. ; mais il aurait dû condamner ses vers maussades à l'oubli, comme alors il y condamna son nom.

On prétend, ajoute Goujet, que François Galaup de Chasteuil, Provençal, homme de beaucoup d'esprit, mort en 1678, avait traduit tout ce qui nous reste de Pétrone ; et Guy-Patin parle, dans ses lettres, d'un savant qui, après avoir rempli les lacunes du *Satyricon*, ne put obtenir la permission d'en publier une édition latine et française.

1. Goujet, *Biblioth. franç.*, tome I.

Les éditeurs des poésies de Lainez attribuent à cet aimable épicurien une traduction complète du *Satyricon*; elle s'est perdue manuscrite, et l'on ne peut que regretter cette perte.

Les *Fragmens d'histoire et de littérature*, imprimés à La Haye, en 1706, parlent d'une autre traduction anonyme de la première partie du festin de Trimalchion, publiée en 1687: « Le traducteur, dit-on dans ces *Fragmens*, a trouvé le secret de changer un auteur *très-impur* en un poète très-chaste, qui peut être lu par les dévotes mêmes dans leurs momens de loisir. » Beau service rendu à Pétrone!

Fabricius, dans sa *Bibliothèque latine*, fait mention d'une traduction plus complète par Vénette, auteur du *Tableau de l'amour conjugal*. Elle parut à Amsterdam en 1697; mais elle était déjà devenue si rare au bout de quelques années, que les compilateurs de l'*Histoire littéraire de France*, malgré toutes leurs recherches, ne purent, de leur aveu même, s'en procurer un seul exemplaire. Ce savant médecin avait aussi composé un dictionnaire raisonné du *Satyricon*, pour en faciliter l'intelligence: il est resté manuscrit.

Il est plus aisé de se procurer la traduction du Festin de Trimalchion [1], donnée par Lavaur, en 1726, sous le

---

[1]. L'abbé Margon fit mieux que de traduire le festin de Trimalchion: il le réalisa. Cet abbé, fort gourmand de son naturel, ayant un jour reçu du Régent, je ne sais trop pour quel service secret, une gratification de 30,000 francs, imagina de la manger dans un souper, qu'il pria son patron de lui laisser donner à Saint-Cloud. Il en fit la disposition, Pétrone à la main, et exécuta,

titre d'*Histoire secrète de Néron*. Ce qu'on en estime le plus sont les notes et la préface.

Nodot, déjà connu par ses *Fragmens* de Belgrade, voulut avoir l'honneur d'enrichir le public de ce qu'il appelait une traduction entière du *Satyricon*. Sa première édition parut, en 1694, à Cologne; la seconde, plus estimée, est de 1713, à Paris. On ne peut nier qu'il n'ait assez fidèlement rendu les pensées de l'original; mais sa prose dénuée de grâces et ses vers prosaïques n'ont fait de Pétrone qu'un squelette pour ceux qui ne peuvent l'admirer dans sa langue. Ses notes historiques et critiques supposent plus de connaissance des usages antiques que d'habitude à sentir les beautés des anciens. Son édition a du moins cela de recommandable pour les esprits superficiels, qu'elle est la seule qui réunisse à un texte sans lacune apparente une traduction assez exacte, quoique fort maussade.

En 1742, parut à Londres, chez Nourse, une traduction nouvelle de Pétrone par Dujardin, caché sous le nom de Boispréaux. Il a suivi, comme Nodot, le texte de Belgrade; mais il s'est dispensé de le joindre à sa traduction. Elle est plus élégante, plus vive, plus enjouée que celle de son prédécesseur; mais Boispréaux, moins fidèle que lui, tronque souvent l'original, même dans sa prose, ce qui ne peut s'excuser. Sa plume, qu'il croit l'épée d'Alexandre, coupe le nœud gordien qu'il

---

avec la plus grande exactitude, le repas de Trimalchion. On surmonta toutes les difficultés à force de dépenses. Le Régent eut la curiosité d'aller surprendre les acteurs, et il avoua qu'il n'avait jamais rien vu de si original.

eût fallu délier. Est-ce pour se dérober au désavantage de la comparaison, que Boispréaux a privé du texte les admirateurs de Pétrone [1]? Ce qui me plairait le plus dans son ouvrage serait la préface, si elle ne pouvait passer pour un plagiat de Saint-Évremont, qu'il ne daigne pas nommer. La dernière traduction de Pétrone que je connaisse est celle de Durand, publiée par Gérard, Paris, 1803. Elle n'est pas plus exacte que celle de Boispréaux : comme lui, le nouveau traducteur allonge, tronque l'original à sa fantaisie, au point de le rendre quelquefois méconnaissable.

J'allais augmenter cette dissertation d'un beau chapitre sur la morale de Pétrone ; mais, me suis-je dit, ce titre seul menacerait d'un sermon, et ce siècle peu chrétien n'aime pas les sermons. J'ai donc déchiré mon chapitre ; car, après tout, on n'écrit que pour être lu. Et puis, si la morale de Pétrone est parfois relâchée, souvent aussi l'antidote s'y trouve auprès du poison ; et, pour l'ordinaire, le serpent est étouffé sous les fleurs. Faut-il d'ailleurs chercher l'austérité monacale dans l'ouvrage d'un homme du monde [2]? Si Pétrone est proscrit

---

[1]. Boispréaux ou Dujardin n'a pas trouvé grâce aux yeux de Fréron, qui s'écrie : « Pourquoi Boispréaux a-t-il énervé la force des pensées de Pétrone par des paraphrases insipides, éteint le feu de ses idées par des tours froids et languissans, altéré la charmante naïveté de ses sentimens par un choix affecté de mots précieux ; substitué, en un mot, à un original plein de vie une copie languissante et inanimée ? N'est-ce pas imiter ce tyran dont il est parlé dans Virgile, qui appliquait des corps morts à des corps vivans ? »

[2]. Les pasages les plus libres de Pétrone ne scandaliseront point

pour avoir soulevé quelquefois la gaze dont la volupté se couvre, laissera-t-on impunis tant d'aimables complices de sa témérité, Anacréon, Sapho, Catulle, Horace, Ovide? Quand plus d'un grave concile s'est déclaré solennellement le défenseur officieux de leur amoureux badinage[1], notre sévérité n'approcherait-elle pas un peu du ridicule? Sommes-nous plus sages que les saints? Pétrarque, à la messe, allait adorer Laure. Au milieu des controverses théologiques, Théodore de Bèze interrompait sa traduction des psaumes pour chanter sa Sunamite[2]; on ne lit plus guère ses cantiques, on sait encore par cœur ses *Baisers*.

les hommes raisonnables qui apporteront à cette lecture les mêmes dispositions que le savant Juste-Lipse : « Nuda illa nequitia nihil offendor, joci me delectant, urbanitas rapit : cætera, nec in animo, nec in moribus meis, magis labem relinquunt, quam olim in flumine vestigium cymba, etc. »

1. Le concile de Trente a dit : « Ethnicorum veterum libri qui res lascivas seu obscenas tractant, narrant aut docent, propter sermonis elegantiam et proprietatem, viris ad legendum, non pueris ad interpretandum, permittuntur. » (*Index des livres défendus*, règle VII.)

2. Ce fut Théodore de Bèze qui acheva la traduction des *Psaumes*, commencée par Clément Marot. Cette version rimée n'est point la partie brillante des poésies de De Bèze. On trouve, dans ses *Juvenilia*, une imitation plus heureuse du *Cantique des Cantiques*. Il avait épousé, dans sa vieillesse, une jeune fille qu'il appelait sa *Sunamite*.

# PÉTRONE.

# T. PETRONII ARBITRI

EQUITIS ROMANI

# SATYRICON.

### CAPUT I.

[Jam dudum, quæ mihi acciderunt, vobis ita narrare pollicitus sum, ut hodie promissis stare decreverim: nobis, ad scientias non solum explicandas, sed etiam ad hilaria colloquia, fabulis jucundioribus animanda, opportune congregatis. Fabricius Vejento de religionis erroribus jam nunc ingeniose locutus est, et detexit, quo doloso vaticinandi furore sacerdotes mysteria, illis sæpe ignota, audacter publicant. Sed] num alio genere furiarum declamatores inquietantur? qui clamant:—Hæc vulnera pro libertate publica excepi; hunc oculum pro vobis impendi: date mihi ducem, qui me ducat ad liberos meos, nam succisi poplites membra non sustinent.—Hæc ipsa tolerabilia essent, si ad eloquentiam ituris viam facerent: nunc, et rerum tumore, et sententiarum vanissimo strepitu, hoc tantum proficiunt, ut, quum in forum venerint, pu-

# LE SATYRICON
# DE T. PÉTRONE

CHEVALIER ROMAIN.

## CHAPITRE I.

Il y a bien long-temps que je vous promets le récit de mes aventures; je veux tenir aujourd'hui ma promesse. Puisque nous voici réunis, moins pour nous livrer à des dissertations savantes, que pour ranimer par des contes plaisans la gaîté de nos entretiens : profitons, mes amis, de l'heureuse occasion qui nous rassemble. Fabricius Véjento vient de vous entretenir, en homme d'esprit, des impostures sacerdotales. Il vous a peint les prêtres préparant à loisir leurs fureurs prophétiques, ou commentant avec impudence des mystères qu'ils ne comprennent point. Mais est-elle moins plaisante, la manie des déclamateurs? Entendez-les s'écrier : — Ces blessures honorables, c'est pour la liberté que je les ai reçues! cet œil qui me manque, c'est pour vous que je l'ai perdu! Qui me donnera un guide pour me conduire vers mes enfans? mes genoux cicatrisés fléchissent sous le poids de mon corps! — Tant d'emphase serait supportable, si elle ouvrait à leurs élèves la route de l'éloquence; mais cette enflure de style, ce jargon senten-

tent se in alium terrarum orbem delatos. Et ideo ego adolescentulos existimo in scholis stultissimos fieri, quia nihil ex iis, quæ in usu habemus, aut audiunt, aut vident; sed piratas cum catenis in litore stantes, sed tyrannos edicta scribentes, quibus imperent filiis, ut patrum suorum capita præcidant; sed responsa in pestilentiam data, ut virgines tres aut plures immolentur; sed mellitos verborum globulos, et omnia dicta, factaque quasi papavere et sesamo sparsa.

## CAPUT II.

Qui inter hæc nutriuntur, non magis sapere possunt, quam bene olere, qui in culina habitant. Pace vestra liceat dixisse, primi omnium eloquentiam perdidistis. Levibus enim atque inanibus sonis ludibria quædam excitando effecistis, ut corpus orationis enervaretur, et caderet. Nondum juvenes declamationibus continebantur, quum Sophocles atque Euripides invenerunt verba, quibus deberent loqui. Nondum umbraticus doctor ingenia deleverat, quum Pindarus, novemque lyrici Homericis versibus canere non timuerunt. Et ne poetas quidem ad testimonium citem, certe neque Platona, neque Demosthenem ad hoc genus exercitationis accessisse video. Grandis, et, ut ita dicam, pudica oratio non est

tieux, à quoi servent-ils ? les jeunes gens, à peine entrés dans le barreau, se croient transportés dans un nouveau monde. Ce qui fait de nos écoliers autant de maîtres sots, c'est que tout ce qu'ils voient et entendent dans les écoles, leur offre précisément le contraste de la société. Sans cesse on y rebat leurs oreilles de pirates en embuscade sur le rivage et préparant des chaînes à leurs captifs ; de tyrans dont les barbares arrêts condamnent des fils à décapiter leurs propres pères ; d'oracles dévouant à la mort trois jeunes vierges, et quelquefois plus, pour le salut des villes dépeuplées par la peste. C'est un déluge de périodes mielleuses agréablement arrondies : actions et discours, tout est à l'eau rose.

## CHAPITRE II.

Nourri de pareilles fadaises, comment leur goût pourrait-il se former ? un cuistre sent toujours sa cuisine. Ne vous en déplaise, messieurs les rhéteurs, c'est de vous que date la chute de l'éloquence. En la réduisant à une harmonie puérile, à de vains jeux de mots, vous en avez fait un corps sans âme, un squelette. On n'exerçait pas encore la jeunesse à ces déclamations, quand le génie des Sophocle et des Euripide créa, pour la scène, un nouveau langage. Un pédant, croupi dans la poussière des classes, n'étouffait point encore le talent dans son germe, quand la muse de Pindare et de ses neuf rivaux osa faire entendre des chants dignes d'Homère. Et, sans citer les poètes, je ne vois point que Platon ni Démosthène se soient exercés dans ce genre de composition. Semblable à une vierge pudique, la véritable éloquence ne connaît point le fard. Simple

maculosa, nec turgida, sed naturali pulchritudine exsurgit. Nuper ventosa isthæc et enormis loquacitas Athenas ex Asia commigravit, animosque juvenum ad magna surgentes, veluti pestilenti quodam sidere, afflavit, simulque corrupta eloquentiæ regula stetit, et obmutuit. Quis postea ad summam Thucydidis, quis Hyperidis ad famam processit? Ac ne carmen quidem sani coloris enituit: sed omnia, quasi eodem cibo pasta, non potuerunt usque ad senectutem canescere. Pictura quoque non alium exitum fecit, postquam Ægyptiorum audacia tam magnæ artis compendiariam invenit. — [Hæc taliaque olim declamabam, quum Agamemnon nobis se admovit, et oculo curioso inspiciens, quem conciones tam diligentius audiebant,]

## CAPUT III.

Non est passus Agamemnon, me diutius declamare in porticu, quam ipse in schola sudaverat; sed: —Adolescens, inquit, quoniam sermonem habes non publici saporis, et, quod rarissimum est, amas bonam mentem, non fraudabo te arte secreta. Minimum in his exercitationibus doctores peccant, qui necesse habent cum insanientibus furere. Nam ni dixerint, quæ adolescentuli probent, ut ait Cicero, *soli in scholis relinquentur*. Sicut ficti adulatores, quum coenas divitum captant, nihil prius meditantur, quam id, quod putant gratissimum auditoribus fore ( nec enim aliter impetra-

et modeste, elle s'élève sans échasses, et n'est belle que
de sa propre beauté. C'est depuis peu que ce débordement d'expressions boursoufflées est reflué de l'Asie
dans Athènes. Astre malin, son influence meurtrière a
comprimé chez la jeunesse les élans du génie, et dès-
lors les sources de la véritable éloquence se sont taries.
A dater de cette époque, quel historien approcha de
la perfection de Thucydide, de la renommée d'Hypé-
ride ? Citez-moi un seul vers où le bon goût étincelle ?
tous ces avortons littéraires ressemblent à ces insectes
qu'un seul jour voit naître et mourir. La peinture a eu
le même sort, depuis que l'imprudente Égypte osa réduire en abrégé cet art sublime. — Je tenais un jour à
peu près ce langage, quand Agamemnon s'approcha de
nous, et, d'un œil curieux, chercha à savoir quel était
l'orateur que la foule écoutait avec tant d'attention.

## CHAPITRE III.

Impatient de m'entendre pérorer si long-temps sous
le portique, tandis qu'il venait de s'enrouer sans succès dans sa classe, Agamemnon m'adressa ainsi la parole : — Jeune homme, vos expressions sont au dessus
du commun. Vous avez du bon sens, qualité rare à
votre âge ; je veux vous dévoiler les secrets de mon art.
Le vice de nos leçons n'est point le crime des profes-
seurs. Devant des têtes sans cervelle, il faut bien qu'on
déraisonne. Comme l'a dit Cicéron, si le précepte n'est
point au goût de l'élève, « le maître reste bientôt sans
auditeurs. » Ainsi l'adroit parasite, qui veut être admis à
la table du riche, prépare d'avance un choix de contes
agréables pour les convives : il ne peut parvenir à son

bunt quod petunt, nisi quasdam insidias auribus fecerint) : sic eloquentiæ magister, nisi, tanquam piscator, eam imposuerit hamis escam, quam scierit appetituros esse pisciculos, sine spe prædæ moratur in scopulo.

## CAPUT IV.

Quid ergo est? Parentes objurgatione digni sunt, qui nolunt liberos suos severa lege proficere. Primum enim, sicut omnia, spes quoque suas ambitioni donant: deinde, quum ad vota properant, cruda adhuc studia in forum impellunt, et eloquentiam, qua nihil esse majus confitentur, pueris induunt adhuc nascentibus. Quod si paterentur laborum gradus fieri, ut studiosi juvenes lectione severa mitigarentur, ut sapientiæ præceptis animos componerent, ut verba atroci stilo effoderent, ut, quod vellent imitari, diu audirent : sibi nihil esset magnificum, quod pueris placeret; jam illa grandis oratio haberet majestatis suæ pondus. Nunc pueri in scholis ludunt, juvenes ridentur in foro; et, quod utroque turpius est, quod quisque perperam didicit, in senectute confiteri non vult. Sed ne me putes improbasse schedium Lucilianæ improbitatis, quod sentio, et ipse carmine effingam:

but sans tendre un piège aux oreilles de ses auditeurs. Autrement, il en est du maître d'éloquence comme du pêcheur qui, faute d'attacher à ses hameçons l'appât le plus propre à attirer le poisson, se morfond sur un rocher, sans espoir de butin.

## CHAPITRE IV.

Ainsi donc le blâme doit retomber sur les parens seuls, eux qui redoutent pour leurs enfans une éducation mâle et sévère. Ils commencent par sacrifier, comme le reste, leur espérance même à l'ambition ; ensuite, pour arriver plus promptement au but de leurs désirs, ils lancent dans le barreau ces apprentis orateurs ; et l'éloquence dont l'homme mûr peut à peine, de leur propre aveu, atteindre la hauteur, ils la rapetissent à la taille d'un marmot. Avec plus de patience, les études seraient mieux graduées ; on verrait une jeunesse studieuse épurer insensiblement son goût par la méditation des bons livres, plier peu à peu son âme au joug de la sagesse, corriger impitoyablement son style, et écouter avec une attention soutenue les modèles qu'elle veut imiter ; enfin, on la verrait refuser son admiration à tout ce qui séduit ordinairement l'enfance. C'est alors que l'éloquence reprendrait et sa noblesse et son imposante majesté. Mais aujourd'hui ces mêmes hommes qui, dans leur enfance, traitent l'étude comme un jeu, dans leur adolescence sont la fable du barreau ; et, pour comble de folie, parvenus à la vieillesse, ne veulent point convenir du vice de leur première éducation. Ce n'est pas que j'improuve tout-à-fait cet art facile d'improviser, dont Lucilius est le père ; je vais moi-même vous en donner un exemple de ma façon :

## CAPUT V.

Artis severæ si quis amat effectus,
Mentemque magnis applicat, prius more
Frugalitatis lege polleat exacta:
Nec curet alto regiam trucem vultu,
Cliensve cœnas impotentium captet:
Nec perditis addictus obruat vino
Mentis calorem, neve plausor in scena
Sedeat redimitus, histrioniæ addictus.

Sed sive armigeræ rident Tritonidis arces,
Seu lacedæmonio tellus habitata colono,
Sirenumque domus, det primos versibus annos,
Mæoniumque bibat felici pectore fontem;
Mox, et Socratico plenus grege mutet habenas
Liber, et ingentis quatiat Demosthenis arma.
Hinc romana manus circumfluat, et modo graio
Exonerata sono, mutet suffusa saporem.
Interdum subducta foro det pagina versum,
Et cortina sonet celeri distincta meatu.
Dein epulas et bella truci memorata canore,
Grandiaque indomiti Ciceronis verba minetur.
His animum succinge bonis, sic flumine largo
Plenus, Pierio defundes pectore verba.

## CHAPITRE V.

Le génie est enfant de la frugalité.
Toi dont l'orgueil aspire à l'immortalité,
De la table des grands fuis le luxe perfide.
Les vapeurs de Bacchus offusquent la raison,
  Et la vertu rigide,
Devant le vice heureux, craint de courber son front.

On ne doit point te voir, assis sur un théâtre,
  Couronné de honteuses fleurs,
Aux applaudissemens d'une foule idolâtre,
  Mêler d'indécentes clameurs.

L'honneur t'appelle à Naples ou dans le sein d'Athène :
Là, ton premier encens fume pour Apollon,
Et tu bois à longs traits l'onde castalienne.
Vers Socrate bientôt la sagesse t'entraîne ;
  Et déjà ta main, plus certaine,
Saisit avec succès la plume de Platon,
  Ou les foudres de Démosthène.

A ton goût épuré, le Parnasse latin
Peut offrir à son tour les plus parfaits modèles,
Soit que ta lyre chante, ou les guerres cruelles,
Ou des fils de Pélops le tragique festin.

Virgile des héros éternisa la gloire ;
Lucrèce à la nature arracha son bandeau ;
  Cicéron tonnait au barreau ;
Tacite des tyrans a flétri la mémoire.....
Pour égaler un jour ces écrivains fameux,
  Imite-les ; c'est la source féconde
D'où tes vers, à plein bord, couleront comme l'onde
  D'un fleuve impétueux.

## CAPUT VI.

— Dum hæc diligentius audio, non notavi mihi Ascylti fugam : et dum in hoc dictorum æstu totus incedo, ingens scholasticorum turba in porticum venit, ut apparebat, ab extemporali declamatione nescio cujus, qui Agamemnonis suasoriam exceperat. Dum ergo juvenes sententias rident, ordinemque totius dictionis infamant, opportune subduxi me, et cursim Ascylton persequi cœpi. Sed nec viam diligenter tenebam, nec, quo loco stabulum esset, sciebam. Itaque quocunque ieram, eodem revertebar, donec et cursu fatigatus, et sudore jam madens, accedo aniculam quamdam, quæ agreste olus vendebat.

## CAPUT VII.

— Te rogo, inquam, mater, numquid scis, ubi ego habitem? — Delectata illa urbanitate tam stulta, et: — Quidni sciam? inquit; — consurrexitque, et cœpit me præcedere. Divinam ego putabam: at subinde, ut in locum secretiorem venimus, centonem anus urbana rejecit; et: — Hic, inquit, debes habitare. — Quum ego negarem, me cognoscere domum, video quosdam intus titulos nudasque meretrices furtim conspatiantes. Tarde,

## CHAPITRE VI.

Tandis que j'écoutais avidement Agamemnon, Ascylte m'avait quitté sans que je m'en aperçusse. Tout en réfléchissant sur cette longue tirade, je vis le portique subitement inondé d'une troupe de jeunes étudians. Ils venaient sans doute d'assister à je ne sais quelle harangue qu'avait improvisée certain rhéteur, en réponse à celle d'Agamemnon. L'un en critiquait les pensées, l'autre en tournait le style en ridicule, un troisième n'y trouvait ni plan, ni méthode. Moi, profitant de l'occasion, je m'esquive parmi la foule; et me voilà à la poursuite de mon fugitif. Grand était mon embarras; les chemins m'étaient peu connus, et j'ignorais où était située notre auberge. Après bien des détours, je revenais toujours au point d'où j'étais parti. Enfin, exténué de fatigues, inondé de sueur, j'aborde une petite vieille qui vendait de méchantes herbes.

## CHAPITRE VII.

— Bonne mère, lui dis-je, ne sauriez-vous point où je demeure? La naïveté la fit sourire. — Pourquoi non? répond-elle gaîment. — Aussitôt elle se lève et marche devant moi. Je la suis, tenté de la croire inspirée. Arrivés ensemble vers une ruelle obscure, la vieille leva son voile d'un air galant; puis : — Voilà sans doute votre logis. — Je m'en défendis, comme on pense. Pendant notre altercation, j'aperçois dans l'intérieur des mignons et des femmes nues se promenant avec mystère. Trop tard alors je reconnus le piège : j'étais dans

immo jam sero, intellexi, me in fornicem esse deductum: exsecratus itaque aniculæ insidias, operui caput, et per medium lupanar fugere cœpi in aliam partem : quum ecce in ipso aditu occurrit mihi æque lassus ac moriens Ascyltos; putares ab eadem anicula esse deductum. Itaque ut ridens eum consalutavi, quid in loco tam deformi faceret? quæsivi.

## CAPUT VIII.

Sudorem ille manibus detersit, et: — Si scires, inquit, quæ mihi acciderunt. — Quid novi? inquam ego. — At ille deficiens : Quum errarem, inquit, per totam civitatem, nec invenirem, quo loco stabulum reliquissem, accessit ad me paterfamilias, et ducem se itineris humanissime promisit. Per anfractus deinde obscurissimos egressus, in hunc locum me perduxit, prolatoque peculio cœpit rogare stuprum. Jam pro cella meretrix assem exegerat, jam ille mihi injecerat manum; et, nisi valentior fuissem, pœnas dedissem. — [ Dum sortem suam mihi narrat Ascyltos, ipse paterfamilias, comitatus muliere haud inculta, supervenit, et, respiciens ad Ascylton, rogavit ut domum intraret, certiorem faciens nil timendum; sed, quum patiens esse nollet, saltem agens

une maison de prostitution. Furieux contre la maudite vieille, je me couvre la tête d'un pan de ma robe; et me voilà courant de toute ma force à travers cette infâme demeure, pour me sauver ailleurs. Je touchais au seuil de la porte, quant tout à coup je donne du nez contre Ascylte. Le pauvre diable était non moins fatigué, non moins mourant que moi. On eût dit que la vieille sorcière avait pris à tâche de nous rassembler là tous les deux. Je ne pus m'empêcher de l'aborder en riant. — Eh! bonjour, m'écriai-je; que fais-tu donc dans cette honnête maison?

## CHAPITRE VIII.

— Hélas! répondit-il, en essuyant la sueur de son visage, si tu savais ce qui m'est arrivé! — Bon! répliquai-je, qu'y a-t-il de nouveau? — Ascylte, d'une voix presque éteinte, reprit en ces termes : J'errais de rue en rue sans pouvoir retrouver mon gîte. Un vieillard d'un extérieur vénérable m'aborde, et, voyant mon inquiétude, il s'offre obligeamment à me remettre sur la voie. J'accepte; nous traversons plusieurs rues détournées, et nous voilà dans cette maison. A peine arrivés, cet homme tire sa bourse d'une main, et de l'autre.... L'infâme! il ose marchander mon déshonneur au poids de l'or. Déjà la digne hôtesse de ce lieu avait reçu le prix d'un cabinet; déjà notre satyre me pressait d'un bras impudique. Sans la vigueur de ma résistance, mon cher Encolpe, vous m'entendez....! — Pendant ce récit d'Ascylte, survient précisément le vieillard en question, accompagné d'une femme assez jolie. S'adressant à Ascylte : — Dans cette chambre, dit-il, le plaisir vous

5.

foret. Aliunde mulier urgebat consensum, ut secum venirem. Subsequimur ergo, et conducti inter titulos, aspicimus complures utriusque sexus ludentes in cellis,] adeo ubique omnes mihi videbantur satyrion bibisse. [Ut conspicimur, nos cynædica petulantia allicere conati sunt, statimque unus alte succinctus invadit Ascylton, et super eum, grabato prostratum, molere conatus est. Succurro statim patienti, et] junctis viribus molestum contemsimus. [Egreditur Ascyltos, et fugit, meque eorum libidini obnoxium relinquit; sed valentiorem viribus et animo illæsum dimisit.

## CAPUT IX.

Lustrata pæne urbe,] quasi per caliginem vidi Gitona in crepidine semitæ [limineque diversorii] stantem, et in eumdem locum me conjeci. Quum quærerem, num quid nobis in prandium frater parasset? consedit puer super lectum, et manantes lacrymas pollice extersit. Perturbatus ego habitu fratris, quid accidisset? quæsivi. At ille tarde quidem et invitus, sed postquam precibus et iracundiam miscui: — Tuus, inquit, iste frater, seu comes, paulo ante in conductum accucurrit, cœpitque mihi velle pudorem extorquere. Quum ego proclamarem, gladium

attend ; rassurez-vous sur le genre du combat, le choix du rôle est à votre disposition.— La jeune femme, de son côté, me pressait également de consentir à la suivre. Nous nous laissâmes tenter ; et, sur les pas de nos guides, nous traversâmes plusieurs salles, théâtres lubriques des jeux de la volupté. A la fureur des combattans, on les eût crus ivres de satyrion. A notre aspect, ils redoublèrent de postures lascives, pour nous engager à les imiter. Tout à coup l'un d'eux retrousse sa robe jusqu'à la ceinture, et, se précipitant sur Ascylte, le renverse sur un lit voisin, et veut lui faire violence. Je vole au secours du pauvre patient, et nos efforts réunis triomphent sans peine de ce brutal assaillant. Ascylte gagne aussitôt la porte et s'enfuit, me laissant seul en butte aux attaques de leur débauche effrénée ; mais, supérieur en forces et en courage, je sortis sain et sauf de ce nouvel assaut.

## CHAPITRE IX.

Je parcourus presque toute la ville avant de retrouver mon gîte. Enfin, comme à travers un épais brouillard, j'aperçus au coin d'une rue Giton debout sur la porte d'une auberge : c'était la nôtre. J'entre, il me suit. — Mon cœur, lui dis-je, qu'avons-nous pour dîner ? — Pour toute réponse Giton s'assied sur le lit ; et ses larmes, qu'il essuie vainement, coulent en abondance. Ému de sa douleur, j'en veux connaître le sujet : il s'obstine au silence ; j'insiste ; aux prières je mêle les menaces ; il se rend enfin ; et montrant Ascylte : — Cet ami si fidèle, dit-il, ce compagnon de vos plaisirs, Ascylte a devancé ici votre venue. Me trouvant

strinxit; et : « Si Lucretia es, inquit, Tarquinium invenisti. » — Quibus ego auditis, intentavi in oculos Ascylti manus; et : — Quid dicis, inquam, muliebris patientiæ scortum, cujus ne spiritus purus est? — Inhorrescere se finxit Ascyltos; mox, sublatis fortius manibus, longe majore nisu clamavit : — Non taces, inquit, gladiator obscœne, quem [ hospitis homicidam ] de ruina arena dimisit? Non taces, nocturne percussor, qui ne tum quidem, quum fortiter faceres, cum pura muliere pugnasti? Cujus eadem ratione in viridario frater fui, qua nunc in deversorio puer est? — Subduxisti te, inquam, a præceptoris colloquio?

## CAPUT X.

— Quid ego, homo stultissime, facere debui, quum fame morerer? an videlicet audirem sententias, id est, vitrea fracta, et somniorum interpretamenta? Multo me turpior es tu, Hercule, qui ut foris cœnares, poetam laudasti. — Itaque ex turpissima lite in risum diffusi, pacatius ad reliqua secessimus. Rursus in memoriam revocatus injuriæ : — Ascylte, inquam, intelligo nobis con-

seul, il a voulu m'arracher des faveurs qui ne sont dues qu'à vous. J'ai crié à la violence; mais lui, tirant son épée : « Si tu fais la Lucrèce, m'a-t-il dit, tu as trouvé ton Tarquin. » — A ces mots, peu s'en fallut que je n'arrachasse les yeux au perfide. — Que répondras-tu, m'écriai-je, infâme débauché, plus vil que les plus viles courtisanes ! toi dont la bouche même ne craint point de se souiller par la plus sale prostitution ! — Ascylte affecte alors une indignation qu'il ne sentait guère; et, agitant ses bras d'une manière menaçante, il le prend sur un ton beaucoup plus haut que le mien : — Oses-tu parler, vil gladiateur! s'écrie-t-il à son tour; toi, lâche assassin de ton hôte ! qui n'es échappé que par miracle aux charniers de l'amphithéâtre ! Oses-tu parler, toi, voleur de nuit, qui, même lorsque tu n'étais pas encore réduit à l'impuissance, n'as jamais pu obtenir les faveurs d'une femme honnête ! toi qui, dans certain bosquet, m'as fait servir un jour de Ganimède à ta lubricité, comme cet enfant t'en sert aujourd'hui dans ce cabaret, — Mais, repris-je, pourquoi t'esquiver pendant mon entretien avec Agamemnon ?

## CHAPITRE X.

— Imbécille! que voulais-tu que je fisse là ? Je mourais de faim; pouvais-je m'arrêter à écouter les sornettes d'un pédant, les rêves d'un visionnaire ? Le scrupule te sied bien, quand, pour escroquer un souper, tu t'es fait le prôneur d'un méchant poète. — Peu à peu cette ridicule dispute se tourna en plaisanterie. Nous commençâmes à parler plus doucement d'autres choses. Au fond pourtant la perfidie d'Ascylte ne me

venire non posse; itaque communes sarcinulas partiamur, ac paupertatem nostram privatis quæstibus tentemus expellere. Et tu litteras scis, et ego; ne quæstibus tuis obstem, aliquid aliud promittam : alioqui mille causæ nos quotidie collident, et per totam urbem rumoribus different.—Non recusavit Ascyltos, et:—Hodie, inquit, quia tanquam scholastici ad cœnam promisimus, non perdamus noctem : cras autem, quia hoc libet, et habitationem mihi prospiciam, et aliquem fratrem. — Tardum est, inquam, differre quod placet. — Hanc tam præcipitem divisionem libido faciebat : jamdudum enim cupiebam amoliri custodem molestum, ut veterem cum Gitone meo rationem deducerem. [ Contumeliam ægre ferens Ascyltos, et silens, cum impetu egreditur. Tam præceps eruptio lævum augurabat : etenim nota erat mihi ejus animi impotentia, notus et amor impotens. Subsequor ergo abeuntem, exploraturus consilia, illisque obstiturus; sed oculis se subripuit meis, et frustra illum diu quæsivi.]

## CAPUT XI.

Postquam lustravi oculis totam urbem, in cellulam redii; osculisque tandem bona fide exactis, alligo arctissimis complexibus puerum, fruorque votis usque ad

laissait pas sans rancune. —Tiens, lui dis-je, toute réflexion faite, nos humeurs ne sympathisent point. Partant, faisons deux lots de notre petit bagage, et que chacun de nous aille tenter fortune de son côté. Nous pouvons nous flatter l'un et l'autre de quelque mérite littéraire ; mais, pour ne pas aller sur tes brisées, je chercherai quelque autre profession ; autrement, ce serait entre nous chaque jour de nouveaux débats, et nous serions bientôt la fable de toute la ville. — Soit, répond Ascylte. Mais nous sommes invités ce soir à un grand souper en notre qualité de savans ; ne perdons pas une soirée si agréable, et, demain, puisque vous le voulez, je saurai me pourvoir d'un gîte et d'un mignon. — Pourquoi remettre à demain, répliquai-je, cet arrangement qui nous convient à tous deux ? — C'est l'amour qui me faisait désirer si ardemment cette séparation. Depuis long-temps j'aspirais à me débarrasser d'un témoin importun pour me livrer sans contrainte à ma passion pour Giton.— Ascylte, piqué au vif, sortit brusquement sans dire mot. Son départ précipité était d'un sinistre augure. Connaissant l'emportement de ce jeune homme et la fougue de ses passions, je le suivis pour observer ses démarches et déjouer ses projets ; mais il se déroba bientôt à ma vue, et toutes mes recherches furent inutiles.

## CHAPITRE XI.

Après avoir fureté dans tous les quartiers de la ville, je rentrai au logis, et je me consolai dans les bras de Giton. Ses baisers portèrent le feu dans mes sens, et mon bonheur, égal à mes désirs, eût rendu les dieux mêmes

invidiam felicibus. Nec adhuc quidem omnia erant facta, quum Ascyltos furtim se foribus admovit, discussisque fortissime claustris, invenit me cum fratre ludentem: risu itaque plausuque cellulam implevit, opertum me amiculo evolvit, et: — Quid agebas, inquit, frater sanctissime? Quid? vesticontubernium facis? — Nec se solum intra verba continuit, sed lorum de pera solvit, et me coepit non perfunctorie verberare, adjectis etiam petulantibus dictis: — Sic dividere cum fratre nolito. — [Res tam inopinata injuriam, ictusque silere constrinxit: casum igitur irrideo, et prudenter: aliter enim proeliandum erat cum aemulo. Hilaritate mentita animum illius sedavi. Subrisit etiam Ascyltos. — Et tu, inquit, Encolpi, deliciis sepultus, non cogitas nos pecunia deficere, et quae supersunt nullius esse pretii? In aestivis temporibus urbs sterilis est, rus erit fortunatius: eamus ad amicos. — Consilium probare coegit necessitas, dolorisque sensum cohibere. Itaque, onerato Gitone sarcinulis, urbe egredimur, et ad castellum Lycurgi, equitis romani, pergimus. Quum olim illi frater fuisset Ascyltos, pulchre nos accepit; coetusque ibi congregatus jucundiora effecit oblectamenta. Imprimis erat Tryphaena, pulcherrima mulier, quae venerat cum Lyca, navigii domino, et fundorum in vicinia maris possessore. Quas in hoc loco gratissimo voluptates hausimus, nulla vox com-

jaloux. Nous préludions à de nouveaux plaisirs, quand, arrivant à pas de loup, Ascylte enfonce la porte avec fracas, et nous surprend, Giton et moi, au milieu de nos plus vives caresses. Aussitôt, remplissant notre étroite demeure de ses éclats de rire et de ses applaudissemens, le perfide lève gravement le manteau qui nous couvrait : — Ah! ah! dit-il, que faisiez-vous là, homme de bien? Quoi! deux seulement sous la même couverture! — Non content de ces sarcasmes, le coquin détache sa ceinture de cuir, et le voilà qui m'étrille, Dieu sait comme, en ajoutant insolemment : — Cela t'apprendra une autre fois à ne pas rompre avec Ascylte! — Tant d'audace m'attéra. Il fallut bien digérer en silence les épigrammes et les coups. Je pris donc la chose en plaisanterie : c'était le plus prudent ; sans cela il eût fallu en venir à un combat sérieux avec mon rival. Ma fausse gaîté l'apaisa. — Encolpe, me dit-il en souriant, tu t'endors dans la mollesse, et tu ne songes pas que l'argent nous manque! Ce qui nous reste est peu de chose. La ville n'offre aucune ressource dans les beaux jours; la campagne nous sera, j'espère, plus propice; allons voir nos amis. — Quelque dur qu'il me fût d'avaler ainsi la pillule, je fis de nécessité vertu. Giton se chargea de notre porte-manteau, nous sortîmes de la ville, et nous nous dirigeâmes vers le château de Lycurgue, chevalier romain. Ascylte avait eu jadis des bontés pour lui; il nous reçut d'une manière affable; nous trouvâmes bonne compagnie, et nous y passâmes le temps très-agréablement. Parmi les femmes réunies en ce lieu, Tryphène était la plus jolie. Elle était venue avec un patron de vaisseau nommé Lycas, possesseur de quelques domaines sur le bord de la mer. Si la table de Lycurgue n'était pas splendide, sa campagne, en ré-

prehendere potest, quamvis Lycurgi mensa frugalis esset. Scias oportet, Venerem nos omnes quamprimum conjunxisse. Formosa Tryphæna placuit mihi; et vota mea libens audivit. Sed vix eam amplexui jungebam, quum Lycas indignatus, raptas sibi furto delicias, me de repetundis insimulavit. Illa enim erat vetus amor illius: itaque mercedem jacturæ sic festive aggressus est. Libidine concitatus me prosequitur. Tryphæna autem cor meum possidente, aures Lycæ negavi : denegatione tamen ardentior factus me quoquo sequebatur, et meam noctu cellulam intravit; sed, precibus fastiditis, ad violentiam in me conversus, tam vehementer exclamavi, ut, excitata familia, et Lycurgo favente, a molesti impetu liberatus evasi. Ut denique Lycurgi domus illius votis non commoda videbatur, mihi suadere tentavit, ut hospitium ejus peterem; sed repudiata propositione, auctoritate Tryphænæ usus est : eo libentius illa me rogavit, Lycæ voluntati consentirem, quod ibi liberius vivere speraret. Sequor igitur amorem ; sed Lycurgus, cum Ascylto veteri ratione renovata, eum discedere non passus est. Propterea pacti sumus, quod ille cum Lycurgo remaneret, nos autem Lycam sequeremur. Insuper et decrevimus, quod unusquisque secundum occasionem prædaretur in communem usum. Accepta propositione, incredibilis fuit Lycæ lætitia : acceleravit discessum, et

compense, nous offrit avec profusion tous les autres plaisirs. Vous saurez d'abord que l'amour prit soin de nous assortir par couples. Tryphène était belle ; elle me plut, et ne se montra pas rebelle à mes vœux. Mais, à peine goûtions-nous ensemble les premiers plaisirs, quand Lycas, s'écriant que je lui soufflais sa maîtresse, s'avisa d'exiger que je la remplaçasse auprès de lui. Leur intrigue commençait à vieillir, et il me proposa gaîment de l'indemniser par cet échange. Bientôt son caprice pour moi devint une véritable persécution ; mais mon cœur brûlait pour Tryphène, et je fermais l'oreille aux propositions de Lycas. Le refus irritant ses désirs, il me suivait partout. Une nuit, il pénètre dans ma chambre ; se voyant rebuté, il passe des prières à la violence : mes cris furent si aigus, qu'ils réveillèrent les valets ; et, grâce aux secours de Lycurgue, j'échappai sain et sauf aux attaques de ce brutal. Voyant que la maison de Lycurgue opposait trop d'obstacles à ses desseins, Lycas voulut m'attirer chez lui. Sur mon refus, il m'en fit de nouveau prier par Tryphène. Cette complaisance coûta d'autant moins à la belle, qu'elle se flattait de trouver chez Lycas plus de liberté. Je suivis enfin l'impulsion de l'amour, et voici ce que nous décidâmes : Lycurgue gardait Ascylte (son ancien goût pour lui s'était réveillé) ; Giton et moi nous devions suivre Lycas. Il fut en outre convenu, entre Ascylte et moi, que le butin que chacun de nous pourrait faire dans l'occasion, appartiendrait de droit à la masse commune. Ravi de cet arrangement, l'impatient Lycas hâta notre départ. Nous prîmes donc sur-le-champ congé de nos amis, et nous arrivâmes le même jour chez Lycas. Il avait si bien pris ses mesures que j'étais placé à côté de

continuo valere jubemus amicos, eodemque die ad ejus domum pervenimus. Tam gnaviter res disposuerat Lycas, ut in itinere secundum me sederet, Tryphæna vero assideret Gitoni; idque propter notissimam sibi hujus mulieris inconstantiam ita struxerat; nec deceptus: arsit enim illa puerum statim, et id de facili perspexi. Lycas quoque illud mihi accurate notavit, jussitque credere. Quamobrem gratiosius illum accepi, et gaudio perfusus fuit; certus scilicet, ex illata mihi a sorore injuria contemtum nasciturum : quo facto, Tryphænæ succensus, eum libentius acciperem. Sic res se habebat in ædibus Lycæ: Tryphæna Gitonem amore deperibat, Gito ei serviebat toto pectore, et utrumque oculis meis minime gratum erat, dum Lycas, mihi placere cupidus, quotidie nova excogitabat oblectamenta; quæ Doris, ejus formosa uxor, certatim augebat; et tam concinne, ut Tryphænam e corde meo statim expulerit. Oculorum nictu meus innotuit amor Doridi, et mihi blanda oculorum petulantia Doris annuit, adeo ut hæc tacita loquela, linguam antecedens, quam animorum propensionem eodem momento senseramus, furtim expresserit. Zelotypia Lycæ, jam mihi nota, causa erat silentii, et amor ipse animum mariti erga me patefecerat uxori. Ubi primum nobis licuit colloqui, quod deprehenderat, retulit, et candide fassus sum, narravique, qua severitate semper

lui dans la route, et Tryphène près de Giton. Il connaissait l'inconstance de cette femme; c'était un piège qu'il lui tendait; elle y fut prise. Près de cet aimable enfant, le cœur de Tryphène fut bientôt en feu. Je ne tardai point à m'en apercevoir; et Lycas, comme on peut le croire, ne cherchait point à m'en dissuader. Cette circonstance introduisit dans notre commerce moins de froideur de ma part, ce qui le combla de joie. Il espérait que le dépit me ferait oublier l'infidèle, et qu'il gagnerait sur mon cœur ce qu'elle y perdait de son empire. Telle était notre situation réciproque chez Lycas. Si Tryphène se consumait d'amour pour Giton, Giton le lui rendait de son mieux, et leur flamme mutuelle était un double tourment pour moi. Cependant Lycas, pour me plaire, inventait chaque jour de nouveaux plaisirs. Sa jeune épouse, l'aimable Doris, les embellissait en les partageant; et ses grâces chassèrent enfin Tryphène de mon cœur. Mes yeux languissans firent bientôt à Doris l'aveu de mon amour; et ses regards plus animés me promirent un doux retour. Cette éloquence muette, plus rapide, plus expressive que la parole, fut seule pendant quelque temps l'interprète discret de nos désirs. La jalousie de Lycas ne m'avait point échappé, et l'amoureuse Doris ne pouvait être la dupe des attentions de son mari pour moi; c'est ce qui nous forçait au silence. Dès notre première entrevue, elle me communiqua ses soupçons. En avouant de bonne foi ce qu'il en était, je fis adroitement valoir auprès d'elle la résistance sévère que j'avais toujours opposée à son mari. Mais, admirez les ressources de l'esprit féminin! — Usons de ruse, me dit-elle; et, pour posséder Doris, souffrez que Lycas vous possède. — Je suivis ce conseil, et je m'en trouvai bien.

illum exceperam. At mulier prudentissima, — et nunc ingenio utendum est, inquit; — secundumque ejus consilia unius concessio fuit, et possessio alterius. Interim dum attritus Giton vires reficit, Tryphæna ad me rediit, sed repulsa, ex amore in rabiem efferata est. Ardens ergo secutuleia meum cum utroque conjuge commercium detexit. Petulantiam erga me mariti, nihil sibi auferentem, sprevit. Doridis autem furtivos amores aggressa est, notavitque Lycæ, qui amorem zelotypia superante ad ultionem decurrit. At Doris, ancilla Tryphænæ admonita, ut procellam averteret, a secreta familiaritate abstinuit. Hæc ut intellexi, Tryphænæ perfidiam, ingratumque animum Lycæ exsecratus, abeundi formavi consilium; et favit Fortuna : pridie enim sacrum Isidi navigium, manubiis oneratum, vicinis scopulis alliserat. Consilio igitur cum Gitone habito, libenter ille assensus est, quia Tryphæna exhaustum eum negligere videbatur. Multo mane ergo ad mare proficiscimur, et navigium conscendimus eo facilius, quod custodibus, Lycæ ministris, noti eramus. Sed quum nos comitatu semper honorarent, nec ideo nobis prædandi locus esset, Gitone cum eis relicto, opportune me subduxi, subrepsique in puppim, ubi Isidis simulacrum erat, quod veste pretiosa, sistroque argenteo spoliavi, et alias manubias e diæta magistri sustuli, furtimque descendi per funem,

Cependant Giton, épuisé par Tryphène, tâchait de réparer ses forces par un peu de repos. L'inconstante alors revint à moi. Mes rebuts, d'une amante en firent une furie. Sans cesse attachée à mes pas, elle eut bientôt découvert ma double intrigue avec les deux époux. Le goût du mari pour moi ne la sevrait de rien; elle s'en inquiéta peu, mais elle résolut de troubler mes amours furtifs avec Doris. Elle court chez Lycas, et lui dévoile tout le mystère. Déjà la jalousie de cet homme, plus forte que son amour, méditait une vengeance éclatante. Heureusement Doris fut prévenue à temps par l'une des femmes de sa rivale, et, pour conjurer l'orage, nous suspendîmes nos rendez-vous et nos plaisirs. Indigné de la perfidie de Tryphène et de l'ingratitude de Lycas, je résolus de quitter la place. L'occasion était d'autant plus favorable que, la veille, un vaisseau richement chargé d'offrandes pour la fête d'Isis avait échoué sur la côte voisine. Je tins là-dessus conseil avec Giton. Mon dessein ne pouvait que lui plaire; car son état de faiblesse ne lui valait plus auprès de Tryphène que des dédains. Le lendemain donc, dès la pointe du jour, nous gagnâmes le rivage de la mer. Nous montâmes à bord d'autant plus aisément que nous étions déjà connus des gens préposés par Lycas à la garde du navire. Pour mieux nous en faire les honneurs, ils se crurent obligés de nous accompagner partout. Tant de politesse ne faisait pas notre compte; elle nous liait les mains. Aussi, laissant Giton avec eux, je m'esquive adroitement. Dans une chambre voisine de la poupe était la statue de la déesse; je m'y glisse. Une robe précieuse la couvrait, et sa main portait un sistre d'argent; j'enlève le sistre et la robe. De là, passant dans la cabine du pilote, je fais un paquet des

Gitone solo advertente; qui se quoque custodibus subduxit, et clam me secutus est. Ut illum vidi, furtum ostendi, et Ascylton celeriter adire decrevimus, nec ante posterum diem Lycurgi domum licuit pervenire. Ascylton igitur accedens paucis narravi latrocinia, et quomodo amoris ludibrium fueramus. Nobis consilium dedit Lycurgi animum in nostri gratiam occupare, et asserere, novam Lycæ petulantiam migrationis nostræ furtivæ et præcipitis causam fuisse: quibus auditis, Lycurgus juravit, se nobis adversus inimicos in præsidio semper futurum. Fuga nostra latuit, donec Tryphæna Dorisque expergefactæ surrexerunt: nos enim ad earum ornamentum matutinum quotidie urbanissime assidebamus. Quum ergo præter morem defuimus, Lycas exploratores misit, et præcipue ad maris litus, accepitque, nos ad navigium ivisse, sed de latrocinio nihil; latebat quippe: nam puppis pelagus respiciebat, et magister in navigium nondum redierat. Fuga denique nostra pro certo habita, et Lycas pertæsus fugæ, in Dorida, quam discessus causam autumabat, vehementer furit. Tacebo verborum, manusve atrocitates, singulas ignoro; dicam tantum, Tryphænam, perturbationis materiam, Lycæ suasisse, ut apud Lycurgum, refugium fortasse nostrum, perquireret fugitivos, seque ipsam comitem voluit, ut contumelia nos, pro merito, obrueret. Postero die proficiscun-

meilleures nippes, puis, à l'aide d'un câble officieux, je m'élance hors du vaisseau. Giton seul avait observé mes démarches; il se débarrasse adroitement de ses gardes, et me rejoint un moment après. Dès que je l'aperçus, je lui montrai ma proie, et nous convînmes d'aller trouver Ascylte au plus tôt; mais nous ne pûmes arriver que le lendemain à la maison de Lycurgue. En abordant Ascylte, je le mis en peu de mots au fait de notre heureux larcin et des revers que nous avions éprouvés dans nos amours. D'après son conseil, je courus prévenir l'esprit de Lycurgue en notre faveur; je l'assurai que les nouvelles importunités de Lycas avaient seules motivé le secret et la promptitude de notre départ. Lycurgue, persuadé par mon discours, jura de nous défendre envers et contre tous. Ce ne fut qu'au réveil de Tryphène et de Doris qu'on s'aperçut de notre disparition. Chaque matin, nous assistions galamment à la toilette de ces dames, et notre absence inattendue devait sembler étrange. Aussitôt Lycas met ses gens en campagne; les recherches se dirigent surtout vers la côte : on apprend notre tournée sur le tillac du navire; mais du vol, point de nouvelles; car la poupe tournait le dos au rivage, et le pilote était encore à terre. Trop assuré de notre évasion, Lycas, furieux, s'en prit à Doris, qu'il crut en être la cause. Injures, menaces, coups même, sans doute le brutal ne ménagea rien; mais j'ignore ces détails : je dirai seulement que l'auteur même de tout ce vacarme, Tryphène, persuada à Lycas de chercher ses fugitifs chez Lycurgue, où nous aurions probablement trouvé un asile : elle s'offrit même de l'accompagner dans cette poursuite, pour nous accabler d'outrages et jouir de notre confusion bien méritée. Dès le lende-

6.

tur, et in castellum pervenere. Aberamus; nam Lycurgus ad Herculea sacra, quæ celebrabantur in oppidulo vicino, nos duxerat. Quod ut intellexerunt, obviam venerunt veloces, et in porticu templi occurrerunt. Quibus conspectis, valde turbati fuimus : Lycas de fuga nostra apud Lycurgum vehementer conquestus est. Sed tam constricta fronte altoque supercilio exceptus fuit, ut ego, audacior factus, gravia et turpia probra alta voce jeci in ejus libidinosos impetus, tum in Lycurgi, tum in propriis ædibus, in me factos : et Tryphæna obluctans etiam pœnas dedit, me turpitudinem ejus prædicante concionibus, quæ ad clamorem confluxerant, et, pro veritatis argumento, Gitona exsuccum, meque, tentigine meretricis prope enectum, prodebam. Ad concionum risus inimici obstupuere, mœstique, meditantes ultionem, recesserunt. Ut ergo Lycurgi animum notarunt a nobis esse circumventum, domi eum exspectare voluerunt, ut ab errore averterent. Solemniis tardius finitis, castellum adire non potuimus, et Lycurgus in villam, medio itinere distantem, nos conduxit, posteroque die adhuc dormientes reliquit, castellum petiturus ad negotia expedienda. Ibi Lycam Tryphænamque invenit exspectantes, qui tam blande eum allocuti sunt, ut nos suis manibus imponere eum incitaverint. Lycurgus natura crudelis, et fidem servare nescius, qua ratione nos

main, ils se mettent en route et arrivent au château de Lycurgue. Nous venions d'en sortir avec notre hôte, qui nous avait conduits à la fête d'Hercule, qu'on célébrait dans un bourg voisin. A cette nouvelle, ils prennent la même route, et nous nous rencontrons sous le portique du temple. Leur abord nous déconcerta. Lycas querellait déjà Lycurgue au sujet de notre fuite, mais une réponse fière et menaçante lui ferma bientôt la bouche. Fort de l'appui de Lycurgue, j'élève la voix à mon tour ; je reproche hautement à Lycas les assauts scandaleux livrés à ma pudeur par sa lubricité, tantôt chez lui, tantôt chez Lycurgue. Tryphène veut défendre Lycas ; elle en fut bien punie ! Le bruit de notre querelle avait arrêté les passans : je dévoile en leur présence la turpitude de cette femme ; puis, montrant successivement et Giton et moi-même : — Vous le voyez, m'écriai-je ; sa pâleur et la mienne ne déposent que trop contre cette Messaline ! — Atterrés de voir que les rieurs étaient pour nous, nos ennemis se retirent confus, mais jurant tout bas de se venger. Ne pouvant plus douter de la prévention de Lycurgue en notre faveur, Lycas et Tryphène résolurent de l'attendre chez lui, pour le détromper de son erreur. La fête dura jusqu'au soir : il était trop tard pour aller coucher au château. Lycurgue nous mena donc dans une petite maison de campagne, située à moitié chemin. Le lendemain, obligé de retourner chez lui pour ses affaires, il partit sans nous éveiller. En arrivant au château, il y trouva Lycas et Tryphène qui l'attendaient ; ils surent le circonvenir avec tant d'adresse qu'ils lui arrachèrent une promesse de nous livrer entre leurs mains. Naturellement cruel et sans foi, Lycurgue ne songea plus qu'aux moyens d'exécuter son

traderet, jam meditans, Lycae persuasit, ut auxilium iret quaesitum, dum ipse in villa nos daret custodiendos. In villam venit, primaque fronte nos excepit, ut Lycas ipse excepisset, et postquam, manibus inter se contritis, nostrum in Lycam mendacium exprobravit, in cella, qua discumbebamus, Ascylto excluso, nos includi jussit, noluitque etiam illi in defensionem nostram aures praebere, et postea Ascylton secum abducens in castellum, custodibus, usque ad reditum, nos tradidit. Iter faciens incassum Ascyltos Lycurgi animum tentat effrangere : nihil preces, nihil amor, nihil lacrymae promoverunt. Fratri ergo in mentem venit, nos a vinculis liberare : et certe, Lycurgi contumaciae succensus, dormire cum eo noluit, sicque, quod animo conceperat, facilius exsecutus est. Familia primo somno sepulta, Ascyltos nostras sarcinulas humeris imposuit, et per muri ruinam, antea observatam, transiens diluculo ad villam pervenit, quam, nullo obstante, intravit, cubiculumque petiit nostrum, quod custodes claudi curaverant. Apertura vero non difficilis; ligneum erat claustrum, cujus firmitatem, inserto ferro, laxavit; et sera delapsa, nos excitavit : stertebamus enim invita fortuna. Utque ob pervigilium, altus custodes habebat somnus, ad fragorem soli expergiscimur : et Ascyltos ingressus paucis narravit, quae nostri gratia fecerat. Pluribus non opus fuit.

perfide projet. Il fut arrêté que Lycas irait chercher main-forte, tandis que Lycurgue nous ferait garder à vue dans sa maison de campagne. A peine arrivé, il nous aborde avec autant de sévérité que Lycas lui-même; ensuite, croisant gravement les bras, il nous accuse d'avoir impudemment calomnié son ami; puis, sans vouloir même entendre son cher Ascylte, en notre faveur, il le pousse hors de la chambre où nous étions couchés, nous y renferme à double tour, reprend avec Ascylte la route du château, et nous laisse là sous bonne garde, jusqu'à son retour. Pendant la route, Ascylte essaya vainement de fléchir l'âme de Lycurgue : prières, larmes, caresses, rien ne peut l'émouvoir. Il rêve alors aux moyens de briser nos fers. Outré de la dureté de Lycurgue, il refuse dès le soir même de partager son lit ; et parvint ainsi à exécuter plus aisément le projet qu'il avait médité. Voyant les gens de Lycurgue ensevelis dans leur premier sommeil, Ascylte charge notre bagage sur ses épaules, s'échappe par une brèche de mur qu'il avait remarquée, arrive avec l'aube du jour au pied-à-terre qui nous servait de prison, y pénètre sans obstacle, et le voilà dans notre chambre. Les gardes avaient eu soin d'en fermer la porte ; mais la serrure n'était que de bois, et n'offrait que peu de résistance : un morceau de fer qu'il y introduisit suffit pour l'ouvrir. En dépit de notre mauvaise fortune, nous dormions sur l'une et l'autre oreilles ; et il ne fallut pas moins que la chute des verroux pour nous réveiller. Heureusement ce bruit ne fut entendu que de nous : fatigués d'avoir veillé toute la nuit, nos Argus continuèrent de ronfler comme auparavant. Après un court récit de ce qu'il avait fait en notre faveur, Ascylte n'eut pas

Dum amicimur diligenter, mihi in mentem venit occidere custodes, villamque expilare. Consilium Ascylto declaravi: expilatio placuit; sed absque sanguine optabilem exitum dedit: omnes enim noscens ædium aditus, in recessum supellectarium, quem ipse reseravit, nos conduxit; et quod pretiosius erat, subducimus, dein summo mane egredimur, et vias publicas declinantes, non quievimus, donec nos securos esse credidimus. Tunc Ascyltos, collecto spiritu, exaggeravit, quanta cum lætitia villam Lycurgi, hominis avarissimi, expilaverat: de cujus parsimonia juste conquerebatur: nullam enim mercedem noctium acceperat, mensaque sicca et sterili victitarat: adeo quippe sordidus erat Lycurgus, ut, invitis opibus immensis, etiam quæ sunt vitæ necessaria, sibi denegaret.]

> Nec bibit inter aquas, nec poma patentia carpit
> Tantalus infelix, quem sua vota premunt.
> Divitis hæc magni facies erit, omnia late
> Qui tenet, et sicco concoquit ore famem.

[Neapolim eodem die intrare volebat Ascyltos:—Sed imprudenter est, inquam, eo nos recipere, ubi, quantum conjicere licet, perquirendi sumus: absentes ergo pro tempore peregrinemur: habemus, ut bene sit.— Placuit

besoin de nous montrer la porte. Tout en nous habillant à la hâte, il me vint en idée de tuer nos gardes et de piller la maison. Ascylte, à qui j'en fis part, approuva le pillage : — Mais point de sang, dit-il, si l'on peut sortir d'ici sans en répandre. Je connais les êtres du logis, suivez-moi. — A ces mots, il nous conduit vers un riche garde-meuble dont il nous ouvre les portes, et nous dévalisons à l'envi les effets les plus précieux. Le jour qui commençait à poindre nous avertit de décamper ; nous prîmes un chemin détourné ; et quand nous fîmes halte, nous étions hors de toute atteinte. Reprenant enfin haleine, Ascylte nous fit part de la joie qu'il avait éprouvée à piller la maison de Lycurgue, le plus avare des mortels. Il n'avait pas tort de maudire cet Harpagon. Mauvais vin et maigre chère, jamais le moindre cadeau, voilà comme les complaisances d'Ascylte avaient été payées : Lycurgue, en effet, était si ladre, qu'au milieu de ses richesses immenses, il se refusait même le nécessaire.

> Vers une eau désirée, ou sur un fruit voisin,
> Toujours Tantale avance ou la bouche ou la main :
> Toujours le fruit, rebelle à la main qui le touche,
> Recule, et l'eau perfide a fui loin de sa bouche.
> Tel est l'avare entouré d'or.
> C'est des yeux seuls qu'il boit, qu'il mange....
> Pauvre insensé ! pour prix de ce repas étrange,
> Meurs de faim sur ton coffre-fort !

Ascylte voulait rentrer le même jour à Naples. Je lui fis sentir son imprudence : la justice probablement y serait bientôt sur nos trousses ; mais quelques jours d'absence dépayseraient nos espions, et nos fonds nous per-

consilium, et ad pagum progredimur praediorum amoenitate formosissimum, ubi non pauci ex nostris familiaribus voluptate tempestiva fruebantur : sed vix ad medium itineris pervenimus, ecce nimbus urceatim detumens in vicum proximum fugere nos coegit, et diversorium ingressi, notavimus se plures, imbris vitandi causa, eo recepisse. Impediebat frequentia ne observaremur, sic facilius in turba quid furari possemus curiosis investigabamus oculis, quum Ascyltos humi saccellum, nemine advertente, collegit, in quo multos invenit aureos. Hoc primo faustoque omine plurimum exsultamus, timentes tamen, ne quis illos repeteret, per pseudotyrum clam egredimur, ibique servum ephippiis equos instruentem vidimus, qui aliquid oblitus, domum repetens ab equis discessit, et, eo absente, superbum pallium ephippio alligatum, loris solutis subripui : dein secundum mapalia in silvam proximam effugimus. In nemoris recessu magis in tuto positi, de occultando auro jactavimus multa; ne aut latrocinii argui possemus, aut ipsimet expilari : tandem statuimus illud pannis tunicae detritae intus consuere, quam ego postea scapulis imposui, curaque pallii Ascylto commissa, viis obliquis urbem petere destinamus : ast egredientes laeva haec audivimus : —Non effugient, nemus ingressi sunt, diversis perquiramus, ut facilius prehendi possint. — His auditis, terror ingens

mettaient de courir la campagne. Il revint à mon avis. Dans le voisinage, s'élevait un hameau peuplé de jolies maisons de plaisance, où plusieurs de nos amis étaient venus passer la belle saison; mais, à moitié chemin, surpris tout-à-coup par une grosse pluie, nous courûmes nous réfugier dans une guinguette de village, qui se trouvait sur la route, et dans laquelle un grand nombre de passans étaient venus chercher un abri contre l'orage. Confondus dans la foule, personne ne prenait garde à nous. Tandis que nous guettions l'occasion de faire un coup de main, Ascylte aperçoit à terre un petit sac qui le tente; il le ramasse, sans être vu de personne, et y trouve plusieurs pièces d'or. Joyeux d'un si bon augure, mais craignant les réclamations, nous gagnons une porte de derrière. Un valet y sellait des chevaux; ayant apparemment oublié quelque chose, il les quitta pour retourner à l'écurie. Profitant de son absence, je détache, d'une des selles, un superbe manteau; puis, filant le long des masures jusqu'à la forêt prochaine, nous disparaissons tout à coup. Rassurés enfin par l'épaisseur du bois, nous songeâmes à cacher notre or, tant dans la crainte des voleurs, que de peur de passer pour tels. Nous nous déterminâmes à le coudre dans la doublure d'une vieille robe, et je la mis sur mes épaules. Ascylte se chargea du manteau que j'avais dérobé, et, par des routes détournées, nous nous acheminâmes vers la ville. Mais, au sortir du bois, une voix sinistre frappe nos oreilles : — Ils ne peuvent, disait-on, nous échapper, ils sont entrés dans la forêt; partageons-nous, nous les prendrons plus aisément.— Ces mots furent pour nous un coup de foudre. Soudain, Ascylte et Giton de s'esquiver à travers les broussailles; et moi,

ita nos invasit, ut Ascyltos, Gitonque, secundum dumos ad urbem fugerint: ego vero tanta festinatione reduxi gradum, ut ex humeris, me non sentiente, pretiosa tunica ceciderit : fessusque tandem, et ulterius progredi impotens, sub tegmine arboris recubui, ubi primum jacturam tunicæ notavi. Tum dolor vires restituit, surrexique ad thesaurum perquirendum, et diu frustra discurri, donec labore tristitiaque attritus in tenebrosius nemoris latibulum penetravi, ubi quatuor horis commoratus, et in tam horrenda solitudine mœstus, exitum quæsivi : sed procedens rusticum quemdam conspexi : tunc omni constantia mihi opus fuit; nec defuit: audacter ad illum progressus sum, et, qua ad urbem iretur, petii, conquerens me diu in silva deerrare. Ille habitum meum miseratus, quia letho pallidior eram, lutoque oblitus, interrogavit, num aliquem in silva vidissem. Neminem, inquam : dein humanissime ad viam regiam me conduxit, ubi duos sibi familiares offendit, qui retulerunt, se per omnes silvæ semitas discurrisse, nihilque præter tunicam, quam ostendunt, invenisse. Illam repetere audacia non valuit, ut fas est credere, licet, quanti erat, probe nossem : tunc vehementius dolere cœpi, raptumque gemens thesaurum, rusticis non advertentibus; et ingravescente debilitate, solito lentius gradiebar. Tardius igitur in urbem perveni, et stabu-

de rebrousser chemin. La peur me donnait des ailes. Dans la chaleur de la course, ma chère robe, dépositaire de mon or, avait glissé de dessus mes épaules sans que je m'en aperçusse. Bientôt, rendu, hors d'haleine, je m'étends au pied d'un arbre, pour respirer un peu. Alors seulement mes yeux s'ouvrent sur ma perte : la douleur me rend mes forces, je me lève pour chercher mon trésor. Temps perdu ! peine inutile ! le corps brisé, le désespoir dans l'âme, je m'enfonce au plus fort du bois. Là, quatre heures entières, je reste seul, absorbé dans ma mélancolie. Cependant, pour m'arracher aux sombres pensées que m'inspirait cette affreuse solitude, je cherche une issue pour en sortir. A quelques pas de là, un campagnard s'offre à ma rencontre. J'eus besoin alors de tout mon courage, et, par bonheur, il ne fut point en défaut. J'aborde mon homme d'un air ferme : — Depuis tantôt, lui dis-je, égaré dans cette forêt, je cherche vainement le chemin de la ville ; voulez-vous bien me l'enseigner ? — J'étais plus pâle que la mort, et crotté jusqu'à l'échine. Mon état lui fit pitié. Après m'avoir demandé si je n'avais rencontré personne dans la forêt, il se contenta de ma réponse négative, et me remit obligeamment sur la grande route. Nous allions nous quitter, quand deux de ses camarades vinrent lui faire ce rapport : — Nous avons en vain battu le bois jusqu'en ses derniers recoins ; nous n'avons rien découvert, si ce n'est cette méchante tunique que voici. — On se figure sans peine que je n'eus pas l'audace de la réclamer, quoique j'en connusse le prix mieux que personne. Qu'on juge cependant de mon dépit secret, à l'aspect de ces rustres, possesseurs de mon trésor dont ils ignoraient la valeur ! Ma lassitude

lum intrans Ascylton semimortuum grabatoque resolutum inveni, in alium quoque lectum ipse decidi, et ne quidem verbum proferre potui. Perturbatus ille, quod tunicam mihi creditam non videret, præcipiti voce illam a me petiit. Sed ego deficiens, quod vox negabat, oculorum languore explicui; viribus tandem paulatim redeuntibus, Ascylto infortunium declaravi. At me jocari putavit; et quamvis ambitiosus lacrymarum imber sacramenti testis foret, plane revocavit in dubium, credens se aureis me fraudare velle. Giton, inter hæc stans, æque mœstus erat ac ego ipse, et dolor pueri tristitiam augebat meam : sed perquisitio, quæ de nobis fiebat, magis torquebat animum : rem Ascylto declaravi, qui leviter commotus fuit, quia se feliciter a negotio expedierat. Persuasus insuper nos esse securos, ignotos scilicet, et a nemine visos. Morbum tamen mentiri voluimus, ut diutius in cubiculo morari liceret; sed deficiente pecunia, citius quam statueramus migrare, et cogente necessitate, manubia vendere oportuit.]

## CAPUT XII.

Veniebamus in forum, deficiente jam die, in quo notavimus frequentiam rerum venalium, non quidem pretiosarum, sed tamen, quarum fidem male ambulantem

allait toujours croissant, et je repris lentement le chemin de la ville. Il était tard quand j'y arrivai. Entré dans la première auberge, je trouve Ascylte, plus mort que vif, étendu sur un mauvais grabat ; je tombe moi-même sur un autre lit, sans pouvoir proférer un seul mot. Ascylte cherche en vain sur mes épaules le précieux fardeau dont je m'étais chargé ; il se trouble : — Qu'as-tu fait de notre robe ? — s'écrie-t-il avec précipitation. La voix me manqua, et un regard douloureux fut d'abord toute ma réponse. Bientôt pourtant, un peu reconforté, je lui fis, comme je pus, le récit de mon triste accident. Il le prit pour un pur badinage. En vain je jure par tous les dieux, en vain un torrent de larmes vient appuyer mes sermens, il s'obstine à n'en rien croire, s'imaginant que je voulais lui escroquer sa part du trésor. Présent à cette scène, Giton pleurait, et sa tristesse augmentait la mienne. Pour surcroît de malheur, je pensais à la justice qui nous talonnait. Je parlai de mes craintes ; Ascylte s'en moqua, parce qu'il s'était heureusement tiré d'affaire : — D'ailleurs, disait-il, inconnus dans cette ville, qui viendrait nous y déterrer ? nous n'avons été vus de personne. — Néanmoins, pour avoir un prétexte de garder la chambre, nous jugeâmes prudent de feindre une maladie ; mais les fonds venant à manquer, il fallut déloger plus tôt que nous ne l'avions résolu, et vendre quelques nippes pour subsister.

## CHAPITRE XII.

Dans ce dessein, nous prîmes, vers le soir, le chemin du marché. Il était abondamment fourni de marchandises pour la plupart d'assez mince valeur ; mais

obscuritas temporis facillime tegeret. Quum ergo et ipsi raptum latrocinio pallium detulissemus, uti occasione opportunissima coepimus, atque in quodam angulo laciniam extremam concutere, si quem forte emtorem splendida vestis posset adducere. Nec diu moratus rusticus quidam, familiaris oculis meis, cum muliercula comite propius accessit, ac diligentius considerare pallium coepit. Invicem Ascyltos injecit contemplationem super humeros rustici emtoris, ac subito exanimatus conticuit. Ac ne ipse quidem sine aliquo motu hominem conspexi: nam videbatur ille mihi esse qui tuniculam in solitudine invenerat; plane is ipse erat. Sed quum Ascyltos timeret fidem oculorum: ne quid temere faceret, prius tanquam emtor proprius accessit, detraxitque humeris laciniam, et diligentius tenuit.

## CAPUT XIII.

O lusum fortunae mirabilem! Nam adhuc nec suturae quidem attulerat rusticus curiosas manus, sed tanquam mendici spolium etiam fastidiose venditabat. Ascyltos, postquam depositum esse inviolatum vidit, et personam vendentis contemtam, seduxit me paululum a turba; et:
— Scis, inquit, frater, rediisse ad nos thesaurum, de quo querebar? Illa est tunicula adhuc, ut apparet, intactis aureis plena. Quid igitur facimus; aut quo jure

dont l'obscurité couvrait la coupable origine de son voile officieux. Nous avions eu soin d'apporter le manteau que nous avions volé. L'occasion ne pouvant être plus favorable, nous nous établîmes dans un coin; et là, nous étalâmes un pan de notre marchandise, espérant que son éclat pourrait attirer les chalands. En effet, bientôt s'approche un campagnard dont les traits ne m'étaient pas inconnus; une jeune femme l'accompagnait. Tandis qu'ils étaient occupés à considérer attentivement notre manteau, Ascylte jette par hasard les yeux sur les épaules de cet homme, et reste muet de surprise. De mon côté, je n'étais pas sans émotion; plus j'envisageais l'individu, plus il m'offrait de ressemblance avec celui qui avait trouvé ma robe dans le bois. Je ne me trompais pas, c'était lui-même. Ascylte ne savait s'il devait en croire ses yeux. Pour ne rien hasarder, il accoste le campagnard; et, sous prétexte de marchander cette robe, il la lui tire doucement de dessus les épaules, et l'examine attentivement.

## CHAPITRE XIII.

O fortuné hasard! le bonhomme ne s'était pas même avisé d'en visiter les coutures; et ce n'était que par manière d'acquit qu'il se déterminait à la mettre en vente, comme une guenille de mendiant. Voyant que notre trésor était intact et que le marchand n'avait pas une mine bien redoutable, Ascylte me tire à part : — Bonne nouvelle! me dit-il à l'oreille; le magot est retrouvé: cette robe, si je ne me trompe, a fidèlement conservé nos espèces. Que ferons-nous? à quel titre revendiquer notre bien ? — A ces mots, double fut ma joie: si, d'un côté,

rem nostram vindicamus? — Exhilaratus ego, non tantum quia praedam videbam, sed etiam, quod fortuna me a turpissima suspicione dimiserat, negavi circuitu agendum, sed plane jure civili dimicandum, ut, si nollet alienam rem domino reddere, ad interdictum veniret.

## CAPUT XIV.

Contra Ascyltos leges timebat, et: — Quis, aiebat, hoc loco nos novit? aut quis habebit dicentibus fidem? Mihi plane placet emere, quamvis nostrum sit, quod agnoscimus, et parvo aere recuperare potius thesaurum, quam in ambiguam litem descendere.

>    Quid faciant leges, ubi sola pecunia regnat,
>      Aut ubi paupertas vincere nulla potest?
>    Ipsi, qui Cynica traducunt tempora coena,
>      Nonnunquam nummis vendere verba solent.
>    Ergo judicium nihil est, nisi publica merces,
>      Atque eques, in causa qui sedet, emta probat.

— Sed praeter unum dupondium, quo cicer lupinosque destinaveramus mercari, nihil ad manum erat. Itaque ne interim praeda discederet, vel minoris pallium addicere placuit, ut pretium majoris compendii leviorem faceret jacturam. Quum primum ergo explicuimus mercem, mulier operto capite, quae cum rustico steterat, inspectis diligentius signis, injecit utramque laciniae manum, magnaque vociferatione, latrones tenere, clamavit. Contra, nos

nous ressaisissions notre proie, de l'autre, j'étais lavé d'un honteux soupçon. — Point de ménagemens! répondis-je; que la justice en décide; et si cet homme refuse de restituer de bon gré ce qui ne lui appartient pas, il faut le faire assigner.

## CHAPITRE XIV.

Ascylte ne fut pas de cet avis. — La voie de la justice n'est pas trop sûre, me dit-il. Qui nous connaît ici? qui voudrait ajouter foi à notre déposition? Il est dur de racheter son bien qu'on reconnaît entre les mains d'autrui; mais quand nous pouvons, à peu de frais, recouvrer notre trésor, faut-il nous embarquer dans un procès douteux?

> Où l'or est tout-puissant, à quoi servent les lois?
> Faute d'argent, hélas! le pauvre perd ses droits.
> A sa table frugale, en public, si sévère,
> Le cynique, en secret, met sa voix à l'enchère;
> Thémis même se vend, et sur son tribunal
> Fait pencher sa balance au gré d'un vil métal.

— D'ailleurs, à l'exception de quelque menue monnaie, à peine suffisante pour acheter des lupins et des pois chiches, notre bourse était vide. Ainsi donc, de peur que notre proie ne vînt à nous échapper, nous consentîmes à lâcher la main sur le prix du manteau, sûrs de gagner d'un côté beaucoup plus que nous ne perdions de l'autre. Nous voilà donc à déployer notre marchandise. La jeune femme, qui, couverte d'un voile, accompagnait le campagnard, après avoir examiné le manteau à loisir, le saisit à deux mains, puis s'écrie de toutes ses forces :

perturbati, ne videremur nihil agere, et ipsi scissam et sordidam tenere coepimus tunicam, atque eadem invidia proclamare, nostra esse spolia, quæ illi possiderent. Sed nullo genere par erat causa nostra, et conciones, quæ ad clamorem confluxerant, nostram, scilicet de more, ridebant invidiam; quod pro illa parte vindicabant pretiosissimam vestem, pro hac pannuciam ne centonibus quidem bonis dignam. Hinc Ascyltos bene risum discussit, qui, silentio facto:

## CAPUT XV.

—Videmus, inquit, suam cuique rem esse carissimam: reddant nobis tunicam nostram, et pallium suum recipiant. — Etsi rustico mulierique placebat permutatio, advocati tamen, jam pæne nocturni, qui volebant pallium lucrifacere, flagitabant, uti apud se utraque deponerentur, ac postero die judex querelam inspiceret. Neque enim res tantum, quæ viderentur in controversiam esse, sed longe aliud quæri, in utra parte scilicet latrocinii suspicio haberetur. Jam sequestri placebant, et nescio quis ex concionibus, calvus, tuberosissimæ frontis, qui solebat aliquando ad causas agere, invaserat pallium, exhibiturumque crastino die affirmabat. Ceterum apparebat nihil aliud quæri, nisi ut semel deposita vestis inter prædones strangularetur, et nos metu criminis non

— Je tiens mes voleurs ! — Étourdis de cette apostrophe, nous, à notre tour, de faire main basse sur le haillon sale et déchiré, et de nous écrier aussi : — Cette robe que vous tenez-là nous appartient. — Mais la partie n'était pas égale, la foule, attirée par nos cris, riait de nos prétentions réciproques ; car c'était un vêtement superbe que notre partie adverse revendiquait, et nous ne réclamions qu'une misérable guenille dont un chiffonnier même aurait fait fi. Mais Ascylte vint à bout de faire cesser les quolibets, et obtint enfin du silence.

## CHAPITRE XV.

— Messieurs, dit-il, l'expérience nous apprend que chacun tient à ce qu'il a : qu'ils nous rendent notre robe et qu'ils reprennent leur manteau. — Le manant et sa compagne étaient près d'agréer l'échange, quand deux officiers de justice, véritables oiseaux de nuit, voulant s'approprier le manteau, demandent à haute voix qu'on dépose provisoirement entre leurs mains les objets en litige. La justice, disaient-ils, prononcera demain sur ce différent. Il importait peu, selon ces messieurs, de connaître la partie lésée ; il fallait, avant tout, déterrer les véritables voleurs. L'avis du séquestre allait passer ; mais voici que, du milieu de la foule, sort un homme au front chauve et garni d'excroissances charnues, une espèce de solliciteur de procès, qui, s'emparant du manteau, promet de le représenter le lendemain. Le but de ces coquins était évidemment, une fois que le manteau serait entre leurs mains, de le faire disparaître, et de nous empêcher, par la crainte d'une accusation de vol, de

veniremus ad constitutum. Idem plane et nos volebamus. Itaque utriusque partis votum casus adjuvit. Indignatus enim rusticus, quod nos centonem exhibendum postularemus, misit in faciem Ascylti tunicam, et liberatos querela jussit pallium deponere, quod solum litem faciebat. Ergo recuperato, ut putabamus, thesauro, in diversorium præcipites abimus, præclusisque foribus, ridere acumen non minus concionum, quam calumniantium, cœpimus, quod nobis ingenti calliditate pecuniam reddidissent.

[ Quum aureos extraheremus, tunicam dissuendo, audivimus aliquem a diversitore petentem, quod hominum genus stabulum jam nunc intraverat? Hac voce perterritus, eo egresso, ad sciendum quid esset descendi, accepique prætoris lictorem, qui pro officio curabat exterorum nomina inscribi in publicis codicibus, duos vidisse advenas domum ingredi, quorum nomina nondum in acta retulerat, et idcirco de illorum patria et occupatione inquirere. Hæc ita perfunctorie narravit diversitor, ut mihi suspicionem dederit, nos hic non in tuto esse; atque, ne deprehenderemur, placuit egredi; nec, nisi noctu, domum repetere: itaque discedentes officium cœnæ Gitoni mandavimus. Ut nobis in animo erat vias publicas declinare, per solitarias urbis regiones gradimur, et sub vesperum in loco semoto obvias habui-

comparaître à l'assignation. C'était bien aussi ce que nous voulions éviter : le hasard servit les deux parties à souhait. Outré de nous voir faire tant de bruit pour un méchant haillon, le campagnard jette la robe au nez d'Ascylte; et, pour mettre fin aux débats, il demande le dépôt, en main tierce, du manteau, cause unique du procès. Nous, certains d'avoir ressaisi notre petit trésor, nous gagnons l'auberge à toutes jambes. Là, qu'on juge de notre joie! nous pûmes gloser à notre aise, à huis clos, sur la finesse et des gens de justice et de notre partie adverse : ils nous avaient si spirituellement rendu notre argent!

Nous décousions la robe, pour en tirer notre or, quand nous entendîmes quelqu'un demander à notre hôte quels étaient les gens qui venaient d'entrer chez lui. Cette question ne me plut guère : à peine son auteur fût-il sorti, que je courus m'informer de l'objet de sa visite. — C'est, me répondit notre hôte, un huissier du préteur; sa charge consiste à inscrire sur les registres publics les noms des étrangers : il vient d'en voir entrer deux chez moi, dont il n'a point encore pris les noms; c'est pourquoi il venait s'informer du lieu de leur naissance et de leur profession. — Cette explication que l'hôte me donna sans avoir l'air d'y mettre aucune importance, me donna, à moi, des inquiétudes sur le peu de sûreté de notre gîte. Pour prévenir toute fâcheuse aventure, nous résolûmes de sortir aussitôt de l'auberge, et de n'y rentrer qu'à la nuit. En notre absence, nous laissâmes à Giton le soin de préparer notre souper. Nous voilà donc en marche, évitant avec

mus duas mulieres stolatas haud indecores, quas lento gradu secuti sumus usque ad sacellum, quod ingressæ sunt, et unde murmur insolitum, quasi voces ex antri penetralibus erumpentes, audivimus. Curiositas sacellum intrare etiam nos impulit, ibique complures, Bacchantium instar, mulieres vidimus, quæ in manu dextra Priapinos fascinosos gestabant. Plus videre non licuit: nam, ut nos animadverterunt, tam magnum clamorem sustulere, ut intremuerit templi camera; et nos corripere conatæ sunt: sed velociter ad diversorium confugimus.]

## CAPUT XVI.

Sed ut primum beneficio Gitonis præparata nos implevimus cœna, ostium satis audaci strepitu impulsum exsonuit. Quum ipsi ergo pallidi rogaremus — Quis esset? — Aperi, inquit, jam scies. — Dumque loquimur, sera sua sponte delapsa cecidit, remissæque subito fores admiserunt intrantem. Mulier autem erat operto capite, illa scilicet quæ paulo ante cum rustico steterat; et: — Me derisisse, inquit, vos putabatis? Ego sum ancilla Quartillæ, cujus vos sacra ante cryptam turbastis. Ecce ipsa venit ad stabulum, petitque ut vobiscum liceat loqui: nolite perturbari; nec accusat errorem vestrum,

soin les rues fréquentées, et cherchant les quartiers
déserts. Arrivés vers le soir dans un endroit écarté,
nous rencontrâmes deux femmes voilées, d'assez bonne
tournure ; les ayant suivies de loin, à pas de loup,
nous les vîmes entrer dans une espèce de petit temple
d'où partait un bruit confus de voix qui semblaient
sortir du fond d'un antre. La curiosité nous y fit entrer après elles. Là, nous vîmes un troupeau de
femmes qui, pareilles à des Bacchantes, couraient,
agitant dans leurs mains droites de petites figures de
Priape. Nous ne pûmes en voir davantage. A notre
aspect inattendu, le bataillon femelle poussa un cri si
épouvantable, que la voûte du temple en trembla. Elles
voulaient nous saisir; mais, rapides comme l'éclair, nous
prîmes la fuite vers notre auberge.

## CHAPITRE XVI.

Nous soupions tranquillement, grâce aux soins de
Giton. Tout-à-coup la porte retentit de coups re-
doublés. — Qui frappe ? demandâmes-nous en tremblant. — Ouvrez, répondit-on ; vous le saurez. —
Pendant ce dialogue, la serrure tomba d'elle-même,
et la porte, en s'ouvrant, offrit à nos regards une
femme voilée. Elle entre : c'était précisément la compagne de l'homme au manteau. — Vous pensiez donc
vous jouer de moi ? nous dit-elle. Je suis la suivante
de Quartilla : vous avez profané le sanctuaire où elle
célébrait les mystères de Priape; elle vient en personne
vous demander un moment d'entretien. Ne craignez
rien, pourtant : loin de vouloir vous accuser et vous
punir d'une erreur involontaire, elle remercie les dieux

nec punit: immo potius miratur, quis deus juvenes tam urbanos in suam regionem detulerit?

## CAPUT XVII.

Tacentibus adhuc nobis, et ad neutram partem assentationem flectentibus, intravit ipsa una comitata virgine, sedensque super torum meum, diu flevit. Ac ne tunc quidem nos ullum adjecimus verbum, sed attoniti spectavimus lacrymas ad ostentationem doloris paratas. Ut ergo tam ambitiosus detonuit imber, retexit superbum pallio caput, et manibus inter se usque ad articulorum strepitum constrictis: — Quænam est, inquit, hæc audacia? aut ubi fabulas etiam antecessura latrocinia didicistis? Misereor, me Dius Fidius, vestri: neque enim impune quisquam, quod non licuit, aspexit. Utique nostra regio tam præsentibus plena est numinibus, ut facilius possis deum quam hominem invenire. Ac ne me putetis ultionis causa huc venisse, ætate magis vestra commoveor, quam injuria mea. Imprudentes enim, ut adhuc puto, admisistis inexpiabile scelus. Ipsa quidem illa nocte vexata, tam periculoso inhorrui frigore, ut tertianæ etiam impetum timerem: et ideo medicinam somno petii, jussaque sum vos perquirere, atque impetum morbi, monstrata subtilitate, lenire. Sed de remedio non tam valde laboro: major enim in præcordiis dolor sævit, qui

d'avoir conduit dans cette contrée d'aussi galans cavaliers.

## CHAPITRE XVII.

Nous gardions encore le silence, ne sachant que penser de l'aventure, quand nous vîmes entrer Quartilla elle-même, accompagnée d'une jeune fille. Elle s'assied sur mon lit, et verse un torrent de pleurs. Nous, stupéfaits de ce désespoir méthodique, nous attendions, sans mot dire, quel en serait le résultat. Enfin s'arrête le débordement de ses larmes. Elle lève son voile, nous regarde d'un œil sévère, et, joignant les mains avec tant de force que ses doigts en craquèrent :
— Audacieux mortels ! s'écrie-t-elle, qui vous a donc si bien appris le métier de fourbes et de fripons ? En vérité, j'ai pitié de vous ! on n'ose point impunément porter un regard curieux sur nos mystères impénétrables ; il y a dans ce pays tant de divinités protectrices, que les hommes y sont plus rares que les dieux. Ce n'est pas néanmoins la vengeance qui m'amène : j'oublie mon injure en faveur de votre âge, et j'aime à ne voir de votre part qu'une imprudence excusable, dans un crime irrémissible. Tourmentée, cette nuit, d'un frisson mortel, et craignant un accès de fièvre tierce, je cherchai dans le sommeil un remède à mon mal. Les dieux m'ont ordonné en songe de m'adresser à vous ; vous possédez la recette qui convient à ma guérison. Ma santé n'est pas cependant ce qui m'inquiète davantage : un plus grand chagrin me dévore ; si vous ne le calmez, il faudra que j'en meure. Je tremble que l'indiscrétion naturelle à votre âge ne vous pousse à révéler ce que vos yeux ont

me usque ad necessitatem mortis deducit: ne scilicet juvenili impulsi licentia, quod in sacello Priapi vidistis, vulgetis, deorumque consilia proferatis in populum. Protendo igitur ad genua vestra supinas manus, petoque et oro, ne nocturnas religiones jocum risumque faciatis, neve traducere velitis tot annorum secreta, quæ Mystæ vix omnes noverunt.

## CAPUT XVIII.

Secundum hanc deprecationem lacrymas rursus effudit, gemitibusque largis concussa, tota facie ac pectore torum meum pressit. Ego eodem tempore et misericordia turbatus, et metu, bonum animum habere eam jussi, et de utroque esse securam. Nam neque sacra quemquam vulgaturum, et, si quod præterea aliud remedium ad tertianam Deus illi monstrasset, adjuvaturos nos divinam providentiam, vel periculo nostro. Hilarior post hanc pollicitationem facta mulier, basiavit me spissius, et ex lacrymis in risum mota, descendentes ab aure capillos meos dentata manu duxit; et: — Facio, inquit, inducias vobiscum, et a constituta lite dimitto. Quod si non annuissetis, de hac medicina, quam peto, jam parata erat in crastinum turba, quæ et injuriam meam vindicaret, et dignitatem.

> Contemni turpe est; legem donare, superbum;
> Hoc amo, quod possum qua libet ire via.

vu dans le sanctuaire de Priape, et ne vous fasse initier un vulgaire profane dans les secrets des dieux. J'embrasse vos genoux! écoutez ma voix suppliante! Que nos cérémonies nocturnes ne deviennent point, par votre faute, la fable du public! ne portez point le jour dans l'ombre de nos antiques mystères, de ces mystères inconnus même à plusieurs de nos prêtres.

## CHAPITRE XVIII.

Après cette fervente supplication, les larmes de Quartilla recommencent à couler; de longs soupirs s'échappent de sa poitrine; elle se jette sur mon lit, qu'elle presse contre son sein et contre son visage. Moi, tour-à-tour ému de compassion et de crainte : — Rassurez-vous, lui dis-je, vous n'avez rien à redouter. Notre prudence respectera le secret de votre culte; et notre courtoisie, d'accord avec les dieux, saura guérir, même au péril de notre vie, le mal qui vous tourmente. — A cette promesse, Quartilla reprit un peu de gaîté. Elle me couvre de baisers, et, passant des larmes à la joie la plus vive, elle promène une main folâtre dans les boucles de ma chevelure : — Méchans, dit-elle, je fais la paix avec vous; entre nous, plus de procès. Malheur à vous, si vous eussiez refusé d'être mes médecins! mes vengeurs étaient prêts, et demain votre châtiment eût expié l'injure des dieux et la mienne.

Il est beau de donner la loi,
La recevoir est un outrage;

Nam sane et sapiens contemtu jurgia flectit:
Et, qui non jugulat, victor abire solet.

— Complosis deinde manibus in tantum repente risum effusa est, ut timeremus. Idem ex altera parte et ancilla fecit, quæ prior venerat. Idem virguncula, quæ una intraverat.

## CAPUT XIX.

Omnia mimico risu exsonuerant: quum interim nos, quæ tam repentina esset mutatio animorum facta, ignoraremus, ac modo nosmet ipsos, modo mulieres, intueremur. [— Tandem, inquit Quartilla.] Ideo vetui, hodie in hoc diversorio quemquam mortalium admitti, ut remedium tertianæ, sine interpellatione, a vobis acciperem. — Ut hæc dixit Quartilla, Ascyltos quidem paulisper obstupuit: ego autem frigidior hieme gallica factus, nullum potui verbum emittere. Sed ne quid tristius exspectarem, comitatus faciebat. Tres enim erant mulierculæ, si quid vellent conari, infirmissimæ, scilicet contra nos, quibus, si nihil aliud, virilis sexus esset. Et præcincti certe altius eramus: immo ego sic jam paria composueram, ut, si depugnandum foret, ipse cum Quartilla consisterem, Ascyltos cum ancilla, Giton cum virgine. [ Dum hæc mente volvebam, accessit Quartilla,

Et j'aime à n'obéir qu'à moi.
Le mépris est l'arme du sage :
A l'oubli d'une offense on connaît un grand cœur ;
Le vainqueur qui pardonne est doublement vainqueur.

—Tout-à-coup, à cet accès poétique, succèdent des battemens de mains et des éclats de rire si immodérés, qu'ils nous effrayèrent. La servante, qui était arrivée la première, imita sa maîtresse ; la jeune fille, qui était entrée avec Quartilla, en fit autant.

## CHAPITRE XIX.

Tandis que tout retentissait des accès de leur bruyante gaîté, nous cherchions à deviner la cause d'un si brusque changement. Nos regards incertains se portaient tantôt sur ce trio de folles, et tantôt sur nous-mêmes. Quartilla reprend enfin la parole : — Mes ordres sont donnés, dit-elle : de tout le jour, personne n'entrera dans cette auberge, et vous pouvez, sans crainte des importuns, m'administrer le fébrifuge que vous m'avez promis. — A ces mots, qu'on se peigne l'embarras d'Ascylte : pour moi, je sentis circuler dans mes veines toutes les glaces du nord, et je ne pus prononcer une seule parole. Ce qui pourtant me rassurait un peu sur les tristes suites de cette aventure, c'était notre nombre : quelque mal-intentionnées qu'elles fussent, que pouvaient trois femmelettes contre trois hommes qui, sans être des Hercules, avaient du moins l'avantage du sexe. Certes, nous nous présentions au combat avec des forces supérieures, et j'avais déjà ainsi formé mon ordre de bataille, en cas d'hostilités : j'opposais Ascylte à la suivante, Giton à la jeune fille, à Quartilla moi-même.

ut tertianæ mederer; sed delusa spe furibunda egreditur, et reversa paulo post, nos invadi ab ignotis, et in palatium superbissimum transferri jussit.] Tunc vero excidit omnis constantia attonitis, et mors non dubia miserorum oculos cœpit obducere.

## CAPUT XX.

— Rogo, inquam, domina, si quid tristius paras, celerius confice : neque enim tam magnum facinus admisimus, ut debeamus torti perire. — Ancilla, quæ Psyche vocabatur, lodiculam in pavimento diligenter extendit; [et] sollicitavit inguina mea, mille jam mortibus frigida. Operuerat Ascyltos pallio caput, admonitus scilicet periculosum esse alienis intervenire secretis. [Interim] duas institas ancilla protulit de sinu : alteraque pedes nostros alligavit, altera manus. [Constrictus ita vinculis: — Non, inquam, hac ratione fruí poterit votis domina tua. — Fateor, inquit ancilla, sed alia medicamenta sunt mihi ad manum, et certiora : — subitoque vas satyrio plenum attulit, et jocose fabuloseque multa jactitans ita effecit, ut fere totum liquorem exhauserim, et, quia nuper ejus blanditias spreverat Ascyltos, extrema satyrii portione ejus dorsum, illo non sentiente,

Tandis que je faisais ces réflexions, Quartilla s'approche de moi, et réclame le remède que je lui avais promis; mais, trompée dans son attente, elle sort furieuse; un instant après elle rentre, et, par son ordre, des inconnus nous saisissent, et nous transportent dans un palais magnifique. Pour le coup, muets d'étonnement, nous perdîmes entièrement courage, et, dans notre malheur, nous crûmes notre mort résolue.

## CHAPITRE XX.

— Au nom des dieux, madame! m'écriai-je, si l'on en veut à notre vie, qu'on nous l'arrache d'un seul coup! Quelque coupables que nous puissions paraître, nous ne méritons pas de périr dans de pareilles tortures. — Pour toute réponse, Psyché (c'était la suivante) étend sur le parquet un élégant tapis, et, par ses caresses, tente de réchauffer mes sens mortellement engourdis. Pendant ce temps, Ascylte se tenait la tête cachée dans son manteau. Le pauvre diable n'avait que trop appris à ses dépens ce qu'il en coûte parfois aux curieux! Bientôt, tirant de son sein deux rubans, Psyché m'en attache tour-à-tour et les pieds et les mains. — A quoi bon, lui dis-je, me garrotter ainsi? Pour arriver à ses fins, votre maîtresse choisit mal ses moyens. — D'accord, répondit-elle; mais j'ai sous la main un spécifique plus prompt et plus sûr. — A ces mots, elle apporte un vase plein de satyrion. Tout en folâtrant, et en débitant mille contes plaisans, elle m'en fait avaler les trois quarts; puis, se rappelant la froideur d'Ascylte à toutes ses avances, elle lui jette le reste sur le dos, sans qu'il

sparsit. ] Ascyltos, jam deficiente fabularum contextu, — Quid ergo? inquit, non sum dignus, qui bibam? — Ancilla risu meo prodita, complosit manus; et, — Apposui quidem, inquit, adolescens: solus tamen medicamentum ebibisti. — Itane est, inquit Quartilla, quidquid satyrii fuit, Encolpius ebibit? — Non indecenti risu latera commovit. Ac ne Giton quidem ultimo risum tenuit, utique postquam virguncula cervicem ejus invasit, et non repugnanti puero innumerabilia oscula dedit.

## CAPUT XXI.

Volebamus miseri exclamare, sed nec in auxilio erat quisquam, et hinc Psyche acu comatoria, cupienti mihi invocare Quiritium fidem, malas pungebat; illinc puella penicillo, quod et ipsum satyrio tinxerat, Ascylton opprimebat. Ultimo cinaedus supervenit, myrtea subornatus gausapina, cinguloque succinctus, modo extortis nos clunibus cecidit, modo basiis olidissimis inquinavit; donec Quartilla balaenatam tenens virgam, alteque succincta, jussit infelicibus dari missionem. Uterque nostrum religiosissimis juravit verbis, inter nos periturum esse tam horribile secretum. Intraverunt palaestritae quamplures, et nos legitimo perfusos oleo refricuerunt. Utcunque igitur lassitudine abjecta, coenatoria repetimus, et in proximam cellam ducti sumus; in qua tres

s'en aperçoive. Ascylte, voyant que la conversation languissait : — Et moi? dit-il ; me trouvez-vous donc indigne de boire à cette coupe ? — Trahie par un sourire qui m'échappa, Psyché répond, en battant des mains: — Fripon! le vase était à ta portée ; tu l'as vidé seul jusqu'à la dernière goutte? — Bon! reprit Quartilla; Encolpe n'a-t-il pas bu toute la dose? — Cette plaisanterie nous fit rire par son à-propos, et Giton lui-même ne put tenir plus long-temps son sérieux. La petite fille, se jetant alors au cou de cet aimable enfant, l'accabla de baisers qu'il reçut de fort bonne grâce.

## CHAPITRE XXI.

Encore si, dans notre malheur, il nous eût été libre d'appeler du secours! Mais, d'abord, personne n'était là pour nous défendre ; et puis, dès que je faisais mine de vouloir crier, Psyché, saisissant l'aiguille qui soutenait sa coiffure, m'en piquait impitoyablement les joues; tandis qu'armée d'un pinceau imbibé de satyrion, la petite fille en barbouillait le pauvre Ascylte. Pour nous achever, entre un de ces baladins qui se prostituent pour de l'argent. Sa robe, d'un vert foncé, était relevée jusqu'à la ceinture; tantôt ses reins, agités de lascives contorsions, nous heurtaient violemment ; tantôt sa bouche infecte nous souillait d'affreux baisers. Enfin Quartilla, qui présidait à notre supplice, une verge de baleine à la main, et la robe retroussée, touchée de nos souffrances, fit signe qu'on nous donnât quartier. Nous jurâmes, par tout ce qu'il y a de plus saint, de ne jamais révéler cet horrible secret. Ensuite

8.

lecti strati erant, et reliquus lautitiarum apparatus splendidissime expositus. Jussi ergo discubuimus, et gustatione mirifica initiati, vino etiam Falerno inundamur. Excepti etiam pluribus ferculis quum laberemur in somnum, — Itane est? inquit Quartilla, etiam dormire vobis in mente est, quum sciatis Priapi genio pervigilium deberi?

## CAPUT XXII.

Quum Ascyltos gravatus tot malis in somnum laberetur, illa, quae injuria depulsa fuerat, ancilla totam faciem ejus fuligine longa perfricuit, et non sentientis labra humerosque sopitis titionibus pinxit. Jam ego etiam tot malis fatigatus, minimum veluti gustum hauseram somni : idem et tota intra forisque familia fecerat : atque alii circa pedes discumbentium sparsi jacebant, alii parietibus appliciti, quidam in ipso limine conjunctis marcebant capitibus. Lucernae quoque, humore defectae, tenue, et extremum lumen spargebant, quum duo Syri, expilaturi lagenam, triclinium intraverunt : dumque inter argentum avidius rixantur, diductam fregerunt lagenam. Cecidit etiam mensa cum argento, et ancillae, su-

parurent plusieurs courtisanes, qui nous frottèrent le corps d'une huile parfumée. Oubliant alors notre fatigue, nous endossons des robes de festin, et nous passons dans la salle voisine, où trois lits étaient dressés autour d'une table servie avec la plus grande magnificence. Invités à prendre place, nous débutons par d'excellentes entrées, que nous arrosons largement d'un Falerne délicieux. Ensuite différens services se succèdent avec profusion ; et déjà nos yeux, appesantis par le sommeil, commençaient à se fermer : — Qu'est-ce à dire ? s'écrie Quartilla ; croyez-vous être ici pour dormir ? cette nuit appartient tout entière à Priape.

## CHAPITRE XXII.

Toujours piquée des rebuts d'Ascylte, et le voyant tout-à-fait assoupi, accablé qu'il était de tant fatigues, Psyché s'amuse à lui barbouiller les lèvres et les épaules avec du charbon, et lui couvre la figure d'un masque de suie ; mais il n'en sentit rien. Moi-même, harassé des persécutions que j'avais souffertes, je commençais à goûter les douceurs du sommeil. Toute la valetaille, tant dans l'intérieur qu'au dehors de la salle, en faisait autant. Vous eussiez vu l'un étendu sous les pieds des convives, l'autre adossé contre un mur, un troisième couché sur le seuil de la porte, tous pêle-mêle, tête contre tête. Les lampes, épuisées, ne donnaient plus qu'une lueur pâle et mourante, lorsque deux fripons de Syriens se glissèrent à tâtons dans la salle, pour escamoter une bouteille de vin : tandis qu'ils se la disputent avec acharnement près d'une table couverte

per torum marcentis, excussum forte altius poculum caput fregit; ad quem ictum exclamavit illa, pariterque et fures prodidit, et partem ebriorum excitavit. Syri illi, qui venerant ad praedam, postquam se deprehensos intellexerunt, pariter secundum lectum conciderunt, ut putares hoc convenisse, et stertere, tanquam olim dormientes, coeperunt. Jam et tricliniarches experrectus lucernis occidentibus oleum infuderat, et pueri, detersis paulisper oculis, redierant ad ministerium, quum intrans cymbalistria, et concrepans aera, omnes excitavit.

## CAPUT XXIII.

Refectum igitur est convivium, et rursus Quartilla ad bibendum revocavit. Adjuvit hilaritatem comessantium cymbalistria. Intrat cinaedus, homo omnium insulsissimus, et plane illa domo dignus, qui ut infractis manibus congemuit, ejusmodi carmina effudit:

> Huc huc convenite nunc, spatalocinaedi,
> Pede tendite, cursum addite, convolate planta,
> Femore facili, clune agili, et manu procaces,
> Molles, veteres, Deliaci manu recisi.

Consumtis versibus suis, immundissimo me basio

d'argenterie, elle éclate dans leurs mains. Table, vaisselle, tout est renversé; et une coupe, en tombant d'assez haut, va briser la tête d'une servante qui dormait sur un lit voisin. La douleur du coup lui arrache un cri subit. Une partie de nos ivrognes se réveillent, et voilà les deux larrons découverts! Se voyant pris sur le fait, les rusés Syriens se laissent adroitement tomber au pied d'un lit. A les entendre ronfler, on eût dit qu'ils dormaient là depuis deux heures. Déjà, réveillé par ce vacarme, le maître-d'hôtel avait ranimé les lampes expirantes; déjà les valets, frottant leurs yeux encore appesantis par le sommeil, reprenaient leur service, lorsqu'une jeune musicienne, au bruit des cymbales, acheva de réveiller les plus paresseux.

## CHAPITRE XXIII.

On se remet donc à table de plus belle : Quartilla porte de nouvelles santés; le son des cymbales excite la gaîté des convives. Alors survint un baladin, le plus insipide de tous les hommes, et digne commensal d'un pareil logis. Après avoir battu des mains pour marquer la mesure, il entonne la chanson suivante :

> Aimables impudiques,
> Ganymèdes nouveaux,
> Audacieux cyniques,
> Complaisantes Saphos!
> Le plaisir nous rassemble,
> Aimons en liberté :
> Par tous les sens ensemble,
> Buvons la volupté!

En achevant ces vers, l'effronté m'applique un baiser

conspuit : mox et super lectum venit, atque omni vi detexit recusantem. Super inguina mea diu multumque frustra moluit. Perfluebant per frontem sudantis acaciæ rivi, et inter rugas malarum tantum erat cretæ, ut putares detectum parietem nimbo laborare.

## CAPUT XXIV.

Non tenui ego diutius lacrymas : sed ad ultimam perductus tristitiam, — Quæso, inquam, domina, certe embasicœtam jusseras dari. — Complosit illa tenerius manus, et, — O, inquit, hominem acutum, atque urbanitatis vernulæ frontem! Quid? tu non intellexeras, cinædum embasicœtam vocari? — Deinde, ne contubernali meo melius succederet : — Per fidem, inquam, vestram, Ascyltos in hoc triclinio solus ferias agit? — Ita? inquit Quartilla, et Ascylto embasicœtas detur. — Ab hac voce equum cinædus mutavit, transituque ad comitem meum facto, clunibus eum basiisque distrivit. Stabat inter hæc Giton, et risu dissolvebat ilia sua. Itaque, conspicata eum Quartilla, cujus esset puer diligentissima sciscitatione quæsivit. Quum ego fratrem meum esse dixissem, — Quare ergo, inquit, me non basiavit? — vocatumque ad se in osculum applicuit. Mox manum etiam demisit in sinum, et protracto vasculo tam rudi, — Hoc inquit,

dégoûtant ; bientôt même, usurpant une moitié de mon lit, il écarte, malgré moi, le vêtement qui me couvrait, et s'efforce long-temps, mais en vain, de m'exciter au plaisir. De son front coulaient des ruisseaux de sueur mêlée de fard ; et ses joues, dont le blanc remplissait les rides, semblaient un vieux mur dont le plâtre fond à la pluie.

## CHAPITRE XXIV.

Je ne pus retenir plus long-temps mes larmes ; et le cœur navré de tristesse : — Madame, dis-je à Quartilla, c'est par votre ordre sans doute que ce démon m'obsède de la sorte? — O l'habile homme! répondit-elle en frappant doucement des mains ; la question est spirituelle! Ce démon fait son métier d'incube ; cela vous étonne? — Du moins, répliquai-je, jaloux de voir mon camarade plus heureux que moi, souffrirez-vous qu'Ascylte, bien tranquille sur son lit, savoure seul en paix les douceurs du repos ? — A la bonne heure! dit-elle, qu'Ascylte y passe à son tour. — Aussitôt fait que dit : mon écuyer change de monture, et le voilà qui, sous le poids de ses impures caresses, broie les membres de mon pauvre compagnon. Témoin de cette scène, Giton riait aux éclats. Quartilla n'avait pas manqué de le considérer avec attention : — A qui appartient, dit-elle, ce jeune Adonis? — C'est mon frère, lui répondis-je. — Pourquoi donc, reprit-elle, n'est-il pas encore venu m'embrasser? — A ces mots, elle le fait approcher, le baise tendrement ; et, glissant sa main sous la robe de Giton, elle parcourt ses attraits novices, puis elle ajoute : — Ce bijou servira demain à me donner l'avant-goût du plaisir ;

belle cras in promulside libidinis nostræ militabit: hodie enim post asellum diaria non sumo.

## CAPUT XXV.

Quum hæc diceret, ad aurem ejus Psyche ridens accessit, et quum dixisset nescio quid, — Ita, ita, inquit Quartilla, bene admonuisti: cur non, quia bellissima occasio est, devirginetur Pannychis nostra? — Continuoque producta est puella, satis bella, et quæ non plus quam septem annos habere videbatur, et ea ipsa, quæ primum cum Quartilla in cellam venerat nostram. Plaudentibus ergo universis, et postulantibus, nuptias fecerunt. Obstupui ego, et, nec Gitona, verecundissimum puerum, sufficere huic petulantiæ, affirmavi; nec puellam ejus ætatis esse, ut muliebris patientiæ legem possit accipere. — Ita? inquit Quartilla, minor est ista, quam ego fui, quum primum virum passa sum? Junonem meam iratam habeam, si unquam me meminerim virginem fuisse. Nam et infans cum paribus inquinata sum, et subinde prodeuntibus annis, majoribus me pueris applicui, donec ad hanc ætatem perveni. Hinc etiam puto proverbium natum illud, ut dicatur:

Quæ tulerit vitulum, illa potest et tollere taurum.

— Igitur ne majorem injuriam in secreto frater acciperet, consurrexi ad officium nuptiale.

pour aujourd'hui, servie par un hercule, je ne me rabats point sur un pygmée.

## CHAPITRE XXV.

A ces mots, Psyché, s'étant approchée de sa maîtresse, lui dit en riant je ne sais quels mots à l'oreille: — Oui, oui! s'écrie tout à coup Quartilla; l'idée est heureuse. Pourquoi pas? Quelle plus belle occasion peut s'offrir de délivrer Pannychis du fardeau de sa virginité? — Sans plus attendre, on introduit une jeune fille assez jolie, qui ne paraissait pas avoir plus de sept ans (la même qui était venue à notre auberge avec Quartilla). Aussitôt tous les assistans d'applaudir et de presser l'accomplissement de ce mariage. Moi, frappé de stupeur, j'alléguai, d'une part, la timidité de Giton; de l'autre, l'âge trop tendre de Pannychis : — Lui, disais-je, n'osera tenter le combat; elle, ne pourra le soutenir. — Bon! répondit Quartilla, étais-je donc plus formée quand, pour la première fois, je reçus les caresses d'un homme? Je veux mourir, si je me souviens d'avoir jamais été vierge! Enfant, je folâtrais avec des marmots de ma taille; un peu plus grande, j'eus des amans plus hommes; c'est ainsi que je suis parvenue à l'âge où vous me voyez. Voilà, sans doute, l'origine du proverbe :

> Qui l'a bien porté veau,
> Peut le porter taureau.

— Craignant donc qu'en mon absence il n'arrivât pis à Giton, je me levai pour assister à la cérémonie.

## CAPUT XXVI.

Jam Psyche puellæ caput involverat flammeo; jam embasicœtas præferebat facem; jam ebriæ mulieres longum agmen plaudentes fecerant, thalamumque ingesta exornaverant veste. Tum Quartilla, jocantium quoque libidine accensa, et ipsa surrexit, correptumque Gitona in cubiculum traxit. Sine dubio non repugnaverat puer, ac ne puella quidem tristis expaverat nuptiarum nomen. Itaque, quum inclusi jacerent, consedimus ante limen thalami, et in primis Quartilla, per rimam improbe diductam, applicaverat oculum curiosum, lusumque puerilem libidinosa speculabatur diligentia. Me quoque ad idem spectaculum lenta manu traxit: et quia considerantium hæserant vultus, quidquid a spectaculo vacabat, commovebat valgiter labra, et me tanquam furtivis subinde osculis verberabat. [Libidine Quartillæ ita fatigatus eram, ut recedendi vias meditarer. Ascylto mentem declaravi, quæ multum placuit: cupiebat se ex Psyches vexationibus expedire: idque nobis non difficile, ni Giton cubiculo fuisset inclusus: volebamus enim eum abducere, et meretricum petulantiæ subtrahere. Hoc ipsum anxie meditabamur, quum Panuychis lecto cecidit, Gitonaque suo traxit pondere, illæsum tamen, puella autem capite leviter læsa tanto exclamavit, ut concitata terrore, præ-

## CHAPITRE XXVI.

Déjà, par les soins de Psyché, s'avançait Pannychis, le front couvert du voile de l'hymen ; déjà notre baladin ouvrait la marche, un flambeau à la main, et une longue file de femmes ivres marchait derrière lui en battant des mains ; déjà la couche nuptiale, ornée par elles, n'attendait plus que les deux époux. Echauffée par l'image du plaisir, Quartilla se lève brusquement, saisit Giton dans ses bras, et l'entraîne vers la chambre à coucher. Le fripon s'y prêtait de fort bonne grâce ; la jeune fille n'était rien moins que triste ; elle avait entendu sans pâlir le mot d'hymen. Pour laisser le champ libre aux combattans, nous restâmes sur le seuil de la porte. La curieuse Quartilla l'avait laissée malicieusement entr'ouverte, et son œil libertin contemplait avec avidité les ébats du couple novice. Bientôt, pour me faire jouir du même spectacle, elle m'attire doucement à elle ; or, comme dans cette attitude nos joues se touchaient, cela lui donnait de fréquentes distractions, et de temps en temps elle tournait la bouche de mon côté pour me dérober un baiser furtivement. Las des importunités de cette femme, je songeais à m'en délivrer par la fuite ; Ascylte, informé de mon dessein, l'approuva beaucoup ; c'était aussi sa seule ressource contre les persécutions de Psyché. Rien n'était plus facile, si Giton n'eût été enfermé avec Pannychis ; mais nous voulions l'emmener pour le soustraire à la lubricité de ces Messalines. Pendant que nous cherchions quelque expédient, Pannychis tombe du lit ; entraîné par son poids, Giton la suit dans sa chute. Heureusement, i

cipiti gressu accurrens, Quartilla nobis effugiendi locum dederit : nec mora ; celeres in hospitium pervolamus nostrum, et continuo ] abjecti in lectis sine metu reliquam exegimus noctem. [ Postero die egredientes duos ex nostris raptoribus offendimus, quos ut conspexit Ascyltos, alterum animose aggressus est, quo victo, et graviter vulnerato, mihi alterum urgenti præsto fuit. Ille vero tam strenue se gerebat, ut nos ambos, sed leviter, vulneraverit, illæsusque effugerit. ] Venerat jam tertius dies, id est, exspectatio liberæ cœnæ [ apud Trimalchionem ;] sed tunc vulneribus confossis fuga magis placebat, quam quies. Itaque [ in diversorium citissime abimus, et, haud alte vulnerati, in lecto plagas oleo et vino medemur. Raptor tamen debellatus humi jacebat, et ne agnosceremur, timebamus. ] Itaque quum mœsti deliberaremus, quonam genere præsentem evitaremus procellam, unus servus Agamemnonis interpellavit trepidantes : et, — Quid? vos, inquit, nescitis, hodie apud quem fiat? Trimalchio, lautissimus homo, horologium in triclinio, et buccinatorem habet subornatum, uti subinde sciat, quantum de vita perdiderit. — Amicimur ergo diligenter, obliti omnium malorum, et Gitona, libentissime servile officium tuentem usque hoc, jubemus in balneo sequi.

en fut quitte pour la peur; mais, blessée légèrement à la tête, Pannychis jette les hauts cris. Quartilla, effrayée, vole à son secours; nous de détaler aussitôt vers notre auberge; et bientôt, étendus dans nos lits, nous passâmes à bien dormir le reste de la nuit. Le lendemain, au sortir du logis, nous rencontrâmes deux de nos ravisseurs: Ascylte en attaque un avec fureur, et l'étend à terre, grièvement blessé; puis il vient aussitôt m'aider à presser le second; mais il se défendait si bravement, qu'il nous blessa l'un et l'autre, légèrement à la vérité, et parvint à s'échapper sans la moindre égratignure. Nous touchions au jour marqué par Trimalchion, jour où, dans un souper splendide, il devait affranchir un grand nombre d'esclaves. Mais, écharpés comme nous l'étions, nous trouvâmes plus à propos de fuir que de rester tranquilles en ce lieu. Rentrant donc au plus tôt à l'auberge, nous nous mîmes au lit, et nous pansâmes avec du vin et de l'huile nos blessures, heureusement peu profondes. Cependant, nous avions laissé un de nos ravisseurs sur le carreau; la crainte d'être reconnus nous donnait de mortelles inquiétudes. Tandis que, tout pensifs, nous rêvions aux moyens de conjurer l'orage, un valet d'Agamemnon vint interrompre nos tristes réflexions : — Eh bien! nous dit-il, ignorez-vous chez qui l'on dîne aujourd'hui? c'est chez Trimalchion, chez cet homme opulent, dont la salle à manger est ornée d'une horloge près de laquelle un esclave, la trompette à la main, l'avertit de la fuite du temps et de la vie. — Aussitôt, oubliant tous nos maux passés, nous nous habillons à la hâte; et Giton, qui jusqu'alors avait bien voulu nous servir de valet, reçoit l'ordre de nous suivre au bain.

## CAPUT XXVII.

Nos interim vestiti errare coepimus, immo jocari magis, et circulis ludentum accedere; quum subito videmus senem calvum, tunica vestitum russea, inter pueros capillatos ludentem pila. Nec tam pueri nos, quamquam erat operæ pretium, ad spectaculum duxerant, quam ipse paterfamiliæ, qui soleatus pila prasina exercebatur: nec eam amplius repetebat, quæ terram contigerat, sed follem plenum habebat servus, sufficiebatque ludentibus. Notavimus etiam res novas. Nam duo spadones in diversa parte circuli stabant, quorum alter matellam tenebat argenteam, alter numerabat pilas: non quidem eas, quæ inter manus lusu expellente vibrabant; sed eas, quæ in terram decidebant. Quum has miraremur lautitias, accurrit Menelaus: et, — Hic est, inquit, apud quem cubitum ponetis; et quid? jam principium coenæ videtis? — Etiamnum loquebatur Menelaus, quum Trimalchio digitos concrepuit: ad quod signum matellam spado ludenti subjecit. Exonerata ille vesica, aquam poposcit ad manus, digitosque paululum aspersos in capite pueri tersit.

## CAPUT XXVIII.

Longum erat, singula excipere: itaque intravimus balneum, et sudore calefacti, momento temporis ad fri-

## CHAPITRE XXVII.

Dès que nous fûmes sortis, nous commençâmes à rôder de tous côtés, ou plutôt à folâtrer. Des joueurs étaient réunis en cercle : nous nous en approchons, et le premier objet qui frappe notre vue est un vieillard au front chauve, vêtu d'une tunique rousse, et jouant à la paume avec de jeunes esclaves aux cheveux longs et flottans. Nous ne savions qu'admirer le plus, ou la beauté de ces enfans, ou la mollesse de ce vieux bouc, qui jouait en pantoufles et avec les balles vertes. Dès qu'une de ces balles avait touché la terre, on la jetait au rebut : un de ses gens, posté près des joueurs avec une corbeille bien garnie, leur en fournissait sans cesse de nouvelles. Entre autres choses bizarres, nous vîmes, aux deux extrémités du jeu, deux eunuques, dont l'un portait un pot de nuit d'argent, l'autre comptait les balles ; non pas celles que les joueurs se renvoyaient les uns aux autres, mais celles qui tombaient à terre. Tandis que nous admirions cette magnificence, Ménélas vint à nous : — Voilà, nous dit-il, en désignant Trimalchion, voilà celui qui vous traite aujourd'hui ; ce que vous voyez n'est que le prélude du souper. — Il allait en dire davantage, quand Trimalchion fait craquer ses doigts : à ce signal du maître, l'un des eunuques approche, le bassin à la main. Trimalchion satisfait au besoin de la nature, fait signe qu'on lui serve de l'eau, en mouille l'extrémité de ses doigts, et les essuie aux cheveux d'un esclave.

## CHAPITRE XXVIII.

On ne finirait pas de raconter toutes les singularités

gidam eximus. Jam Trimalchio unguento perfusus tergebatur, non linteis, sed palliis, ex mollissima lana factis. Tres interim iatraliptæ in conspectu ejus Falernum potabant : et quum plurimum rixantes effunderent, Trimalchio, hoc suum propinasse, dicebat. Hinc, involutus coccina gausapa, lecticæ impositus est, præcedentibus phaleratis cursoribus quatuor, et chiramaxio, in quo deliciæ ejus vehebantur, puer vetulus, lippus, domino Trimalchione deformior. Quum ergo auferretur, ad caput ejus cum minimis symphoniacus tibiis accessit, et tanquam in aurem aliquid secreto diceret, toto itinere cantavit. Sequimur nos jam admiratione saturi, et cum Agamemnone ad januam pervenimus, in cujus poste libellus erat, cum hac inscriptione fixus :

QUISQUIS. SERVUS.

SINE. DOMINICO. JUSSU. FORAS. EXIERIT.

ACCIPIET. PLAGAS. CENTUM.

In aditu autem ipso stabat ostiarius prasinatus, cerasino succinctus cingulo, atque in lance argentea pisum purgabat. Super limen autem cavea pendebat aurea, in qua pica varia intrantes salutabat.

qui nous frappèrent. Enfin, nous nous rendîmes aux Thermes, et là, nous passâmes promptement du bain chaud au bain froid. On venait de parfumer Trimalchion, et les frottoirs dont on l'essuyait étaient, non pas de lin, mais du molleton le plus doux. Trois garçons étuvistes sablaient le falerne en sa présence; et comme, en se disputant à qui boirait le plus, ils en répandaient beaucoup à terre : — Buvez, buvez à ma santé, leur dit Trimalchion, il est de mon crû! — Bientôt on l'enveloppa d'une peluche écarlate, puis on le plaça dans une litière, précédée de quatre valets de pieds à livrées magnifiques, et d'une chaise à porteurs où figuraient les délices de Trimalchion : c'était un petit vieillard précoce, chassieux, plus laid que Trimalchion lui-même. Tandis qu'on l'emportait, un musicien s'approcha de lui avec une petite flûte; et, penché à son oreille, comme s'il lui eût confié quelque secret, il ne cessa d'en jouer pendant toute la route. Déjà rassasiés d'admiration, nous suivîmes en silence, et nous arrivâmes avec Agamemnon à la porte du palais, sur le fronton duquel était placé un écriteau avec cette inscription :

TOUT ESCLAVE

QUI SORTIRA SANS L'AUTORISATION DU MAITRE

RECEVRA CENT COUPS DE FOUET.

Sous le vestibule même se tenait le portier, habillé de vert, avec une ceinture couleur cerise : il épluchait des pois dans un plat d'argent. Au dessus du seuil était suspendue une cage d'or renfermant une pie au plumage bigarré, qui saluait de ses cris ceux qui entraient.

## CAPUT XXIX.

Ceterum ego, dum omnia stupeo, pæne resupinatus crura mea fregi. Ad sinistram enim intrantibus, non longe ab ostiarii cella, canis ingens, catena vinctus, in pariete erat pictus, superque quadrata littera scriptum, Cave. Cave. Canem! Et collegæ quidem mei riserunt. Ego autem, collecto spiritu, non destiti totum parietem persequi. Erat autem venalitium titulis pictum, et ipse Trimalchio capillatus caduceum tenebat, Minervaque ducente, Romam intrabat. Hinc quemadmodum ratiocinari didicisset, dein dispensator factus esset, omnia diligenter curiosus pictor cum inscriptione reddiderat. In deficiente vero jam porticu, levatum mento in tribunal excelsum Mercurius rapiebat. Præsto erat Fortuna, cornu abundanti copiosa, et tres Parcæ, aurea pensa torquentes. Notavi etiam in porticu gregem cursorum cum magistro se exercentem. Præterea grande armarium in angulo vidi, in cujus ædicula erant Lares argentei positi, Venerisque signum marmoreum, et pixis aurea non pusilla, in qua barbam ipsius conditam esse dicebant. Interrogare ego atriensem cœpi, quas in medio picturas haberent? — Iliada et Odysseam, inquit, ac læva videtis gladiatorium munus.

## CHAPITRE XXIX.

Pour moi, bouche béante, j'admirais tout cela, quand, à la gauche de l'entrée, près de la loge du portier, j'aperçus un énorme dogue enchaîné, au dessus duquel était écrit, en lettres capitales : GARE, GARE LE CHIEN ! Ce n'était un dogue qu'en peinture ; mais sa vue me causa un tel effroi, que je faillis tomber à la renverse et me casser les jambes ; et mes compagnons de rire. Cependant, je recouvrai mes esprits et je continuai l'examen des sujets peints à fresque sur la muraille. On y voyait un marché d'esclaves qui portaient leurs titres suspendus à leur cou, et Trimalchion lui-même qui, les cheveux flottans, et un caducée à la main, entrait dans Rome, conduit par Minerve. Plus loin, il était représenté prenant des leçons de calcul, puis devenant trésorier : le peintre avait eu soin d'aider, par des inscriptions très-détaillées, l'intelligence des spectateurs. A l'extrémité de ce portique, Mercure enlevait notre héros par le menton, et le plaçait sur le siège le plus élevé d'un tribunal. Près de lui s'empressaient la Fortune avec une énorme corne d'abondance, et les trois Parques filaient pour lui des quenouilles d'or. Je remarquai aussi une troupe d'esclaves qui, sous la conduite d'un maître, s'exerçaient à la course. Dans un angle du portique, je vis encore une vaste armoire qui renfermait un reliquaire où étaient placés des Lares d'argent, une statue de Vénus en marbre, et une boîte d'or d'assez grande dimension, qui, disait-on, renfermait la première barbe de Trimalchion. Alors, je me mis à interroger le concierge. — Quelles sont, lui dis-je,

## CAPUT XXX.

Non licebat tam multas jam considerare. Nos jam ad triclinium perveneramus, in cujus parte prima procurator rationes accipiebat: et, quod praecipue miratus sum, in postibus triclinii fasces erant cum securibus fixi, quorum imam partem quasi embolum navis aeneum finiebat, in quo erat scriptum:

G. POMPEIO.
TRIMALCHIONI. VI. VIRO. AUGUSTALI.
CINNAMUS. DISPENSATOR.

Sub eodem titulo, etiam lucerna bilychnis de camara pendebat, et duae tabulae in utroque poste defixae; quarum altera, si bene memini, hoc habebat inscriptum:

III. ET PRIDIE. KAL. JAN.
G. NOSTER. FORAS. COENAT.

altera lunae cursum, stellarumque septem imagines pictas; et, qui dies boni, quique incommodi essent, distinguente bulla, notabantur. His repleti voluptatibus, quum conaremur in triclinium intrare, exclamavit unus ex pueris, qui super hoc officium erat positus: — *Dextro pede*. — Sine dubio paulisper trepidavimus, ne

ces peintures que je vois au centre du portique? — L'*Iliade* et l'*Odyssée*, me répondit-il; sur la gauche, vous voyez un combat de gladiateurs.

## CHAPITRE XXX.

Nous n'avions pas le temps d'examiner à loisir toutes ces curiosités. Déjà nous étions arrivés à la salle du festin, à l'entrée de laquelle se tenait l'intendant de la maison, recevant des comptes : ce qui m'étonna le plus, ce fut d'apercevoir, sur le chambranle de la porte, des faisceaux surmontés de haches, et dont l'extrémité inférieure se terminait par une espèce d'éperon de galères en airain, sur lequel était écrit :

A GAIUS POMPÉE
TRIMALCHION SÉVIR AUGUSTAL
CINNAME SON TRÉSORIER.

Cette inscription était éclairée par une double lampe suspendue à la voûte. J'aperçus aussi deux tablettes attachées aux deux battans de la porte : l'une, si j'ai bonne mémoire, portait ces mots :

LE III ET LA VEILLE DES CALENDES DE JANVIER
GAIUS NOTRE MAITRE SOUPE EN VILLE ;

l'autre représentait le cours de la lune, les sept planètes, les jours fastes et néfastes, indiqués par des points de différentes couleurs. Au moment où, enivrés de tant de merveilles, nous nous disposions à entrer dans la salle du banquet, un esclave, spécialement chargé de cet emploi, nous cria : — *Du pied droit!* — Il y eut parmi nous un moment de confusion, dans la crainte que

contra præceptum aliquis nostrum transiret. Ceterum, ut pariter movimus dextros gressus, servus nobis despoliatus procubuit ante pedes, et rogare cœpit, ut se pœnæ eriperemus: nec magnum esse peccatum suum, propter quod periclitaretur. Subducta enim sibi vestimenta dispensatoris in balneo, quæ vix fuissent x HS. Retulimus ergo dextros pedes, dispensatoremque in precario aureos numerantem deprecati sumus, ut servo remitteret pœnam. Superbus ille sustulit vultum, et, — Non tam jactura [me movet, inquit, quam negligentia nequissimi servi. Vestimenta mea cubitoria perdidit, quæ mihi natali meo cliens quidam donaverat, Tyria sine dubio, sed jam semel lota. Quid ergo est? dono vobis reum.

## CAPUT XXXI.

Obligati tam grandi beneficio, quum intrassemus triclinium, occurrit nobis ille idem servus, pro quo rogaveramus, et spississima basia stupentibus impegit, gratias agens humanitati nostræ. — Ad summam, statim scietis, ait, cui dederitis beneficium. Vinum dominicum ministratoris gratia est. — Tandem ergo discubuimus, pueris alexandrinis aquam in manus nivatam infunden-

quelqu'un des convives ne franchît le seuil sans prendre le pas d'ordonnance. Enfin, nous partions tous ensemble du pied droit, quand tout-à-coup un autre esclave, dépouillé de ses vêtemens, tombe à nos pieds, et nous supplie de le soustraire au châtiment dont il est menacé : sa faute, à l'entendre, était très-légère : tandis que le trésorier était au bain, chargé de la garde de ses habits, il les avait laissé prendre ; mais ils valaient à peine dix sesterces, nous dit-il. Faisant donc volte-face, et toujours partant du pied droit, nous allons vers le trésorier ; nous le trouvons à son bureau qui comptait de l'or, et nous le supplions instamment de faire grâce à ce pauvre esclave. — C'est moins la perte que j'ai faite, nous dit-il, en jetant sur nous un regard orgueilleux, que la négligence de ce misérable qui m'irrite. Le vêtement qu'il m'a laissé prendre était une robe de banquet : elle m'avait été donnée par un de mes cliens, le jour anniversaire de ma naissance ; l'étoffe assurément en fut colorée à Tyr ; mais elle avait déjà été lavée une fois. Quoi qu'il en soit, je vous accorde la grâce du coupable.

## CHAPITRE XXXI.

Reconnaissans d'une si grande clémence, nous étions à peine entrés dans la salle du festin, quand ce même esclave, pour lequel nous venions d'intercéder, se précipite vers nous, et, pour nous remercier de cet acte d'humanité, nous applique tant et de si vigoureux baisers, que nous ne savions où nous en étions. — Du reste, nous dit-il, vous allez bientôt connaître que vous n'avez pas obligé un ingrat : c'est moi qui sers le vin du maître, et j'en dispose à mon gré. — Lorsqu'après

tibus, aliisque insequentibus ad pedes, ac paronychia cum ingenti subtilitate tollentibus. Ac ne in hoc quidem tam molesto tacebant officio, sed obiter cantabant. Ego experiri volui, an tota familia cantaret? Itaque potionem poposci: paratissimus puer non minus me acido cantico excepit: et quisquis aliquid rogatus erat, ut daret. Pantomimi chorum, non patrisfamiliæ triclinium crederes. Allata est tum gustatio valde lauta : nam omnes jam discubuerant præter unum Trimalchionem, cui locus, novo more, primus servabatur. Ceterum in promulsidari asellus erat corinthius cum bisaccio positus, qui habebat olivas, in altera parte albas, in altera nigras. Tegebant asellum duæ lances, in quarum marginibus nomen Trimalchionis inscriptum erat, et argenti pondus. Ponticuli etiam ferruminati sustinebant glires, melle et papavere sparsos. Fuerunt et tomacula ferventia supra craticulam argenteam posita, et infra craticulam syriaca pruna cum granis punici mali.

## CAPUT XXXII.

In his eramus lautitiis, quum ipse Trimalchio ad sym-

tous ces retards, nous fûmes enfin placés à table, des esclaves égyptiens nous versèrent sur les mains de l'eau de neige, et furent bientôt remplacés par d'autres qui nous lavèrent les pieds et nous nettoyèrent les ongles avec une admirable dextérité : ce que faisant, ils ne gardaient pas le silence, mais ils chantaient, tout en s'acquittant d'un si pénible office. Curieux de savoir si les autres esclaves faisaient ainsi leur service en chantant, je demande à boire : aussitôt un esclave empressé m'apporte une coupe, en accompagnant cette action d'un chant aigre et discordant : ainsi faisaient tous les gens de la maison, lorsqu'on leur demandait quelque chose. Vous eussiez cru être au milieu d'un chœur de pantomimes plutôt qu'à la table d'un père de famille. Cependant, on apporte le premier service qui était on ne peut plus splendide; car déjà tout le monde était à table, à l'exception de Trimalchion, à qui, contre l'usage, on avait réservé la place d'honneur. Sur un plateau destiné aux hors-d'œuvre était un petit âne en bronze de Corinthe, portant un bissac qui contenait d'un côté des olives blanches, de l'autre des noires. Sur le dos de l'animal étaient deux plats d'argent sur le bord desquels étaient gravés le nom de Trimalchion et le poids du métal. Des surtouts en forme de ponts soutenaient des loirs assaisonnés avec du miel et des pavots. Plus loin, des saucisses brûlantes sur un gril d'argent; et, au dessous du gril, des prunes de Syrie et des grains de grenades.

## CHAPITRE XXXII.

Nous étions plongés dans cet océan de délices, lors-

phoniam allatus est, positusque inter cervicalia minutissima, expressit imprudentibus risum. Pallio enim coccineo adrasum excluserat caput, circaque oneratas veste cervices laticlaviam immiserat mappam, fimbriis hinc atque illinc pendentibus. Habebat etiam in minimo digito sinistrae manus annulum grandem subauratum; extremo vero articulo digiti sequentis minorem, ut mihi videbatur, totum aureum, sed plane ferreis veluti stellis ferruminatum. Et, ne has tantum ostenderet divitias, dextrum nudavit lacertum, armilla aurea cultum, et eboreo circulo lamina splendente connexum.

## CAPUT XXXIII.

Ut deinde spina argentea dentes perfodit, — Amici, inquit, nondum mihi suave erat in triclinium venire, sed ne absentivus morae vobis essem, omnem voluptatem mihi negavi. Permittitis tamen finiri lusum? — Sequebatur puer cum tabula terebinthina, et crystallinis tesseris; notavique rem omnium delicatissimam : pro calculis enim albis ac nigris, aureos argenteosque habebat denarios. Interim dum ille omnium calculorum agmen inter lusum consumit, gustantibus adhuc nobis, repositorium allatum est cum corbe, in qua gallina erat lignea patentibus in orbem alis, quales esse solent, quae incubant ova. Ac-

qu'aux accens d'une symphonie, parut Trimalchion lui-
même, porté par des esclaves qui le posèrent bien mol-
lement sur un lit garni de petits coussins. A cet aspect
imprévu, nous ne pûmes retenir quelques éclats de rire.
Il fallait voir sa tête chauve s'échappant d'un voile de
pourpre, et son cou affublé d'une vaste serviette, en
forme de laticlave, qui s'étendait sur tous les vêtemens
dont il était chargé, et retombait en franges des deux
côtés. Il portait aussi, au petit doigt de la main gauche, un grand anneau doré; et, à l'extrémité du doigt
suivant, un anneau de plus petite dimension, mais d'or
pur, à ce qu'il me parut, et parsemé d'étoiles d'acier.
Ce n'est pas tout : pour nous éblouir de l'éclat de ses
richesses, il découvrit son bras droit, orné d'un brace-
let d'or, émaillé de lames de l'ivoire le plus brillant.

## CHAPITRE XXXIII.

— Amis, nous dit-il, en se nettoyant la bouche avec
un curedent d'argent, si je n'avais suivi que mon goût,
je ne serais pas venu si tôt vous rejoindre; mais, pour
ne pas retarder plus long-temps vos plaisirs par mon
absence, je me suis arraché volontairement à un jeu
qui m'amusait beaucoup : permettez-moi donc, je vous
prie, de finir ma partie. — En effet, il était suivi d'un
esclave portant un damier de bois de térébinthe et des
dés de cristal; et, ce qui me parut le comble du raffinement, au lieu de dames blanches et noires, il se servait
de pièces d'or et d'argent. Tandis qu'en jouant il enlevait tous les pions de son adversaire, on nous sert,
sur un plateau, une corbeille dans laquelle était une
poule de bois sculpté, qui, les ailes ouvertes et éten-

cessere continuo duo servi, et symphonia strepente, scrutari paleam coeperunt; erutaque subinde pavonina ova divisere convivis. Convertit ad hanc scenam Trimalchio vultum; et: — Amici, ait, pavonis ova gallinæ jussi supponi. Et, me hercules, timeo, ne jam concepti sint: tentemus tamen, si adhuc sorbilia sunt. — Accipimus nos cochlearia non minus selibras pendentia, ovaque ex farina pingui figurata pertundimus. Ego quidem pæne projeci partem meam: nam videbatur mihi jam in pullum coisse. Deinde ut audivi veterem convivam: — Hic nescio quid boni debet esse! — persecutus putamen manu, pinguissimam ficedulam inveni, piperato vitello circumdatam.

## CAPUT XXXIV.

Jam Trimalchio eadem omnia, lusu intermisso, poposcerat; feceratque potestatem, clara voce, si quis nostrum iterum vellet mulsum sumere: quum subito signum symphonia datur, et gustatoria pariter a choro cantante rapiuntur. Ceterum inter tumultum, quum forte parapsis excidisset, et puer jacentem sustulisset, animadvertit Trimalchio, colaphisque objurgari puerum, ac projicere rursus parapsidem jussit. Insecutus est lecticarius, argentumque inter reliqua purgamenta scopis coepit ver-

dues en cercle, semblait réellement couver des œufs.
Aussitôt deux esclaves s'en approchèrent, aux accords
de l'éternelle symphonie; et, fouillant dans la paille,
en retirèrent des œufs de paon qu'ils distribuèrent aux
convives. Cette scène attira les regards de Trimalchion :
— Amis, nous dit-il, c'est par mon ordre qu'on a mis
des œufs de paon sous cette poule. Et, certes, j'ai lieu
de craindre qu'ils ne soient déjà couvés; essayons,
toutefois, s'ils sont encore mangeables. — On nous servit, à cet effet, des cuillers qui ne pesaient pas moins
d'une demi-livre, et nous brisâmes ces œufs, recouverts
d'une pâte légère, qui imitait parfaitement la coquille.
J'étais sur le point de jeter celui qu'on m'avait servi,
car je croyais y voir remuer un poulet, lorsqu'un vieux
parasite m'arrêta : — Il y a là-dedans, me dit-il, je ne
sais quoi d'excellent. — Je cherche donc dans la coquille, et j'y trouve un bec-figue bien gras, enseveli dans
des jaunes d'œufs délicieusement épicés.

## CHAPITRE XXXIV.

Cependant Trimalchion, interrompant sa partie, se fit
apporter successivement tous les mets qu'on nous avait
servis. Il venait de nous annoncer à haute voix que, si
quelqu'un de nous désirait retourner au vin miellé, il
n'avait qu'à parler; lorsqu'à un nouveau signal donné
par l'orchestre, un chœur d'esclaves enleva, en chantant, les entrées. Au milieu du tumulte que causa le
service, un plat d'argent vint à tomber; un esclave,
croyant bien faire, le ramasse; Trimalchion, qui s'en
aperçoit, fait appliquer à l'officieux serviteur une paire
de soufflets, pour punir sa gaucherie; et ordonne que

rere. Subinde intraverunt duo Æthiopes capillati, cum pusillis utribus, quales solent esse, qui arenam in amphitheatro spargunt, vinumque dedere in manus; aquam enim nemo porrexit. Laudatus propter elegantias dominus: — Æquum, inquit, Mars amat. — Itaque jussit suam cuique servo mensam assignari: — Ob id ergo, ait, pædidissimi servi minorem nobis æstum, sublata frequentia, facient. — Statim allatæ sunt amphoræ vitreæ diligenter gypsatæ, quarum in cervicibus pittacia erant affixa cum hoc titulo:

FALERNUM. OPIMIANUM. ANNORUM. CENTUM.

Dum titulos perlegimus, complosit Trimalchio manus; et: — Heu, heu, inquit, ergo diutius vivit vinum, quam homuncio! Quare tingomenas faciamus; vita vinum est: verum Opimianum præsto: heri non tam bonum posui, et multo honestiores coenabant. — Potantibus ergo, et accuratissime nobis lautitias mirantibus, larvam argenteam attulit servus, sic aptam, ut articuli ejus vertebræque laxatæ in omnem partem flecterentur. Hanc quum super mensam semel iterumque abjecisset, et catenatio mobilis aliquot figuras exprimeret, Trimalchio adjecit:

—Heu! heu nos miseros! quam totus homuncio nil est!
[Quam fragilis tenero stamine vita cadit!]
Sic erimus cuncti, postquam nos auferet Orcus.
Ergo vivamus, dum licet esse bene.

l'on rejette à terre ce même plat d'argent qu'un valet pousse avec son balai sur un tas d'ordures. Alors entrèrent deux Éthiopiens à longue chevelure, portant de petites outres pareilles à celles dont on se sert pour arroser l'amphithéâtre, et, au lieu d'eau, ils nous versèrent du vin sur les mains. Comme on se récriait sur cet excès de luxe, notre hôte s'écria : — Mars aime l'égalité. — En conséquence, il réduisit le nombre des esclaves à celui des convives : — Par ce moyen, ajouta-t-il, cette multitude d'esclaves ne nous suffoquera plus d'une chaleur nauséabonde. — Aussitôt on apporte des flacons de cristal soigneusement cachetés ; au cou de chacun d'eux était suspendue une étiquette ainsi conçue :

FALERNE OPIMIEN DE CENT ANS.

Tandis que nous parcourions des yeux les écriteaux, Trimalchion battant des mains : — Hélas ! s'écria-t-il, hélas ! il est donc vrai, le vin vit plus long-temps que l'homme ! buvons donc comme des éponges ; le vin c'est la vie : celui que je vous offre est du véritable Opimien : hier, j'avais à souper meilleure compagnie, et le vin qu'on servit était moins bon. — Tandis que, tout en buvant, nous admirions en détail la somptuosité du festin, un esclave posa sur la table un squelette d'argent, si bien imité, que les vertèbres et les articulations se mouvaient avec facilité dans tous les sens. Lorsque l'esclave eut fait jouer deux ou trois fois les ressorts de cet automate, et lui eut fait prendre plusieurs attitudes, Trimalchion se mit à déclamer :

> Que l'homme est peu de chose, hélas ! et de ses ans
>     Que la trame est courte et fragile !
> La tombe est sous nos pas ; mais, dans leur vol agile,
> Sachons, par le plaisir, embellir nos instans.

## CAPUT XXXV.

Laudationem ferculum est insecutum, plane non pro exspectatione magnum. Novitas tamen omnium convertit oculos. Repositorium enim rotundum duodecim habebat signa in orbe disposita, super quæ proprium, convenientemque materiæ, structor imposuerat cibum. Super Arietem, cicer arietinum: super Taurum, bubulæ frustum: super Geminos, testiculos, ac renes: super Cancrum, coronam: super Leonem, ficum africanam: super Virginem, stericulam: super Libram, stateram, in cujus altera parte scriblita erat, in altera placenta: super Scorpionem, pisciculum marinum: super Sagittarium, otopetam: super Capricornum, locustam marinam: super Aquarium, anserem: super Pisces, duos mullos. In medio autem cespes cum herbis excisus favum sustinebat. Circumferebat ægyptius puer clibano argenteo panem, atque ipse etiam teterrima fauce de laserpitiario vino canticum extorquet. Nos ut tristiores ad tam viles accessimus cibos, — Suadeo, inquit Trimalchio, cœnemus; hoc est jus cœnæ.

## CHAPITRE XXXV.

Cette espèce d'élégie fut interrompue par l'arrivée du second service, dont la magnificence ne répondit pas à notre attente. Cependant, un nouveau prodige attira bientôt tous les regards. C'était un surtout en forme de globe, autour duquel étaient représentés les douze signes du zodiaque, rangés en cercle. Au dessus de chacun d'eux, le maître-d'hôtel avait placé des mets qui, par leur forme ou leur nature, avaient quelque rapport avec ces constellations : sur le Bélier, des pois chiches ; sur le Taureau, une pièce de bœuf ; sur les Gémeaux, des rognons et des testicules ; sur le Cancer, une simple couronne ; sur le Lion, des figues d'Afrique ; sur la Vierge, une matrice de truie ; au dessus de la Balance, un peson qui, d'un côté, soutenait une tourte, de l'autre, un gâteau ; au dessus du Scorpion, un petit poisson de mer ; au dessus du Sagittaire, un lièvre ; une langouste sur le Capricorne ; sur le Verseau, une oie ; deux surmulets sur les Poissons. Au milieu de cette machine, une touffe de gazon artistement ciselée supportait un rayon de miel. Un esclave égyptien nous présentait à la ronde du pain chaud dans une tourtière d'argent ; et, chemin faisant, ce même esclave tirait de son rauque gosier un hymne en l'honneur de je ne sais quelle infusion de laser et de vin. Nous nous disposions tristement à attaquer des mets aussi grossiers, quand Trimalchion : — Si vous voulez m'en croire, mangeons, nous dit-il ; vous avez devant vous le plus succulent du repas.

## CAPUT XXXVI.

Hæc ut dixit, ad symphoniam quatuor tripudiantes procurrerunt, superioremque partem repositorii abstulerunt. Quo facto, videmus infra, scilicet in altero ferculo, altilia, et sumina, leporemque in medio pinnis subornatum, ut Pegasus videretur. Notavimus etiam circa angulos repositorii Marsyas quatuor, ex quorum utriculis garum piperatum currebat super pisces, qui in Euripo natabant. Damus omnes plausum a familia inceptum, et res electissimas ridentes aggredimur. Non minus et Trimalchio ejusmodi methodo lætus: — Carpe! inquit. — Processit statim scissor, et ad symphoniam ita gesticulatus laceravit obsonium, ut putares essedarium hydraule cantante pugnare. Ingerebat nihilominus Trimalchio lentissima voce: — Carpe! Carpe! — Ego suspicatus, ad aliquam urbanitatem toties iteratam vocem pertinere, non erubui, eum, qui supra me accumbebat, hoc ipsum interrogare. At ille, qui sæpius ejusmodi ludos spectaverat: — Vides, inquit, illum, qui obsonium carpit? Carpus vocatur. Itaque quotiescunque dicit, Carpe! eodem verbo et vocat et imperat.

## CHAPITRE XXXVI.

Il dit; et, au son des instrumens, quatre esclaves s'élancent vers la table et enlèvent, en dansant, la partie supérieure de ce globe. Soudain se découvre à nos yeux un nouveau service, des volailles engraissées, une tétine de truie, un lièvre avec des ailes sur le dos, qui figurait Pégase. Nous remarquâmes aussi, dans les angles de ce surtout, quatre satyres qui portaient de petites outres d'où s'écoulait une saumure bien épicée, dont les flots allaient grossir l'Euripe où nageaient des poissons tout accommodés. A cette vue, tous les valets d'applaudir, et nous de les imiter. Ce fut alors avec un sourire de satisfaction que nous attaquâmes ces mets exquis. Trimalchion, enchanté comme nous de cette supercherie du cuisinier : — Coupez ! s'écria-t-il. — Aussitôt s'avance un écuyer tranchant qui se met à découper les viandes, en observant dans tous ses gestes la mesure de l'orchestre, avec une telle exactitude, que l'on eût dit un conducteur de chars parcourant l'arène aux sons de l'orgue hydraulique. Cependant Trimalchion disait toujours, avec les plus douces inflexions de voix : — Coupez, coupez. — Soupçonnant quelque fine plaisanterie dans ce mot si souvent répété, je n'hésitai pas à demander à mon plus proche voisin le sens de cette énigme. Il avait été souvent témoin de semblables scènes : — Vous voyez bien, me répondit-il, cet esclave chargé de découper ? *Coupé* est son nom. Ainsi toutes les fois que notre hôte lui dit : *Coupez !* il l'appelle et lui prescrit son devoir.

## CAPUT XXXVII.

Non potui amplius quidquam gustare; sed conversus ad eum, ut quam plurima exciperem, longe arcessere fabulas coepi, sciscitarique, quae esset illa mulier, quae huc atque illuc discurreret? — Uxor, inquit, Trimalchionis, Fortunata appellatur, quae nummos modio metitur. — Et modo quid fuit? — Ignoscet mihi genius tuus, noluisses de manu illius panem accipere. Nunc nec quid, nec quare, in coelum abiit, et Trimalchionis *ta panta* est. Ad summam, mero meridie si dixerit illi tenebras esse, credet. Ipse nescit, quid habeat; adeo zaplutus est: sed haec eupatria providet omnia, et, ubi non putes, est. Sicca, sobria, bonorum consiliorum: est tamen malae linguae, pica pulvinaris: quem amat, amat; quem non amat, non amat. Ipse Trimalchio fundos habet, qua milvi volant, et nummorum nummos: argentum in ostiarii illius cella plus jacet, quam quisquam in fortunis habet. Tantum auri vides. Familia vero babae! babae! non, me hercules! puto decumam partem esse, quae dominum suum novit. Ad summam, quemvis ex istis bacillo in rutae folium conjiciet.

## CHAPITRE XXXVII.

Mon appétit étant complètement satisfait, je me tournai tout-à-fait vers mon voisin, pour entendre plus aisément ses réponses; et, après une foule de questions qui n'avaient pour but que d'engager la conversation : — Quelle est, lui dis-je, cette femme que je vois sans cesse aller et venir de tous côtés? — C'est l'épouse de Trimalchion : on l'appelle Fortunata, et jamais nom ne fut mieux mérité, car elle mesure l'or au boisseau. — Qu'était-elle avant son mariage? — Sauf votre respect, vous n'eussiez pas voulu recevoir de sa main un morceau de pain. Mais je ne sais ni pourquoi ni comment elle est parvenue à cette élévation; Trimalchion ne voit que par ses yeux, à un tel point, que, si elle lui disait qu'il fait nuit à midi, il le croirait. Ce Crésus est si riche, qu'il ne connaît pas toute l'étendue de ses biens; mais cette bonne ménagère veille à tous les détails de sa fortune : vous la trouvez toujours où vous l'attendiez le moins. Elle est sobre, tempérante, de bon conseil; mais c'est une langue de vipère, une véritable pie domestique. Quand elle aime, elle aime bien ; mais aussi quand elle hait, c'est de toute son âme. Trimalchion possède de si vastes domaines, qu'ils lasseraient les ailes d'un milan. Il entasse les intérêts des intérêts, et l'on voit plus d'argent dans la loge de son concierge, que personne de nos jours n'en possède pour tout patrimoine. Quant à ses esclaves, oh! oh! par ma foi, je ne crois pas que la dixième partie d'entre eux sache quel est son maître. Mais la crainte qu'il leur inspire

## CAPUT XXXVIII.

Nec est, quod putes, illum quidquam emere; omnia domi nascuntur: lana, ceræ, piper, et lac gallinaceum, si quæsieris, invenies. Ad summam, parum illi bona lana nascebatur, arietes a Tarento emendos curavit in gregem. Mel atticum ut domi nasceretur, apes ab Athenis jussit afferri (ob id ut, vernaculæ quæ sunt, meliusculæ a Græculis fiant). Ecce intra hos dies scripsit, ut illi ex India semen boletorum mitteretur; nam mulam quidem nullam habet, quæ non ex onagro nata sit. Vides tot culcitas? Nulla non aut conchyliatum, aut coccineum tomentum habet. Tanta est homini beatitudo!

Reliquos autem collibertos ejus cave contemnas. Valde succosi sunt. Vides illum, qui in imo imus recumbit? hodie sua octingenta possidet; de nihilo crevit : solebat collo modo suo ligna portare. Sed, quomodo dicunt (ego nihil scio, sed audivi), quum modo incuboni pileum rapuisset, thesaurum invenit. Ego nemini invideo, si qua deus dedit : est tamen sub alapa,

est telle, qu'avec une simple houssine il les ferait tous entrer dans un trou de souris.

## CHAPITRE XXXVIII.

Mais gardez-vous de croire qu'il ait besoin de rien acheter ; il trouve dans ses domaines tous les besoins de la vie : la laine, la cire, le poivre ; vous demanderiez chez lui du lait de poule qu'on vous en servirait aussitôt. Ses brebis ne lui donnaient qu'une laine de médiocre qualité ; il a fait acheter des béliers à Tarente pour renouveler ses troupeaux. Pour avoir dans ses ruches du miel attique, il a fait venir du mont Hymète des essaims, et il espère que les abeilles du pays deviendront meilleures par leur mélange avec celles de la Grèce. Ces jours derniers ne s'est-il pas avisé d'écrire qu'on lui envoyât des Indes de la graine de champignons ! Bien plus, il n'y a pas, dans ses haras, une seule mule qui n'ait pour père un onagre. Vous voyez bien tous ces lits ? il n'y en a pas un dont la laine ne soit teinte en pourpre ou en écarlate : est-il un mortel plus heureux !

Quant à ces affranchis, ses anciens compagnons de servitude, n'allez pas les mépriser : ils nagent dans l'opulence. Remarquez celui qui occupe la dernière place au bas côté de la table : il possède aujourd'hui huit cents sesterces ; naguère c'était moins que rien ; il était obligé de porter du bois pour vivre. On assure ( pour moi j'ignore si le fait est vrai, mais je l'ai entendu dire) qu'ayant eu dernièrement l'adresse de s'emparer du chapeau d'un incube, il a trouvé un trésor. Si, en effet,

et non vult sibi male. Itaque proxime cum hoc titulo proscripsit:

C. POMPEIUS. DIOGENES.
EX. KALENDIS. JULIIS. COENACULUM. LOCAT.
IPSE. ENIM. DOMUM. EMIT.

Quid ille, qui libertini loco jacet? quam bene se habuit! — Non impropero illi. Sestertium suum vidit decies; sed male vacillavit. Non puto illum capillos liberos habere; nec, me hercules! sua culpa, ipso enim homo melior non est; sed liberti scelerati, qui omnia ad se fecerunt. Scito autem, socio quum olla male fervet, et ubi semel res inclinata est, amici de medio. — Et quam honestam negotiationem exercuit, quod illum sic vides? — Ecce, libitinarius fuit. Solebat sic coenare, quomodo rex: apros gausapatos, opera pistoria, aves, cervos, pisces, lepores; plus vini sub mensam effundebant, quam aliquis in cella habet. — Phantasia, non homo. — Inclinatis quoque rebus suis, quum timeret, ne creditores illum conturbare existimarent, hoc titulo auctionem proscripsit:

JULIUS. PROCULUS.
AUCTIONEM. FACIET. RERUM. SUPERVACUARUM.

quelque dieu lui a fait ce présent, je ne lui porte pas envie. Il n'en est pas moins un affranchi de fraîche date ; mais il ne s'en trouve pas plus mal. Aussi, dernièrement, a-t-il fait mettre cette inscription sur sa porte :

C. POMPÉE DIOGÈNE,
DEPUIS LES CALENDES DE JUILLET,
A MIS EN LOCATION LA CHAMBRE QU'IL HABITAIT,
PARCE QU'IL VIENT D'ACHETER UNE MAISON
POUR LUI-MÊME.

Quel est, continuai-je, celui qui occupe la place destinée aux affranchis? comme il se soigne, le gaillard! — Je ne lui en fais pas reproche; il avait décuplé son patrimoine; mais ses affaires ont mal tourné : il n'a pas sur la tête un cheveu qui lui appartienne; et cependant ce n'est pas sa faute, car il n'y a pas sur la terre un plus honnête homme; mais bien celle de quelques fripons d'affranchis qui l'ont dépouillé jusqu'au dernier sou. Car dès que la marmite est renversée, et que la fortune décline, les amis disparaissent aussitôt.— Et par quel honnête métier est-il parvenu au rang qu'il occupe maintenant?—Le voici; il était entrepreneur de funérailles. Sa table était servie comme celle d'un roi : on y voyait des sangliers entiers encore couverts de leurs soies, des pièces de pâtisserie, des oiseaux rares, des cerfs, des poissons, des lièvres. On répandait chez lui plus de vin sous la table que bien d'autres n'en ont dans leurs celliers. — Mais c'est un rêve qu'une pareille extravagance ! — Aussi, lorsqu'il vit son crédit chanceler, de peur que ses créanciers ne s'imaginassent qu'il en était aux expédiens, il fit afficher cet avis :

JULIUS PROCULUS
VENDRA A L'ENCAN LE SUPERFLU DE SON MOBILIER.

## CAPUT XXXIX.

Interpellavit tam dulces fabulas Trimalchio : nam jam sublatum erat ferculum, hilaresque convivae vino, sermonibusque publicatis operam coeperant dare. Is ergo reclinatus in cubitum, — Hoc vinum, inquit, vos oportet suave faciatis : pisces natare oportet. Rogo, me putatis illa coena esse contentum, quam in theca repositorii videratis? sic notus Ulyxes? Quid ergo est? oportet etiam inter coenandum philologiam nosse. Patrono meo ossa bene quiescant ! qui me hominem inter homines voluit esse. Nam mihi nihil novi potest afferri : sic ille fericulus lucem a me habebit, proximi. Coelus hic, in quo duodecim dii habitant, in totidem se figuras convertit, et modo fit Aries. Itaque quisquis nascitur illo signo, multa pecora habet, multum lanae: caput praeterea durum, frontem expudoratam, cornu acutum. Plurimi hoc signo scholastici nascuntur, et arietilli. — Laudamus urbanitatem mathematici; itaque adjecit: — Deinde totus coelus Taurulus fit. Itaque tunc calcitrosi nascuntur, et bubulci, et qui se ipsi pascunt. In Geminis autem nascuntur bigae, et boves, et colei, et qui utrosque parietes linunt. In Cancro ego natus sum: ideo multis pedibus sto, et in mari, et in terra multa possideo. Nam cancer, et hoc, et illoc quadrat; et ideo jamdudum nihil super

## CHAPITRE XXXIX.

Trimalchion interrompit cet agréable entretien. On avait déjà enlevé le second service, et, le vin excitant la gaîté des convives, la conversation était devenue générale. Alors notre hôte, les coudes appuyés sur la table : — Égayons notre vin, mes amis, et buvons assez pour mettre à la nage les poissons que nous avons mangés. Pensez-vous, dites-moi, que je me contente des mets qu'on nous a servis dans les compartimens de ce surtout que vous avez vu ? Qu'est-ce à dire ? Connaissez-vous si peu les ruses d'Ulysse ? Mais sachons cependant entremêler aux plaisirs de la table les dissertations savantes. Que la cendre de mon bienfaiteur repose en paix ! c'est à lui que je dois de jouer le rôle d'un homme parmi mes semblables. Aussi l'on ne peut rien me servir qui m'étonne par sa nouveauté : par exemple, je puis, mes chers amis, vous expliquer l'allégorie de ce globe. Le ciel est le séjour de douze divinités dont il prend tour à tour les différentes figures. Tantôt il est sous l'influence du Bélier, et tous ceux qui reçoivent le jour sous cette constellation possèdent de nombreux troupeaux et de la laine en abondance. Ils sont, en outre, entêtés, sans pudeur; ils aiment à heurter les gens. Ce signe préside à la naissance de la plupart des étudians et des déclamateurs. — Nous applaudîmes à la fine plaisanterie de notre astrologue; aussi s'empressa-t-il d'ajouter : — Le Taureau vient ensuite régner sur les cieux : alors naissent les gens hargneux, les bouviers et ceux qui n'ont d'autre occupation que de paître comme des brutes. Ceux qui nais-

illum posui, ne genesim meam premerem. In Leone cataphagæ nascuntur, et imperiosi. In Virgine mulieres, et fugitivi, et compediti. In Libra laniones, et unguentarii, et quicunque aliquid expendunt. In Scorpione venenarii, et percussores. In Sagittario strabones, qui olera spectant, lardum tollunt. In Capricorno ærumnosi, quibus præ mole sua cornua nascuntur. In Aquario caupones, et cucurbitæ. In Piscibus obsonatores, et rhetores. Sic orbis vertitur, tanquam mola; et semper aliquid mali facit, ut homines aut nascantur, aut pereant. Quod autem in medio cespitem videtis, et super cespitem favum: nihil sine ratione facto. Terra mater est in medio, quasi ovum corrotundata : et omnia bona in se habet, tanquam favus.

sent sous le signe des Gémeaux aiment à s'accoupler comme les deux chevaux d'un char, les deux taureaux d'une charrue et les deux organes de la génération ; ils brûlent également pour les deux sexes. Pour moi, j'ai reçu le jour sous le signe du Cancer ; comme cet animal amphibie, je marche sur plusieurs pieds, et mes possessions s'étendent sur l'un et l'autre élément : aussi, je n'ai placé sur ce signe qu'une couronne, pour ne pas défigurer mon horoscope. Sous le Lion naissent les grands mangeurs et ceux qui aiment à dominer ; sous la Vierge, les hommes efféminés, poltrons et destinés à porter des fers ; sous la Balance, les bouchers, les parfumeurs, et tous ceux qui vendent leurs marchandises au poids ; sous le Scorpion, les empoisonneurs et les meurtriers ; sous le Sagittaire, ces gens à l'œil louche, qui semblent regarder un objet et en dérobent un autre ; sous le Capricorne, les porte-faix, dont la peau devient calleuse à force de travail ; sous le Verseau, les cabaretiers et les gens à tête de citrouille ; sous les Poissons enfin, les sauciers et les rhéteurs. Ainsi tourne le monde, comme une meule, et ce mouvement de rotation nous apporte toujours quelque malheur, soit qu'il nous fasse naître ou mourir. Quant au gazon que vous voyez au milieu du globe, et au rayon de miel dont il est couvert, ce n'est pas sans raison ; car la terre, notre commune mère, arrondie comme un œuf, occupe le centre de l'univers ; et elle renferme dans son sein tous les biens désirables dont le miel est l'emblème.

## CAPUT XL.

Sophos universi clamamus, et sublatis manibus ad camaram, juramus, Hipparchum Aratumque comparandos illi homines non fuisse; donec advenerunt ministri, ac toralia proposuerunt toris, in quibus retia erant picta, subsessoresque cum venabulis, et totus venationis apparatus. Necdum sciebamus, quo mitteremus suspiciones nostras, quum extra triclinium clamor sublatus est ingens: et ecce canes laconici etiam circa mensam discurrere cœperunt. Secutum est hos repositorium, in quo positus erat primæ magnitudinis aper, et quidem pileatus, e cujus dentibus sportellæ dependebant duæ, palmulis textæ, altera caryotis, altera thebaicis repleta. Circa autem, minores porcelli, ex coptoplacentis facti, quasi uberibus imminerent, scropham esse positam significabant: et hi quidem apophoreta fuerunt. Ceterum ad scindendum aprum non ille Carpus accessit, qui altilia laceraverat; sed barbatus, ingens, fasciis cruralibus alligatus, et alicula subornatus polymita, strictoque venatorio cultro latus apri vehementer percussit, ex cujus plaga turdi evolaverunt. Parati aucupes cum arundinibus fuerunt, et eos, circa triclinium volitantes, momento exceperunt. Inde, quum suum cuique jussisset referri Trimalchio, adjecit: — Etiam videte, quam porcus ille silvaticus to-

## CHAPITRE XL.

Admirable ! s'écrièrent à la fois tous les convives, en levant les mains au ciel : chacun de nous jurait qu'Hipparque ni Aratus ne méritaient d'être comparés à Trimalchion. Ce concert d'éloges fut interrompu par l'entrée de valets qui étendirent sur nos lits des tapis où étaient représentés en broderie des filets, des piqueurs avec leurs épieux, enfin, tout l'attirail de la chasse. Nous ne savions encore ce que cela signifiait, lorsque tout-à-coup un grand bruit se fait entendre au dehors, et des chiens de Laconie, s'élançant dans la salle, se mettent à courir autour de la table. Ils étaient suivis d'un plateau sur lequel on portait un sanglier de la plus haute taille. Sa hure était coiffée d'un bonnet d'affranchi ; à ses défenses étaient suspendues deux corbeilles tissues de petites branches de palmier ; l'une remplie de dattes de Syrie, l'autre de dattes de la Thébaïde. Des marcassins, faits de pâte cuite au four, entouraient l'animal, comme s'ils eussent voulu se suspendre à ses mamelles, et nous indiquaient assez que c'était une laie : les convives à qui on les offrit eurent la permission de les emporter. Cette fois ce ne fut pas ce même Coupé, que nous avions vu dépecer les autres pièces, qui se présenta pour faire la dissection du sanglier ; mais un grand estafier, à longue barbe, dont les jambes étaient enveloppées de bandelettes, et qui portait un habit de chasseur. Tirant son couteau de chasse, il en donne un grand coup dans le ventre du sanglier : soudain, de son flanc entr'ouvert, s'échappe

tam comederit glandem. — Statim pueri ad sportellas accesserunt, quæ pendebant e dentibus, thebaicasque, et caryotas ad numerum divisere cœnantibus.

## CAPUT XLI.

Interim ego, qui privatum habebam secessum, in multas cogitationes diductus sum, quare aper pileatus intrasset. Postquam itaque omnes bucolesias consumsi, duravi interrogare illum interpretem meum, quid me torqueret. At ille: — Plane etiam hoc servus tuus indicare potest: non enim ænigma est, sed res aperta. Hic aper, quum heri summam cœnam vindicasset, a convivis dimissus: itaque hodie tanquam libertus in convivium revertitur. — Damnavi ego stuporem meum, et nihil amplius interrogavi, ne viderer nunquam inter honestos cœnasse. Dum hæc loquimur, puer speciosus, vitibus hederisque redimitus, modo Bromium, interdum Lyæum, Eviumque confessus, calathisco uvas circumtulit, et poemata domini sui acutissima voce traduxit. Ad quem sonum conversus Trimalchio: — Dionyse, inquit, *Liber esto!* —

une volée de grives. En vain les pauvres oiseaux cherchent à s'échapper en voltigeant autour de la salle; des oiseleurs, armés de roseaux enduits de glu, les rattrapent à l'instant ; et, par l'ordre de leur maître, en offrent une à chacun des convives. Alors Trimalchion :
— Voyez un peu si ce glouton de sanglier n'a pas avalé tout le gland de la forêt. — Aussitôt les esclaves courent aux corbeilles suspendues à ses défenses, et nous distribuent, par portions égales, les dattes de Syrie et de Thébaïde.

## CHAPITRE XLI.

Au milieu de tout ce mouvement, comme j'avais une place un peu séparée des autres, je me livrais à une foule de réflexions sur ce sanglier que l'on avait servi coiffé d'un bonnet d'affranchi. Après avoir épuisé toutes les conjectures les plus ridicules, je me hasardai à interroger de nouveau ce même voisin qui m'avait déjà servi d'interprète, et à lui exposer la cause de mon embarras : — Comment! me dit-il; mais votre esclave pourrait sans peine vous expliquer cela; car ce n'est pas une énigme. Rien de plus simple, en effet. Ce sanglier fut servi hier sur la fin du repas; les convives rassasiés le renvoyèrent sans y toucher ; c'était lui rendre sa liberté : aussi le voyez-vous reparaître aujourd'hui sur la table avec les attributs d'un affranchi. — Honteux de mon ignorance, je bornai là mes questions, dans la crainte de passer pour un homme qui n'avait jamais mangé en bonne compagnie. Pendant cet entretien, un jeune esclave d'une grande beauté, couronné de pampre et de lierre, faisait le tour de la table

Puer detraxit pileum apro, capitique suo imposuit. Tum Trimalchio rursus adjecit: — Non negabitis, me, inquit, habere Liberum patrem. — Laudamus dictum Trimalchionis, et circumeuntem puerum sane perbasiamus. Ab hoc ferculo Trimalchio ad lasanum surrexit. Nos libertatem sine tyranno nacti, coepimus invitare convivarum sermones. Clamat itaque primus, cum *Patrem* acina poposcisset: — Dies, inquit, nihil est; dum versas te, nox fit: itaque nihil est melius, quam de cubiculo recta in triclinium ire. Sic nondum frigus habuimus, nec nos balneus calfecit; tamen calda potio vestiarius est. Stamniátas duxi, et plane matus sum; vinus mihi in cerebrum abiit.

## CAPUT XLII.

Excepit Seleucus fabulæ partem: — Et ego, inquit, non quotidie lavor; baliscus enim fullo est. Aqua dentes habet, et corpus nostrum quotidie liquescit; sed, quum mulsi pultarium obduxi, frigori λαικάζειν dico. Nec

avec une corbeille de raisins qu'il présentait aux convives. Se donnant tour-à-tour les noms de Bromius, de Lyéus et d'Evius, il chantait d'une voix aiguë des vers que son maître avait composés. A ces accens, Trimalchion se tournant vers lui : — *Bacchus*, lui dit-il, *sois libre.* — L'esclave aussitôt décoiffe le sanglier de son bonnet, et le pose sur sa tête. Alors Trimalchion ajouta : — Vous avouerez que, chez moi, Bacchus est le père de la liberté, puisque je viens de l'affranchir. — Nous applaudîmes à ce bon mot du patron, et chacun à la ronde couvrit de baisers le jeune esclave. Pressé de satisfaire un besoin secret, Trimalchion quitta la table. Son départ, en nous délivrant d'un tyran importun, ranima la conversation des convives. L'un d'entre eux, le premier, ayant demandé des raisins à *Bacchus* : — Qu'est-ce qu'un jour? s'écria-t-il, un espace insensible : à peine a-t-on le temps de se retourner, que déjà la nuit vient. Ainsi donc rien de plus sage que de passer directement du lit à la table. On n'a pas encore eu le temps de se réfroidir, et l'on n'a pas besoin d'un bain pour se réchauffer : toutefois, une boisson chaude est la meilleure des fourrures. J'ai bu comme un Thrace, aussi je ne sais plus ce que je dis, et le vin m'a brouillé la cervelle.

## CHAPITRE XLII.

Seleucus, l'interrompant, prit la parole en ces termes : — Ni moi non plus, je ne me baigne pas tous les jours; le baigneur est un véritable foulon. L'eau a des dents invisibles qui rongent chaque jour notre corps et le minent insensiblement ; mais quand je me suis garni l'esto-

sane lavare potui, fui enim hodie in funus. Homo bellus, tam bonus Chrysanthus animam ebulliit : modo, modo me appellavit: videor mihi cum illo loqui. Heu! Utres inflati ambulamus, minoris quam muscæ sumus; quæ tamen aliquam virtutem habent: nos, non pluris sumus quam bullæ. Et quid? si non abstinax fuisset? quinque dies aquam in os suum non conjecit, non micam panis; tamen abiit. At plures medici illum perdiderunt, immo magis malus fatus ; medicus enim nihil aliud est quam animi consolatio. Tamen bene elatus est, convivali lecto, stragulis bonis; planctus est optime : manumisit aliquot; etiamsi maligne illum ploravit uxor. Quid? si non illam optime accepisset? sed mulier, quæ mulier? milvinum genus : nemini nihil boni facere oportet, æque est enim ac si in puteum conjicias : ei antiquus amor carcer est molestus.

## CAPUT XLIII.

Fuit Phileros, qui proclamavit : — Vivorum meminerimus: ille habet, quod sibi debebatur: honeste vixit, honeste obiit. Quid habet, quod queratur? ab asse cre-

mac d'une coupe de vin miellé, je me moque du froid. D'ailleurs, je n'ai pas pu me baigner aujourd'hui, car j'ai assisté à des funérailles, à celles d'un homme aimable, de cet excellent Chrysanthe, qui vient de rendre l'âme. Il m'appelait encore il n'y a qu'un instant : il me semble qu'il est là et que je lui parle. Hélas ! hélas ! l'homme n'est qu'une outre enflée de vent ! c'est moins qu'une mouche : car cet insecte a du moins quelques propriétés ; mais nous, nous ne sommes que des bulles d'eau. Que dirait-on, si Chrysanthe n'eût pas observé un régime sévère ? Pendant cinq jours, il n'est pas entré dans sa bouche une goutte d'eau, pas une miette de pain, et cependant il s'en est allé ! Mais il a eu affaire à un trop grand nombre de médecins, ou, plutôt, il a succombé à son mauvais destin ; car un médecin ne peut que soulager l'esprit. Quoi qu'il en soit, il a été conduit à sa dernière demeure avec les plus grands honneurs, sur son lit de festin, enveloppé de belles couvertures : il y avait un grand nombre de pleureuses à son convoi. Il a affranchi quelques esclaves ; aussi son épouse a fait à peine semblant de verser quelques larmes. Qu'aurait-elle fait, s'il ne l'avait pas bien traitée ? Mais les femmes ! qu'est-ce que les femmes ? elles sont de la nature du milan : leur faire du bien, c'est comme si l'on jetait son argent dans un puits. Une ancienne passion devient pour elles une prison insupportable.

## CHAPITRE XLIII.

Il y eut alors un certain Phileros, qui s'écria : — Ne pensons qu'aux vivans ! Chrysanthe a eu le sort qu'il méritait : il a vécu honorablement, on l'a traité honora-

vit, et paratus fuit quadrantem de stercore mordicus tollere. Itaque crevit; quidquid crevit, tanquam favus. Puto, me Hercules! illum reliquisse solida centum; et omnia in nummis habuit. De re tamen ego verum dicam, qui linguam caninam comedi. Duræ buccæ fuit, linguosus, discordia, non homo. Frater ejus fortis fuit, amicus amico, manu uncta, plena mensa: et inter initia malum passum ambulavit; sed recorrexit costas illius prima vindemia; vendidit enim vinum, quantum ipse voluit: et, quod illius mentum sustulit, hereditatem accepit, ex qua plus involavit, quam illi relictum est. Et ille stips, dum fratri suo irascitur, nescio cui terræ filio patrimonium elegavit. Longe fugit, quisquis suos fugit. Habuit autem oracularios servos, qui illum pessum dederunt. Nunquam autem recte faciet, qui cito credit; utique homo negotians: tamen verum, quod frunitus est, quamdiu vixit, cui datum est, quod non destinatum. Plane Fortunæ filius, in manu illius plumbum aurum fiebat. Facile est autem, ubi omnia quadrata currunt. Et quot putas illum annos secum tulisse? septuaginta, et supra; sed corneolus fuit, ætatem bene ferebat, niger, tanquam corvus. Noveram hominem olim molitorem, et adhuc salax erat; non, me Hercules! illum puto in domo canem reliquisse. Immo etiam puellarius erat; omnis Minervæ homo: nec improbo; hoc enim solum secum tulit.

blement après sa mort : qu'a-t-il à se plaindre ? Il n'avait pas un sou à son début, et il eût ramassé avec ses dents une obole dans un tas de fumier : aussi, s'est-il arrondi peu à peu, et s'est accru comme un rayon de miel. Je crois, sur ma foi, qu'il laisse cent mille écus de bien, et le tout argent comptant. Cependant je vous dirai toute la vérité sur son compte, car je suis la franchise même. Il avait la parole dure, il était grand parleur, et c'était la discorde en personne. Son frère était un homme de cœur, tout à ses amis; sa main était libérale, et sa table ouverte à tout le monde. A son début, il n'était pas bien solide sur ses jambes; mais il prit un maintien plus ferme à la première vendange : il vendit son vin au prix qu'il voulut ; et, ce qui le fit surtout marcher la tête haute, c'est qu'il fit un héritage dont il sut s'approprier une part plus considérable que celle qui lui avait été laissée. Alors Chrysanthe, furieux contre son frère, n'a-t-il pas fait la sottise de léguer son patrimoine à je ne sais quel intrigant, venu je ne sais d'où ? Fuir ses parens, c'est s'expatrier soi-même ; mais aussi il écoutait ses affranchis comme des oracles : ce sont eux qui l'ont engagé dans cette mauvaise voie. On ne peut rien faire de raisonnable, quand on se laisse trop facilement persuader, surtout un homme qui est dans le commerce : toutefois il est vrai de dire qu'il a fait de grands gains pendant sa vie, car il a reçu ce qui ne lui était pas même destiné. Ce fut un vrai fils de la Fortune, dans ses mains le plomb se changeait en or ; mais rien n'est difficile aux personnes à qui tout vient à souhait. A quel âge croyez-vous qu'il soit mort ? à soixante-dix ans et plus. Mais il avait une santé de fer, et portait son âge à merveille : il avait le poil noir

## CAPUT XLIV.

Hæc Phileros dixit; ista Ganymedes: — Narratis, quod nec ad cœlum, nec ad terram pertinet; quum interim nemo curat, quid annonam mordet. Non, me Hercules! hodie buccam panis invenire potui. Et quomodo? siccitas perseverat: jam annum esurio fui. Ædiles (male eveniat!) qui cum pistoribus colludunt: serva me, servabo te. Itaque populus minutus laborat; nam isti majores maxillæ semper Saturnalia agunt. O si haberemus illos leones, quos ego hic inveni, quum primum ex Asia veni! Illud erat vivere. Similia Siciliæ interioris ; sic arva siccitas perurebat, ut illis Jupiter iratus esset. Sed memini Safinium: tunc habitabat ad arcum veterem, me puero, piper, non homo. Is, quacunque ibat, terram adurebat; sed rectus, sed certus, amicus amico, cum quo audacter posses in tenebris micare. In curia autem quomodo? singulos velut pilas tractabat: nec schemas loquebatur, sed directim. Quum ageret porro in foro, sic illius vox crescebat, tanquam tuba; nec sudavit unquam, nec exspuit. Puto enim, nescio quid asiatici

comme un corbeau. Je l'avais connu autrefois fort débauché; et, vieux, c'était encore un rude compère : il ne respectait ni l'âge, ni le sexe; tout lui était bon. Qui pourrait l'en blâmer? le plaisir d'avoir joui, c'est tout ce qu'il emporte avec lui dans la tombe.

## CHAPITRE XLIV.

Ainsi parla Philéros; Ganymède reprit ainsi : — Tous ces vains propos n'intéressent ni le ciel ni la terre; et personne de vous ne songe à la famine qui nous menace. Je vous jure que, de toute la journée, je n'ai pu trouver à me procurer une bouchée de pain. Quelle en est la cause? la sécheresse qui dure toujours : il me semble que je suis à jeun depuis un an. Malheur aux édiles qui s'entendent avec les boulangers! Aide-moi, je t'aiderai, voilà ce qu'ils se disent entre eux : aussi le menu peuple souffre, pendant que ces sangsues nagent dans l'abondance. Oh! si nous avions encore parmi nous de ces hommes déterminés que je trouvai ici à mon retour d'Asie! C'est alors qu'il faisait bon vivre! La Sicile Intérieure avait éprouvé la même disette : la sécheresse avait brûlé les moissons de cette contrée, qu'on eût dite en butte au courroux de Jupiter. Mais à cette époque vivait Safinius (je m'en souviens, quoique je fusse bien jeune alors) : il demeurait auprès du vieil aquéduc. Ce n'était point un homme, mais un véritable tonnerre : partout où il passait, il mettait tout en combustion. D'ailleurs, homme droit, d'un commerce sûr, ami dévoué; vous eussiez pu, sans crainte, jouer à la mourre avec lui les yeux fermés. C'est au forum qu'il

habuisse. Et quam benignus? resalutare, nomina omnium reddere, tanquam unus de nobis. Itaque illo tempore annona pro luto erat. Asse panem, quem emisses, non potuisses cum altero devorare: nunc oculum bubulum vidi majorem. Heu, heu, quotidie pejus! hæc colonia retroversus crescit, tanquam cauda vituli! Sed quare non? habemus ædilem trium caunearum, qui sibi mavult assem, quam vitam nostram. Itaque domi gaudet: plus in die nummorum accipit, quam alter patrimonium habet. Jam scio unde acceperit denarios mille aureos; sed, si nos coleos haberemus, non tantum sibi placeret. Nunc populus est, domi leones, foras vulpes. Quod ad me attinet, jam pannos meos comedi, et, si perseverat hæc annona, casulas meas vendam. Quid enim futurum est, si nec dii, nec homines, ejus coloniæ miserentur? Ita meos fruniscar, ut ego puto omnia illa a cœlitibus fieri. Nemo enim cœlum cœlum putat, nemo jejunium servat, nemo Jovem pili facit; sed omnes, opertis oculis, bona sua computant. Antea stolatæ ibant, nudis pedibus, in clivum, passis capillis, mentibus puris, et Jovem aquam exorabant; itaque statim urceatim pluebat, et omnes ridebant: sic tunc, nunc, nunquam: nam ubi tanquam mures, ita dii pedes lanatos habent; quia nos religiosi non sumus, agri jacent.

fallait le voir ! il vous pelotait ses adversaires comme des balles. Il n'usait pas de détours en parlant, mais il allait droit son chemin. Lorsqu'il plaidait au barreau, sa voix grossissait peu à peu comme le son du clairon ; et jamais cependant on ne l'a vu ni suer, ni cracher : il avait le tempérament sec des Asiatiques. Et comme il était affable ! il rendait toujours un salut et appelait chacun par son nom : on l'eût pris pour un simple citoyen comme nous. Aussi, pendant son édilité, les vivres étaient pour rien. A cette époque, deux hommes affamés n'auraient pu manger un pain d'un sou : aujourd'hui, ceux qu'on nous vend au même prix ne sont pas gros comme l'œil d'un bœuf. Hélas ! hélas ! tout va de mal en pire dans ce pays; tout y croît à rebours, comme la queue d'un veau. Peut-on s'en étonner ? Nous avons, pour édile, un homme de néant, qui donnerait notre vie pour une obole. Aussi fait-il bombance chez lui, et reçoit-il plus d'argent en un jour, qu'un autre n'en possède pour tout son patrimoine. Je pourrais citer telle affaire qui lui a valu mille deniers d'or. Oh ! si nous avions un peu de sang dans les veines, il ne nous mènerait pas de la sorte ! Mais tel est le peuple aujourd'hui : brave comme un lion au logis, timide, au dehors, comme un renard. Quant à moi, j'ai déjà mangé le prix de mes habits; et, si la disette continue, je serai forcé, pour vivre, de vendre ma pauvre bicoque. Que devenir en effet, si ni les dieux ni les hommes ne prennent pitié de cette colonie ? Le ciel me soit en aide ! je crois que tout cela arrive par la volonté des immortels ; car, de nos jours, personne ne pense qu'il y ait un dieu au ciel : plus de jeûnes ; on estime Jupiter moins que rien ; mais tous, les yeux courbés vers la terre, ne songent qu'à compter leur or.

## CAPUT XLV.

Oro te, inquit Echion centonarius, melius loquere. Modo sic, modo sic, inquit rusticus (varium porcum perdiderat). Quod hodie non est, cras erit : sic vita truditur. Non, me Hercules! patria melior dici posset, si homines haberet; sed laborat hoc tempore ; nec hæc sola : non debemus delicati esse : ubique medius cœlus est. Tu, si aliubi fueris, dices, hic porcos coctos ambulare. Et ecce habituri sumus munus excellens in triduo, die festa, familia non lanistitia, sed plurimi liberti. Et Titus noster magnum animum habet, et est calidi cerebri, aut hoc, aut illud erit: notus utique : nam illi domesticus sum. Non est mixcix: ferrum optimum daturus est, sine fuga; carnarium in medio, ut amphitheatrum videat : et habet, unde. Relictum est illi sestertium tricenties (decessit illius pater). Male ut quadringenta impendat : non sentiet patrimonium illius, e sempiterno nominabitur. Jam mannos aliquot habet, e

Autrefois, les femmes, pieds nus, les cheveux épars, le front voilé, et surtout l'âme pure, allaient, sur les coteaux, implorer Jupiter Pluvieux. Aussitôt la pluie tombait par torrens, et tout le monde se livrait à la joie. Mais maintenant il n'en est pas ainsi. Oubliés dans leurs temples, les dieux ont toujours les pieds enveloppés de laine comme des souris ; aussi, pour prix de notre impiété, nos champs restent stériles.

## CHAPITRE XLV.

Parle mieux, je te prie, dit Échion, homme de pauvre apparence : tantôt d'une façon, tantôt d'une autre, comme disait ce paysan qui avait perdu un cochon bigarré : ce qui n'arrive pas aujourd'hui arrivera demain ; ainsi va le monde. Certes, il n'y aurait pas de meilleur pays que le nôtre, s'il était habité par d'honnêtes gens ; il souffre en ce moment, mais il n'est pas le seul. Il ne faut pas nous montrer si difficiles : le soleil luit pour tout le monde. Si tu étais ailleurs, tu dirais qu'ici les alouettes tombent toutes rôties. N'allons-nous pas avoir, dans trois jours, un spectacle magnifique ? un combat, non pas de simples gladiateurs, mais où l'on verra figurer un grand nombre d'affranchis ! Titus, mon maître, est un homme magnanime ; il a la tête chaude, et vous verrez quelque chose d'extraordinaire d'une manière ou de l'autre : je le connais mieux que personne, moi qui suis de sa maison. Ce ne sera pas un combat pour rire : mais il donnera aux combattans du fer bien trempé, ils n'auront pas la faculté de fuir, et les spectateurs verront un véritable carnage au milieu de l'arène. Il a de quoi fournir à de pareilles dé-

mulierem essedariam, et dispensatorem Glyconis, qui deprehensus est, quum dominam suam delectaretur. Ridebis populi rixam inter zelotypos, et amasiunculos. Glyco autem, sestertiarius homo, dispensatorem ad bestias dedit. Hoc est, se ipsum traducere. Quid servus peccavit, qui coactus est facere? magis illa matella digna fuit, quam taurus jactaret. Sed qui asinum non potest, stratum cædit. Quid autem Glycon putabat, Hermogenis filiam unquam bonum exitum facturam? Ille milvo volanti poterat ungues resecare. Colubra restem non parit. Glyco dedit suum os: itaque, quamdiu vixerit, habebit stigmam, nec illam nisi Orcus delebit: sed sibi quisque peccat. Sed subolfacio, quod nobis epulum daturus est Mammea; binos denarios mihi, et meis. Quod si hoc fecerit, eripiat Norbano totum favorem: scias, oportet, plenis velis hunc vecturum. Et revera, quid ille nobis boni fecit? Dedit gladiatores sestertiarios, jam decrepitos; quos si sufflasses, cecidissent: jam meliores bestiarios vidi occidi de lucerna; et quidem putares eos gallos gallinaceos. Alter gurdus, atta, alter loripes: tertiarius mortuus pro mortuo, qui habuit nervia præcisa. Unus alicujus staturæ fuit thræx, qui et ipse ad dictata pugnavit; ad summam, omnes postea secti sunt, adeo de magna turba ac hebete accesserant, plane fugæ meræ. Munus tamen, inquit, tibi dedi: et ego tibi plaudo.

penses; son père, en mourant, lui a laissé plus de trente millions de sesterces. Quand bien même il en dépenserait quatre cent mille mal-à-propos, sa fortune n'en souffrira pas, et il se fera une réputation impérissable de générosité. Il a déjà des petits chevaux barbes et une conductrice de chars à la gauloise : il a pris à son service le trésorier de Glycon qui s'est laissé surprendre dans les bras de sa maîtresse. Vous rirez bien de voir le peuple prendre parti dans cette affaire, les uns pour le mari jaloux, les autres pour l'amant favorisé. Quant à Glycon, ce riche malaisé, il a fait jeter aux bêtes son trésorier. C'est s'exposer au ridicule de gaîté de cœur. En quoi cet esclave est-il coupable? il a dû obéir aux volontés de sa maîtresse. C'était plutôt cette femme impudique qui méritait d'être mise en pièces par les taureaux ; mais quand on ne peut frapper l'âne, on frappe le bât. Comment, d'ailleurs, Glycon pouvait-il espérer que la fille d'Hermogène fît jamais une bonne fin? cela était aussi impossible que de couper les ongles d'un milan au plus haut de son vol; une couleuvre n'engendre pas une corde. Glycon! Glycon! tu as tendu la joue; aussi, tant que tu vivras, on y verra une tache que la mort seule peut effacer : du reste, les fautes sont personnelles. Je flaire d'avance le festin que Mammea doit nous donner ; il y aura, j'espère, deux deniers d'or pour moi et pour les miens. Si Mammea nous fait cette générosité, puisse-t-il supplanter entièrement Norbanus dans la faveur publique! Vous le verrez, j'en suis certain, voler à pleines voiles vers la fortune. Et, de bonne foi, quel bien nous a fait ce Norbanus? Il nous a offert en spectacle de misérables gladiateurs loués à vil prix, et déjà si vieux, si décrépits, qu'un souffle les eût renversés.

Computa: et tibi plus do, quam accepi. Manus manum lavat.

## CAPUT XLVI.

Videris mihi, Agamemnon, dicere: « Quid iste argutat molestus? » Quia tu, qui potes loquere, non loquis. Non es nostræ fasciæ, et ideo pauperum verba derides. Scimus, te præ litteris fatuum esse. Quid ergo est? Aliqua die te persuadeam, ut ad villam venias, et videas casulas nostras; inveniemus, quod manducemus: pullum, ova. Belle erit; etiamsi omnia hoc anno tempestas dispare pallavit. Inveniemus ergo, unde saturi fiamus. Etiam tibi discipulus crescit Cicaro meus; jam quatuor partes

J'ai vu des athlètes plus redoutables périr en combattant contre les bêtes, à la clarté des flambeaux : vous eussiez dit de véritables poules mouillées. L'un était si lourd, qu'il ne pouvait se traîner ; l'autre avait les pieds tortus ; un troisième, qui remplaça celui qui venait de périr, était lui-même à moitié mort, car il avait déjà les nerfs coupés. Il n'y en eut qu'un seul, Thrace de nation, qui fit assez bonne contenance ; encore ce gladiateur novice semblait-il répéter la leçon de son maître. A la fin, ils se firent tous quelque blessure pour terminer le combat. Ce n'était, en effet, que des gladiateurs à la douzaine, des poltrons, s'il en fut jamais. Cependant Norbanus me dit, en sortant : « Je vous ai donné un beau spectacle ! » Et moi, je vous ai applaudi. Comptons maintenant, et vous verrez que je vous ai donné plus que je n'ai reçu. Une main lave l'autre, dit le proverbe.

## CHAPITRE XLVI.

Il me semble, Agamemnon, vous entendre dire : « Que nous débite là ce bavard importun ? » Mais pourquoi, vous qui parlez si bien, gardez-vous le silence ? Vous avez plus d'éducation que nous, et vous riez de nos discours, à nous autres pauvres ignorans. Je n'ignore pas que vous êtes très-fier de votre savoir. Mais quoi ? ne pourrai-je pas quelque jour vous persuader de venir à la campagne visiter notre humble chaumière ; nous y trouverons, j'espère, de quoi manger : des poulets, des œufs. Nous y passerons agréablement le temps, quoique, cette année, l'intempérie de la saison ait

dicit; si vixerit, habebis ad latus servulum. Nam, quidquid illi vacat, caput de tabula non tollit: ingeniosus est, et bono filo, etiamsi in aves morbosus est. Ego illi jam tres cardueles occidi, et dixi, quod mustela comedit; invenit tamen alias. Versus etiam libentissime fingit. Ceterum jam Græculis calcem impingit. Et latinas cœpit non male appetere, etiamsi magister ejus sibi placens sit, nec uno loco consistat : novit quidem litteras, sed non vult laborare. Est et alter, non quidem doctus, sed curiosus, qui plus docet, quam scit. Itaque feriatis diebus solet domum venire, et, quidquid dederis, contentus est. Emi ergo nunc puero aliquot libra rubricata, quia volo, illum, ad domus usionem, aliquid de jure gustare ( habet hæc res panem ), nam litteris satis inquinatus est. Quod si resciverit, destinavi illum artificium aut tonsorium doceri, aut præconem, aut certe causidicum, quod illi auferre non possit, nisi Orcus. Ideo illi quotidie clamo: « Primigeni, crede mihi, quidquid discis, tibi discis. Vides Phileronem causidicum, si non didicisset, hodie famem a labris non abigeret. Modo, modo collo suo circumferebat onera venalia: nunc etiam adversus Norbanum se extendit. Litteræ thesaurum est, et artificium nunquam moritur. »

ruiné toutes les récoltes. Il y aura toujours de quoi satisfaire notre appétit. A propos, je vous élève un futur disciple dans mon petit Cicaron : il sait déjà quatre parties de l'oraison ; s'il vit, il sera sans cesse à vos côtés comme un petit esclave ; car, dès qu'il a un moment de loisir, il ne lève pas la tête de dessus son livre. Il est très-intelligent et d'un bon caractère : je n'ai à lui reprocher qu'un goût trop vif pour les oiseaux. Je lui ai déjà tué trois chardonnerets, et je lui ai dit que la belette les avait mangés : il en a cependant trouvé d'autres. Il se plaît aussi beaucoup à faire des vers. Au reste, il a déjà laissé de côté le grec, et il commence à se livrer avec beaucoup d'ardeur au latin, quoique son maître soit un pédant qui s'en fait trop accroire, et qui ne sait se fixer à rien : il ne manque pas assurément de connaissances, mais il ne travaille pas assez. Mon fils a aussi un autre maître, qui n'est pas un grand docteur sans doute, mais qui enseigne avec beaucoup de soin ce qu'il sait, et même ce qu'il ne sait pas. Il vient ordinairement chez moi les jours de fêtes, et se contente du moindre salaire. J'ai acheté depuis peu pour ce cher enfant des livres de chicane, parce que je veux qu'il ait quelque teinture du droit, pour diriger les affaires de la maison. C'est là un véritable gagne-pain ! Quant aux belles-lettres, il n'en a déjà la tête que trop farcie. S'il apprend bien le droit, j'ai résolu de lui faire apprendre quelque profession utile, comme celle de barbier ou de crieur public, ou tout au moins d'avocat ; un métier enfin qu'il ne puisse perdre qu'avec la vie. Aussi je lui répète chaque jour : « Mon fils aîné, crois-moi, tout ce que tu apprends n'est que pour toi seul. Regarde l'avocat Philéros ? s'il n'avait pas

## CAPUT XLVII.

Ejusmodi fabulæ vibrabant, quum Trimalchio intravit, et detersa fronte unguento, manus lavit, spatioque minimo interposito: — Ignoscite mihi (inquit), amici, multis jam diebus venter mihi non respondit: nec medici se inveniunt; profuit mihi tamen malicorium, et tæda ex aceto. Spero tamen, jam ventrem pudorem sibi imponere; alioquin circa stomachum mihi sonat, putes taurum. Itaque, si quis vestrum voluerit suæ rei causa facere, non est, quod illum pudeatur. Nemo nostrum solide natus est. Ego nullum puto tam magnum tormentum esse, quam continere. Hoc solum vetare ne Jovis potest. Rides, Fortunata! quæ soles me nocte desomnem facere. Nec tamen in triclinio ullum vetui facere, quod se juvet: et medici vetant continere; vel, si quid plus venit, omnia foras parata sunt: aqua, lasanum, et cetera minutalia. Credite mihi, anathymiasis si in cerebrum it, in toto corpore fluctum facit. Multos scio sic periisse, dum nolunt sibi verum dicere. — Gratias agimus liberalitati, indulgentiæque ejus, et subinde castigamus cre-

étudié, il mourrait de faim aujourd'hui. Naguère encore, ce n'était qu'un pauvre porte-faix; maintenant, il lutte de richesses avec Norbanus lui-même. La science est un vrai trésor, et un métier nourrit toujours son maître. »

## CHAPITRE XLVII.

Tels étaient les contes en l'air qu'ils débitaient tour-à-tour, lorsque Trimalchion rentra. Après avoir essuyé les parfums qui coulaient de son front, il se lava les mains, et, l'instant d'après : — Excusez-moi, dit-il, mes amis; depuis plusieurs jours mon ventre ne fait pas bien ses fonctions, et les médecins n'y connaissent rien. Cependant j'ai éprouvé quelque soulagement d'une infusion d'écorce de grenade et de sapin dans du vinaigre. J'espère toutefois que l'orage qui grondait dans mes entrailles va se calmer, autrement mon estomac retentirait d'un bruit semblable aux mugissemens d'un taureau. Au reste, si quelqu'un de vous éprouve un besoin semblable, il aurait tort de se gêner : personne de nous n'est exempt de cette infirmité. Pour moi, je ne crois pas qu'il y ait un plus grand tourment que celui de se contraindre en pareil cas. Jupiter lui-même nous ordonnerait en vain cet effort. Vous riez, Fortunata! vous, dont les bruyantes détonations m'empêchent toutes les nuits de fermer l'œil. Jamais je n'ai empêché mes convives de prendre à table toutes les libertés qui pouvaient les soulager. Les médecins défendent aussi de se retenir; et si l'un de vous se sentait pressé par un besoin plus urgent, il trouvera dehors de l'eau, une chaise, enfin une garderobe complète.

bris potiunculis risum. Nec adhuc sciebamus, nos in medio lautitiarum, quod aiunt, clivo laborare. Nam, commundatis ad symphoniam mensis, tres albi sues in triclinium adducti sunt, capistris et tintinnabulis culti, quorum unum bimum nomenculator esse dicebat, alterum trimum, tertium vero jam senem. Ego putabam, petauristarios intrasse, et porcos, sicut in circulis mos est, portenta aliqua facturos. Sed Trimalchio, exspectatione discussa: — Quem, inquit, ex eis vultis in cœnam statim fieri? Gallum enim gallinaceum, phasiacum, et ejusmodi nænias rustici faciunt: mei coci etiam vitulos, aeno coctos, solent facere. — Continuoque cocum vocari jussit, et, non exspectata electione nostra, maximum natu jussit occidi; et clara voce: — Ex quota decuria es? — Quum ille, ex quadragesima, respondisset: — Emtitius, an, inquit, domi natus es? — Neutrum, inquit cocus, sed testamento Pansæ tibi relictus sum. — Vide ergo, ait, ut diligenter ponas; si non, te jubebo in decuriam villicorum conjici. — Et quidem cocus, potentiæ admonitus, in culinam obsonium duxit.

Croyez-m'en, lorsque les flatuosités de l'estomac remontent au cerveau, tout le corps s'en ressent. J'ai vu plusieurs personnes mourir ainsi, faute de parler, par une fausse modestie. — Nous remerciâmes notre amphitrion de sa générosité et de son indulgence extrêmes; et, pour ne pas étouffer de rire, nous eûmes recours à de fréquentes rasades. Mais, hélas! nous ne savions pas que nous n'étions encore parvenus qu'à la moitié de ce splendide et interminable festin. En effet, lorsque l'on eut desservi les tables au son des instrumens, nous vîmes entrer dans la salle trois cochons blancs, muselés et ornés de clochettes. L'esclave qui les conduisait nous apprit que l'un avait deux ans, l'autre trois, et que le dernier était déjà vieux. Pour moi, je pensais que ces animaux qu'on venait d'introduire étaient de ces porcs acrobates qu'on voit figurer dans les cirques, et qu'ils allaient nous faire voir quelques tours merveilleux. Mais Trimalchion, dissipant notre incertitude : — Lequel des trois, nous dit-il, voulez-vous manger? on va vous l'apprêter sur-le-champ? Des cuisiniers de campagne font cuire un poulet, un faisan ou d'autres bagatelles; mais les miens font bouillir à la fois un veau tout entier. Qu'on appelle le cuisinier! — et sans nous laisser l'embarras du choix, il lui ordonne de tuer le porc le plus vieux. Puis, élevant la voix : — De quelle décurie es-tu? lui dit-il. — De la quarantième. — Es-tu né chez moi ou acheté? — Ni l'un, ni l'autre. Je vous ai été légué par le testament de Pansa. — Fais donc en sorte de me servir promptement ce cochon; sinon, je te fais reléguer dans la décurie des valets de basse-cour. — Le cuisinier n'eut

## CAPUT XLVIII.

Trimalchio autem miti ad nos vultu respexit; et : — Vinum, inquit, si non placet, mutabo : vos illud, oportet, bonum faciatis. Deorum beneficio non emo, sed nunc, quidquid ad salivam facit, in suburbano nascitur eo, quod ego adhuc non novi. Dicitur confine esse Tarracinensibus et Tarentinis. Nunc conjungere agellis Siciliam volo, ut, quum Africam libuerit ire, per meos fines navigem. Sed narra tu mihi, Agamemnon, quam controversiam hodie declamasti? ( Ego autem si causas non ago, in divisione tamen litteras didici; et, ne me putes studia fastiditum, tres bibliothecas habeo, unam græcam, alteras latinas.) Dic ergo, si me amas, peristasin declamationis tuæ. — Quum dixisset Agamemnon : «Pauper et dives inimici erant;» ait Trimalchio : — Quid est pauper? — Urbane, inquit Agamemnon, — et nescio quam controversiam exposuit. Statim Trimalchio : — Hoc, inquit, si factum est, controversia non est; si factum non est, nihil est. — Hæc aliaque quum effusissimis prosequeremur laudationibus, — Rogo, inquit, Agamemnon, mihi carissime, numquid duodecim ærumnas Herculis tenes, aut de Ulyxe fabulam, quemadmodum

pas plus tôt entendu cette menace d'un maître dont il connaissait le pouvoir, qu'il partit, entraînant le porc vers sa cuisine.

## CHAPITRE XLVIII.

Trimalchion, jetant alors sur nous un regard paternel : — Si ce vin n'est pas de votre goût, je vais le faire remplacer par d'autre. Ou bien, prouvez-moi que vous le trouvez bon, en y faisant honneur. Grâces au ciel, je ne l'achète pas ; car tout ce qui flatte ici votre goût, je le récolte dans une de mes métairies que je n'ai pas encore visitée. On dit qu'elle est située dans les environs de Terracine et de Tarente. A propos, j'ai envie de joindre la Sicile à quelques terres que j'ai de ce côté, afin que, lorsqu'il me prendra fantaisie de passer en Afrique, je puisse y aller sans sortir de mes domaines. Mais vous, Agamemnon, dites-moi quelle est la déclamation que vous avez prononcée aujourd'hui ? Tel que vous me voyez, si je ne plaide pas au barreau, j'ai cependant appris les belles-lettres par principes. Et n'allez pas croire que j'aie perdu le goût de l'étude, au contraire, j'ai trois bibliothèques, une grecque, et deux latines. Faites-moi donc l'amitié de me donner l'analyse de votre déclamation. — Agamemnon avait à peine prononcé ces mots : « Un pauvre et un riche étaient ennemis, » quand Trimalchion, l'interrompant : — Qu'est-ce qu'un pauvre ? lui dit-il. — Excellente plaisanterie ! reprit Agamemnon ; — et il lui débita je ne sais quelle discussion savante ; à quoi Trimalchion répliqua sur-le-champ : — Si c'est un fait réel, ce n'est pas une matière à discuter ; et si ce n'est pas un fait

illi Cyclops pollicem penicillo extorsit? Solebam haec ego puer apud Homerum legere. Nam Sibyllam quidem Cumis ego ipse oculis meis vidi in ampulla pendere; et quum illi pueri dicerent, Σιβύλλα, τί θέλεις; respondebat illa, ἀποθανεῖν θέλω.

## CAPUT XLIX.

Nondum efflaverat omnia, quum repositorium cum sue ingenti mensam occupavit. Mirari nos celeritatem coepimus, et jurare, ne gallum quidem gallinaceum tam cito percoqui potuisse; tanto quidem magis, quod longe major nobis porcus videbatur esse, quam paulo ante aper fuerat. Deinde magis magisque Trimalchio intuens eum: — Quid? Quid? inquit, porcus hic non est exenteratus? Non, me Hercules! est. Voca, voca cocum in medio. — Quum constitisset ad mensam cocus tristis, et diceret, se oblitum esse exenterare: — Quid oblitus? Trimalchio exclamat; putes, illum piper et cuminum non conjecisse? despolia. — Non fit mora: despoliatur cocus, atque inter duos tortores moestus consistit. Deprecari tamen omnes coeperunt, et dicere: —

réel, ce n'est rien du tout. — Voyant que nous nous répandions en éloges sur ce raisonnement, et d'autres de la même force; — Je vous prie, poursuivit-il, mon très-cher Agamemnon, vous souvenez-vous des douze travaux d'Hercule et de la fable d'Ulysse? comment le Cyclope lui abattit le pouce avec une baguette? Que de fois j'ai lu tout cela dans Homère, quand j'étais tout petit! Croiriez-vous que, moi qui vous parle, j'ai vu de mes propres yeux la sibylle de Cumes suspendue dans une fiole; et lorsque les enfans lui disaient : « Sibylle, que veux-tu? ». elle répondait : « Je veux mourir. »

## CHAPITRE XLIX.

Trimalchion n'avait pas encore débité toutes ses extravagances, lorsqu'on servit l'énorme porc sur un plateau qui couvrit une grande partie de la table. La compagnie aussitôt de se récrier sur la diligence du cuisinier; chacun jurait qu'il aurait fallu plus de temps à un autre pour cuire un poulet; et ce qui augmentait encore notre surprise, c'est que ce cochon nous paraissait beaucoup plus gros que le sanglier qu'on nous avait servi un peu auparavant. Cependant, Trimalchion l'examinant avec une attention toujours croissante : — Que vois-je? dit-il; ce porc n'est pas vidé! non, certes, il ne l'est pas. Courez, et faites-moi venir ici le cuisinier. — Le pauvre diable s'approche de la table, et, en tremblant, confesse qu'il l'a oublié. — Comment, oublié! s'écrie Trimalchion en fureur. Ne dirait-on pas, à l'entendre, qu'il a seulement négligé de l'assaisonner de poivre et de cumin? Allons, drôle, habit bas! — Aussitôt le cou-

Solet fieri, rogamus, mittas; postea si fecerit, nemo nostrum pro illo rogabit. — Ego crudelissimae severitatis, non potui me tenere, sed inclinatus ad aurem Agamemnonis: — Plane, inquam, hic debet servus esse nequissimus; aliquis oblivisceretur porcum exenterare? non, me Hercules! illi ignoscerem, si piscem praeterisset. — At non Trimalchio, qui, relaxato in hilaritatem vultu, — Ergo, inquit, quia tam malae memoriae es, palam nobis illum exentera. — Recepta cocus tunica cultrum arripuit, porcique ventrem hinc, atque illinc, timida manu secuit. Nec mora, ex plagis, ponderis inclinatione crescentibus, tomacula cum botulis effusa sunt.

## CAPUT L.

Plausum post hoc automatum familia dedit, et Gaio, feliciter! conclamavit: nec non cocus potione honoratus est, etiam argentea corona, poculumque in lance accepit corinthia. Quam quum Agamemnon propius consideraret, ait Trimalchio: — Solus sum, qui vera corinthia habeam. — Exspectabam, ut pro reliqua insolentia

pable est dépouillé de ses vêtemens et placé entre deux bourreaux. Sa mine triste et piteuse attendrit l'assemblée, et chacun s'empresse d'implorer sa grâce : — Ce n'est pas, disait-on, la première fois que pareille chose arrive ; veuillez, nous vous en prions, lui pardonner pour aujourd'hui ; mais, si jamais il y retombe, personne de nous n'intercèdera en sa faveur. — Je ne pus me défendre de traiter avec une sévérité beaucoup plus grande un pareil oubli ; et me penchant vers Agamemnon, je lui dis à l'oreille : — Cet esclave doit être un grand drôle. Oublier de vider un cochon ! par tous les dieux ! je ne lui pardonnerais pas même d'oublier de vider un poisson. — Il n'en fut pas de même de Trimalchion ; car, se déridant tout-à-coup : — Eh bien, lui dit-il en riant, puisque tu as si peu de mémoire, vide à l'instant ce porc devant nous. — Le cuisinier remet sa tunique, se saisit d'un couteau, et d'une main tremblante, ouvre en plusieurs endroits le ventre de l'animal. Soudain, entraînés par leur propre poids, des monceaux de boudins et de saucisses se font jour à travers ces ouvertures qu'ils élargissent en sortant.

## CHAPITRE L.

A la vue de ce prodige inattendu, tous les esclaves d'applaudir et de s'écrier : Vive Gaius ! Le cuisinier eut l'honneur de boire en notre présence ; de plus, il reçut une couronne d'argent. Or, comme la coupe dans laquelle il buvait était d'airain de Corinthe, et qu'Agamemnon en examinait de près le métal, Trimalchion lui dit : — Je suis le seul au monde qui possède du véritable Corinthe. — D'après son impertinence or-

diceret, sibi vasa Corintho afferri. Sed ille melius: — Et forsitan, inquit, quæris, quare solus corinthia vera possideam? Quia scilicet ærarius, a quo emo, Corinthus vocatur; quid est autem corinthium, nisi quis Corinthum habeat? Et, ne me putetis nesapium esse, valde bene scio, unde primum corinthia nata sint. Quum Ilium captum est, Annibal, homo vafer, et magnus scelio, omnes statuas æneas, et aureas, et argenteas in unum rogum congessit, et eas incendit; facta sunt in unum æra miscellanea. Ita ex hac massa fabri sustulerunt, et fecerunt catilla et parapsides statuncula. Sic corinthia nata sunt, ex omnibus unum, nec hoc, nec illud. Ignoscetis mihi, quod dixero: ego malo mihi vitrea; certi nolunt. Quod si non frangerentur, mallem mihi, quam aurum; nunc autem vilia sunt.

## CAPUT LI.

Fuit tamen faber, qui fecit phialam vitream, quæ non frangebatur. Admissus ergo Cæsarem est cum suo munere; deinde fecit reporrigere Cæsarem, et illam in pavimentum projecit. Cæsar non pote validius, quam expaverit; at ille sustulit phialam de terra: collisa erat,

dinaire, je m'attendais qu'il allait affirmer qu'on lui apportait tout exprès de Corinthe des vases pour son usage; mais il s'en tira mieux que je ne pensais. — Vous allez peut-être, dit-il, me demander comment il se fait que je possède seul de véritables vases de Corinthe? rien de plus simple; c'est que l'ouvrier qui me les fabrique s'appelle Corinthe: or, qui peut se vanter d'avoir des ouvrages de Corinthe, si ce n'est celui qui a Corinthe au nombre de ses esclaves? Mais n'allez pas, toutefois, me prendre pour un ignorant. Je sais tout aussi bien que vous l'origine première de ce métal. Après la prise de Troie, Annibal, homme rusé et fieffé voleur, fit main-basse sur toutes les statues d'airain, d'or et d'argent qu'il put trouver; les fit jeter pêle-mêle sur un vaste bûcher, et y mit le feu : de leur fonte naquit ce métal mélangé. Ce fut une mine que les orfèvres exploitèrent pour faire des plats, des bassins et des figurines. Ainsi l'airain de Corinthe est né de l'alliage de ces trois métaux, et n'est pourtant ni or, ni argent, ni cuivre. Permettez-moi de vous dire que j'aimerais mieux pour mon usage des vases de verre; je sais que ce n'est pas l'opinion générale. Si le verre était malléable, je le préférerais à l'or même: tel qu'il est, on le méprise aujourd'hui.

## CHAPITRE LI.

Il y eut cependant autrefois un ouvrier qui fabriqua un vase de verre que l'on ne pouvait briser. Il fut admis à l'honneur de l'offrir en don à César. Ensuite, l'ayant repris des mains de l'empereur, il le jeta sur le pavé. Le prince, à cette vue, fut effrayé au delà de toute expression; mais, lorsque l'ouvrier ramassa le vase, il n'était

tanquam vasum æneum. Deinde martiolum de sinu protulit, et phialam otio belle correxit. Hoc facto putabat se cœlum Jovis tenere; utique, postquam illi dixit: Numquid alius scit hanc condituram vitreorum? Vide modo. Postquam negavit, jussit illum Cæsar decollari; quia enim, si scitum esset, aurum pro luto haberemus.

## CAPUT LII.

In argento plane studiosus sum. Habeo scyphos urnales, plus minus. Quemadmodum Cassandra occidit filios suos: et pueri mortui jacent sic, uti vere putes. Habeo capidem, quam reliquit patrono meo Mys, ubi Dædalus Nioben in equum trojanum includit. Jam Hermerotis pugnas et Petractis in poculis habeo: omnia ponderosa; meum enim, intellige, nulla pecunia vendo. — Hæc dum refert, puer calicem projecit; ad quem respiciens Trimalchio, — Cito, inquit, te ipsum cæde, quia nugax es. — Statim puer, demisso labro, orare. At ille, — Quid me, inquit, rogas? tanquam ego tibi molestus sim: suadeo, a te impetres, ne sis nugax. — Tandem ergo, exoratus a nobis, missionem dedit puero. Illo dimisso circa mensam percucurrit, et: — Aquam foras! vinum

que légèrement bossué, comme l'eût été un vase d'airain. Tirant alors un petit marteau de sa ceinture, notre homme, sans se presser, le répare avec adresse et lui rend sa forme première. Cela fait, il crut voir l'Olympe s'ouvrir devant lui, surtout lorsque l'empereur lui dit: « Quelque autre que toi sait-il l'art de fabriquer du verre semblable? prends bien garde à ce que tu vas dire!» L'ouvrier ayant répondu que lui seul possédait ce secret, César lui fit trancher la tête, sous prétexte que, si cet art venait à se répandre, l'or et l'argent perdraient toute leur valeur.

## CHAPITRE LII.

Pour moi, je suis très-curieux d'ouvrages d'argent; j'ai de ce métal des coupes qui contiennent environ une urne, plus ou moins : le ciseau y a gravé Cassandre égorgeant ses fils; les cadavres de ces enfans sont d'une si grande vérité, qu'on dirait la nature. Je possède une aiguière que le célèbre Mys a léguée à mon patron : on y voit Dédale enfermant Niobé dans le cheval de Troie. J'ai aussi des coupes représentant les combats d'Herméros et de Pétracte, toutes du plus grand poids; car, voyez-vous, ce que j'ai une fois acheté, je ne le cède à aucun prix. — Tandis qu'il divaguait de la sorte, un valet laisse tomber une coupe; Trimalchion se tournant vers lui : — Allons, vite, punis-toi toi-même de ton étourderie. — Déjà l'esclave ouvrait la bouche pour implorer sa clémence, quand Trimalchion : — Quelle grâce me demandes-tu, ne dirait-on pas que je te veux du mal? Je te conseille seulement de prendre garde à ne plus être si étourdi.— Enfin, cédant à nos prières, il lui par-

intro! clamavit. — Excipimus urbanitatem jocantis, et ante omnes Agamemnon, qui sciebat, quibus meritis revocaretur ad coenam. Ceterum laudatus Trimalchio hilarius bibit. Etiam ebrio proximus, — Nemo, inquit, vestrum rogat Fortunatam meam ut saltet? credite mihi, cordacem nemo melius ducit. — Atque ipse, erectis supra frontem manibus, Syrum histrionem exhibebat, concinente tota familia: — Μὰ Δία perite, μὰ Δία! — Et prodisset in medium, nisi Fortunata ad aurem accessisset: et, credo, dixerit, non decere gravitatem ejus tam humiles ineptias. Nihil autem tam inæquale erat: nam modo Fortunatam reverebatur, modo ad naturam suam revertebatur.

## CAPUT LIII.

Et plane interpellavit saltationis libidinem actuarius, qui tanquam Urbis acta recitavit — VII calendas sextiles in prædio cumano, quod est Trimalchionis, nati sunt pueri xxx, puellæ xl, sublata in horreum, ex area, tritici millia modium quingenta: boves domiti quingenti. Eodem die Mithridates servus in crucem actus est, quia Gaii nostri genio maledixerat. Eodem die in arcam re-

donna. L'esclave ne fut pas plus tôt parti, que Trimalchion se mit à courir autour de la table en criant : — Plus d'eau ! plus d'eau ! le vin seul doit entrer céans ! — Nous accueillîmes par des applaudissemens cette plaisante saillie de notre hôte, surtout Agamemnon, qui savait comment il fallait s'y prendre pour être invité de nouveau à sa table. Encouragé par nos éloges, Trimalchion se mit gaîment à boire de plus belle ; et bientôt, à moitié ivre : — Aucun de vous, dit-il, n'invite ma chère Fortunata à danser ; personne cependant ne figure la Cordace avec plus de grâce. — Puis le voilà lui-même qui, levant les bras au dessus de sa tête, contrefait les gestes du bouffon Syrus, et toute la valetaille de chanter en chœur : — Par Jupiter, c'est admirable ! par Jupiter, rien n'est plus beau ! — Et notre homme allait se donner en spectacle à toute la compagnie, si Fortunata, s'approchant de son oreille, ne lui eût représenté sans doute que de pareilles niaiseries étaient indignes d'un homme de son importance. Je n'ai jamais vu d'humeur plus inégale : tantôt il se contenait, par respect pour Fortunata, tantôt il revenait à ses ignobles penchans.

## CHAPITRE LIII.

Mais, au moment où il allait se livrer à sa passion pour la danse, il fut interrompu par l'entrée d'un greffier qui, du même ton dont il aurait débité des actes publics, lut ce qui suit : — Le vii des calendes de juillet, il est né dans le domaine de Cumes, qui appartient à Trimalchion, trente garçons et quarante filles. On a transporté des granges dans les greniers cinq cent mille boisseaux de froment ; on a mis au joug cinq cents bœufs. Le même

latum est, quod collocari non potuit, sestertium centies. Eodem die incendium factum est in hortis Pompeianis ortum ex aedibus Nastae, villici. — Quid? inquit Trimalchio: quando mihi Pompeiani horti emti sunt? — Anno priore, inquit actuarius; et ideo in rationem nondum venerunt. — Excanduit Trimalchio, et, — Quicunque inquit, mihi fundi emti fuerint, nisi intra sextum mensem sciero, in rationes meas inferri veto. — Jam etiam edicta aedilium recitabantur: et saltuariorum testamenta, quibus Trimalchio cum elogio exheredabatur. Jam nomina villicorum: et repudiata a circumitore liberta, in balneatoris contubernio deprehensa: atriensis Baias relegatus: jam reus factus dispensator: et judicium inter cubicularios actum. Petauristarii autem venerunt: baro insulsissimus cum scalis constitit, puerumque jussit per gradus, et in summa parte, odaria saltare circulos deinde ardentes transire, et dentibus amphoram sustinere. Mirabatur haec solus Trimalchio, dicebatque ingratum artificium esse. Ceterum duo esse in rebus humanis, quae libentissime spectaret, petauristarios et coturnices; reliqua animalia, acroamata, tricas meras esse. — Nam et comoedos, inquit, emeram, et malui illos atellam facere, et choraulem meum jussi latine cantare.

jour, l'esclave Mithridate a été mis en croix pour avoir blasphémé contre le génie tutélaire de Gaïus, notre maître. Le même jour, on a remis dans la caisse dix millions de sesterces dont il n'a pas été possible de faire emploi. Le même jour, il y a eu dans les jardins de Pompée un incendie qui a pris naissance chez le fermier Nasta. — Qu'est-ce à dire? demanda Trimalchion; depuis quand m'a-t-on acheté les jardins de Pompée? — Depuis l'année dernière, répondit le greffier, et c'est pour cela qu'on ne les a pas encore portés en compte. — Trimalchion, bouillant de colère, s'écria : — Quels que soient à l'avenir les domaines que l'on m'achète, si l'on ne m'en donne pas avis dans les six mois, je défends qu'on me les porte en compte. — Alors, on lut les ordonnances des édiles et les testamens des gardes des forêts, qui déshéritaient Trimalchion; mais avec des raisons pour s'en excuser. Ensuite venait le rôle de ses fermiers, et l'histoire d'une affranchie répudiée par l'inspecteur des domaines qui l'avait surprise en flagrant délit avec un garçon de bains; pourquoi le majordome avait été exilé à Baïes; comment le trésorier avait été convaincu de malversation; enfin le jugement intervenu entre les valets de chambre. Au beau milieu de cette lecture, entrèrent des danseurs de corde. Un de ces insipides baladins dressa une échelle, et ordonna à un jeune enfant d'en grimper tous les échelons jusqu'au dernier en dansant et en chantant; de passer à travers des cercles enflammés et de porter une cruche avec ses dents. Trimalchion seul admirait ces tours de force, en regrettant qu'un si bel art fût si mal récompensé. — Il n'y a, dans la vie, disait-il, que deux sortes de spectacles que j'aie plaisir à voir : les voltigeurs et les combats de cailles; quant à tous les autres animaux et

## CAPUT LIV.

Quum maxime hæc dicente Gaio, puer in eum delapsus est. Conclamavit familia, nec minus convivæ, non propter hominem tam putidum, cujus etiam cervices fractas libenter vidissent, sed propter malum exitum cœnæ, ne necesse haberent, alienum mortuum plorare. Ipse Trimalchio quum graviter ingemuisset, superque brachium tanquam læsum incubuisset, concurrere medici, et inter primos Fortunata, crinibus passis, cum scypho, miseramque se atque infelicem proclamavit. Nam puer quidem, qui ceciderat, circumibat jam dudum pedes nostros, et missionem rogabat. Pessime mihi erat, ne his precibus perridiculæ aliquid catastrophæ quæreretur. Nec enim adhuc exciderat cocus ille, qui oblitus fuerat porcum exenterare. Itaque totum circumspicere triclinium cœpi, ne per parietem automaton aliquod exiret; utique, postquam servus verberari cœpit, qui brachium domini contusum alba potius, quam conchyliata, involverat lana. Nec longe aberravit suspicio mea; in vicem enim pœnæ venit decretum Trimalchionis, quo

bouffons, ce sont de véritables leurres de dupes. — J'ai fait une fois la folie d'acheter une troupe de comédiens; mais j'ai voulu qu'ils se bornassent à représenter des farces atellanes, et j'ai donné l'ordre à mon chef d'orchestre de ne jouer que des airs latins.

## CHAPITRE LIV.

Au moment où Trimalchion débitait ces niaiseries, l'enfant du baladin tomba sur lui. Aussitôt toute la valetaille de jeter de grands cris, et les convives de l'imiter, non qu'ils fussent touchés de la souffrance d'un être aussi dégoûtant, car chacun d'eux eût été ravi de lui voir rompre le cou; mais ils craignaient que le festin ne finît tristement, et qu'ils ne fussent obligés de pleurer aux funérailles d'un étranger. Cependant Trimalchion poussait de longs gémissemens, et se penchait sur son bras, comme s'il y eût reçu une blessure grave. Les médecins accoururent; mais la plus empressée était Fortunata, qui, les cheveux épars et une potion à la main, s'écriait qu'elle était la plus misérable, la plus infortunée des femmes. Quant à l'enfant dont la chute avait causé cet accident, il se traînait à nos genoux en implorant son pardon : loin d'être ému de ses prières, je craignais seulement que ce ne fût encore une comédie dont le dénoûment amènerait quelque catastrophe ridicule; car je n'avais pas encore oublié l'histoire du cuisinier qui avait oublié de vider le porc. Aussi je parcourais des yeux toute la salle pour voir si les murs n'allaient pas s'entr'ouvrir pour livrer passage à quelque apparition inattendue. Ce qui me confirma dans cette opinion, ce fut de voir châtier un esclave parce que, pour bander le bras malade

puerum jussit liberum esse, ne quis posset dicere, tantum virum esse a servo lividatum.

## CAPUT LV.

Comprobamus nos factum; et quam in præcipiti res humanæ essent, vario sermone garrimus. — Ita, inquit Trimalchio, non oportet hunc casum sine inscriptione transire; — statimque codicillos poposcit, et, non diu cogitatione distorta, hæc recitavit:

— Quod non exspectes, ex transverso fit,
Et supra nos Fortuna negotia curat.
Quare da nobis vina Falerna, puer.

— Sub hoc epigrammate cœpit poetarum esse mentio, diuque summa carminis penes Marsum Thracem commorata est; donec Trimalchio, — Rogo, inquit, magister, quid putes inter Ciceronem, et Publium interesse? Ego alterum puto disertiorem fuisse, alterum honestiorem. Quid enim his melius dici potest?

— Luxurie victa Martis marcent mœnia.
Tuo palato clausus pavo pascitur,
Plumato amictus aureo Babylonico;

de son maître, il s'était servi de laine blanche, et non de laine écarlate. Je ne me trompais guère ; car, au lieu de punir cet enfant, Trimalchion rendit un arrêt par lequel il lui rendait la liberté; pour qu'il ne fût pas dit qu'un personnage de son importance eût été blessé par un esclave.

## CHAPITRE LV.

Nous applaudîmes à cet acte de clémence, et nous fîmes des raisonnemens à perte de vue sur l'instabilité des choses humaines. — Cela est vrai, dit Trimalchion ; et un pareil accident ne se passera pas sans donner lieu à quelque impromptu. — Aussitôt il demanda ses tablettes, et, sans trop se torturer l'esprit, il nous récita les vers suivans : —

>Les biens, les maux sont incertains
>Comme le sort qui nous gouverne.
>Buvons ! dans des flots de Falerne,
>Esclaves, noyez nos chagrins.

— Cette épigramme amena la conversation sur les poètes, et depuis long-temps on s'accordait à donner la palme à Marsus de Thrace, lorsque Trimalchion s'adressant à Agamemnon : — Dites-moi, je vous prie, mon maître, quelle différence vous trouvez entre Cicéron et Publius ? Le premier, selon moi, est plus éloquent ; mais l'autre est plus moral. Que peut-on, par exemple, dire de mieux que ces vers ?

>Le luxe a vaincu Rome, et, sous d'indignes lois,
>La mollesse asservit la maîtresse des rois.
>Jadis, sous l'humble chaume, en des vases d'argile,

Gallina tibi Numidica, tibi gallus spado,
Ciconia etiam grata, peregrina, hospita,
Pietaticultrix, gracilipes, crotalistria,
Avis, exsul hiemis, titulus tepidi temporis,
Nequitiæ nidum in cacabo fecit meo.
Quo margarita cara, tribacca, ac Indica?
An ut matrona, ornata phaleris pelagiis,
Tollat pedes indomita in strato extraneo?
Smaragdum ad quam rem viridem pretiosum vitrum?
Quo Carchedonios optas ignes lapideos,
Nisi ut scintillent? Probitas est carbunculus.
Æquum est, induere nuptam ventum textilem,
Palam prostare nudam in nebula linea?

## CAPUT LVI.

Quod autem, inquit, putamus, secundum litteras difficillimum esse artificium? Ego puto medicum, et nummularium. Medicus, qui scit, quid homunciones intra præcordia sua habeant, et quando febris veniat. Etiamsi illos odi pessime, qui mihi jubent sæpe anatinam parari. Nummularius, qui per argentum æs videt. Sunt mutæ bestiæ laboriosissimæ, boves, et oves: boves, quorum beneficio panem manducamus: oves, quod lana illæ nos gloriosos faciunt. O facinus indignum! aliquis ovillam est, et tunicam habet. Apes enim ego divinas bestias puto, quæ mel vomunt: etiamsi dicitur illud a Jove af-

La faim assaisonnait un mets simple et facile.
Sous des lambris dorés, et dans un seul repas,
L'un dévore aujourd'hui les fruits de vingt climats.
Pour lui Chio mûrit sa liqueur purpurine ;
La poule numidique enrichit sa cuisine ;
L'oiseau cher à Junon, si fier de son éclat,
S'engraisse pour flatter son palais délicat ;
Que dis-je ? la cigogne, aimable voyageuse,
Vient orner à son tour sa table somptueuse.
L'autre voit sans courroux, chez vingt adorateurs,
Sa femme promener ses lubriques ardeurs.
Le digne époux ! aussi, voyez comme elle brille !
La perle orne son front, l'émeraude y scintille ;
Un voile transparent, de ses secrets appas,
Dessine les contours, et ne les cache pas.
Mais ces tissus, Phryné, gênent encor la vue :
Ose enfin au public te montrer toute nue !

## CHAPITRE LVI.

Quelle est, selon vous, ajouta-t-il, le métier le plus difficile à apprendre, après les belles-lettres ? Pour moi, je pense que c'est la médecine et la banque : en effet, le médecin sait ce que l'homme a dans ses entrailles, et quand la fièvre doit se déclarer ; quoique, d'ailleurs, je haïsse ces docteurs qui me prescrivent trop souvent le bouillon de canard : le banquier, à travers l'argent, sait découvrir l'alliage du cuivre. Il y a deux espèces d'animaux muets très-laborieux, le bœuf et la brebis : le bœuf, à qui nous sommes redevables du pain que nous mangeons ; la brebis, dont la laine nous donne ces habits dont nous sommes si fiers. Et cependant, ô comble de l'ingratitude ! l'homme n'hésite pas à man-

ferri; ideo autem pungunt, quia, ubicunque dulce est, ibi et acidum invenies. — Jam etiam philosophos de negotio dejiciebat, quum pittacia in scypho circumferri cœperunt. Puerque, super hoc positus officium, apophoreta recitavit : — Argentum sceleratum! allata est perna, supra quam acetabula erant posita; Cervical! offla collaris allata est; Seriphia, et contumelia! agriofragulæ datæ sunt, et contus cum malo. Porri, et Persica! flagellum, et cultrum accepit; Passeres et Muscarium! uvam passam, et mel atticum; Cœnatoria, et Forensia! offlam, et tabulas accepit. Canalem, et Pedalem! lepus et solea est allata; Murænam, et Litteram! murem cum rana alligatum, fascemque betæ. Diu risimus. Sexcenta hujusmodi fuerunt, quæ jam ceciderunt memoriæ meæ.

## CAPUT LVII.

Ceterum Ascyltos, intemperantis licentiæ, quum omnia sublatis manibus eluderet, et usque ad lacrymas rideret: unus ex conlibertis Trimalchionis excanduit, is

ger la brebis, oubliant qu'il lui doit sa tunique. Je pense aussi qu'elles ont un instinct divin, ces abeilles qui forgent le miel, bien qu'on prétende qu'elles le reçoivent de Jupiter. Mais aussi font-elles de violentes piqûres : pour nous montrer que la plus grande douceur est toujours accompagnée de quelque amertume. — Déjà Trimalchion tranchait du philosophe, lorsque l'on fit circuler autour de la table un vase qui contenait des billets de loterie. Un esclave, chargé de cet emploi, lisait à haute voix les lots qui étaient échus à chacun des convives : *Argent, cause de tous les crimes!* on apporta un jambon sur lequel il y avait un huilier; *Cravate!* on apporta une corde de potence ; *Absinthe et Affronts!* on apporta des fraises sauvages, un croc et une pomme. Pour un billet ainsi conçu : *Porreaux et Pêches*, un convive reçut un fouet et un couteau; pour un autre : *Passereaux et Chasse-mouche*, des raisins secs et du miel attique; pour un autre : *Robe de festin, et Robe de ville*, un gâteau, et des tablettes; pour un autre : *Canal et Mesure d'un pied*, on apporta un lièvre et une pantoufle; pour un autre enfin : *Murène et Lettre*, un rat d'eau lié avec une grenouille, et un paquet de poirée. Nous rîmes long-temps de ces lots bizarres, et de mille autres semblables, dont j'ai perdu la mémoire.

## CHAPITRE LVII.

Cependant Ascylte, levant les mains au ciel, se moquait, sans contrainte, de toutes ces niaiseries, dont il riait à gorge déployée. Cette conduite irrita un des af-

ipse, qui supra me discumbebat; et: — Quid rides, inquit, berbex? An tibi non placent lautitiæ domini mei? tu enim beatior es, et convivare melius soles? Ita tutelam hujus loci habeam propitiam, ut ego, si secundum illum discumberem, jam illi balatu interdixissem. Bellum pomum, qui irrideat alios. Larifuga nescio quis nocturnus, qui non valet lotium suum. Ad summam, si circumminxero illum, nesciet qua fugiat. Non, me Hercule! soleo cito fervere, sed in molli carne vermes nascuntur. Ridet: quid habet, quod rideat? Numquid patrem fœtus emit? Lana eques romanus es? et ego regis filius. Quare ergo servivisti? quia ipse me dedi in servitutem; et malui civis romanus esse, quam tributarius: et nunc spero, me sic vivere, ut nemini jocus sim. Homo inter homines sum, capite aperto ambulo: assem ærarium nemini debeo: constitutum habui nunquam: nemo mihi in foro dixit, « Redde quod debes. » Glebulas emi, lamellulas paravi: viginti ventres pasco, et canem: contubernalem meam redemi, ne quis sinu illius manus tergeret: mille denarios pro capite solvi: sevir gratis factus sum: spero, sic moriar, ut mortuus non erubescam. Tu autem tam laboriosus es, ut post te non respicias? in alio pediculum vides, in te ricinum non vides? tibi soli ridiculi videmur? Ecce magister tuus, homo major natus; placemus illi: tu lacticulosus, nec mu, nec ma ar-

franchis de Trimalchion, celui-là même qui était à table au dessus de moi : — Qu'as-tu donc à rire, pécore? s'écria-t-il. Est-ce que la magnificence de mon maître n'est point de ton goût? Sans doute tu es plus riche que lui, et tu fais meilleure chère? Que les lares protecteurs de cette maison me soient en aide! si j'étais auprès de lui, je l'aurais déjà empêché de braire. Voyez un peu le bel avorton, pour se moquer des autres! il m'a tout l'air d'un vagabond de nuit, qui ne vaut pas la corde qui servira à le pendre! Si je lâchais autour de lui le superflu de ma boisson, il ne saurait par où s'enfuir. Certes, je ne me mets pas aisément en colère; mais quand on se fait brebis, le loup vous mange. Il rit! qu'a-t-il à rire? On ne se choisit pas un père. Je vois à ta robe que tu es chevalier romain, et moi je suis le fils d'un roi. Pourquoi donc, diras-tu, as-tu été au service d'autrui? Parce qu'il m'a plu de me mettre en servitude, et que j'ai mieux aimé être citoyen romain que roi tributaire. Mais je compte maintenant vivre de telle sorte, que je ne serai plus le jouet de personne. Je suis un homme parmi les hommes, et je marche tête levée; je ne dois pas un sou à qui que ce soit. Je n'ai jamais reçu d'assignation; jamais un créancier ne m'a dit au forum : Rends-moi ce que tu me dois. J'ai acheté des terres, j'ai des lingots dans mon coffre-fort ; je nourris vingt bouches chaque jour, sans compter mon chien. J'ai payé mille deniers la liberté de ma femme, pour qu'un maître n'eût plus le droit de la prendre pour son essuie-main : on m'a conféré gratuitement la dignité de sévir, et j'espère n'avoir pas à rougir, après ma mort, de ma conduite en ce monde. Mais toi, tu as de si mauvaises affaires, que tu n'oses pas regarder derrière toi. Tu vois un fétu de

gutas? vasus fictilis, immo lorus in aqua, lentior, non melior. Tu beatior es? bis prande, bis coena. Ego fidem meam malo, quam thesauros. Ad summam, quisquam me bis poposcit? Annis quadraginta servivi; nemo tamen scit, utrum servus essem, an liber: et puer capillatus in hanc coloniam veni: adhuc basilica non erat facta. Dedi tamen operam, ut domino satisfacerem, homini malisto et dignitoso, cujus pluris erat unguis, quam tu totus es: et habebam in domo, qui mihi pedem opponerent, hac, illac: tamen (genio gratias!) enatavi. Hæc est vera athla : nam in ingenuum nasci, facilius est, quam accedere istoc. Quid nunc stupes, tanquam hircus Mercurialem?

## CAPUT LVIII.

Post hoc dictum Giton, qui ad pedes stabat, risum, jamdiu compressum, etiam indecenter effudit; quod quum animadvertisset adversarius Ascylti, flexit convicium

paille dans l'œil de ton voisin, et tu ne vois pas une poutre dans le tien. Il n'y a qu'un homme de ta trempe qui puisse nous trouver ridicules. Voici Agamemnon, ton maître, homme plus âgé que toi, qui cependant se plaît dans notre société : va, tu n'es qu'un bambin ; et si l'on te pressait le bout du nez, il en sortirait encore du lait. Vase d'argile ! tu ressembles au cuir trempé dans l'eau, qui, pour être plus souple, n'en est pas meilleur. Si tu es plus riche que les autres, dîne deux fois, soupe deux fois. Pour moi, j'estime plus ma conscience que tous les trésors du monde. M'a-t-on jamais demandé deux fois son argent? J'ai servi quarante ans; mais qui pourrait dire si j'étais esclave ou libre? Je n'étais encore qu'un enfant, et j'avais une longue chevelure, quand je vins dans cette colonie : à cette époque, la basilique n'était pas encore bâtie. Je fis tous mes efforts pour contenter mon maître, homme puissant et élevé en dignité, qui valait mieux dans son petit doigt que toi dans toute ta personne : je ne manquais pas d'ennemis dans sa maison qui cherchaient à me supplanter ; mais, grâce à mon bon génie, j'ai surnagé, et j'ai recueilli le prix de mes efforts : car il est plus facile de naître dans une condition libre, que d'y arriver par son mérite. Eh bien ! pourquoi restes-tu là bouche béante comme un bouc devant une statue de Mercure?

## CHAPITRE LVIII.

Lorsqu'il eut fini de parler, Giton, placé à table au dessous de lui, et qui depuis long-temps se mourait d'envie de rire, éclata tout à coup si bruyamment, que

in puerum; et: — Tu autem, inquit, etiam tu rides, pica cirrata? O Saturnalia! Rogo, mensis december est? Quando vicesimam numerasti? Quid faciat crucis offla? corvorum cibaria? Curabo, jam tibi Jovis iratus sit, et isti, qui tibi non imperat. Ita satur pane fiam, ut ego istud conliberto meo dono; alioquin jam tibi de præsentiarum reddidissem. Bene nos habemus; haud iste ganeo, qui tibi non imperat. Plane, qualis dominus, talis et servus. Vix me teneo; et sum natura caldicerebrius: quum cœpi, matrem meam dupondii non facio. Recte; videbo te in publicum, mus, immo terræ tuber. Nec sursum, nec deorsum non crescam, nisi dominum tuum in rutæ folium non conjecero! nec tibi parcero, licet, me Hercules! Jovem Olympium clames: curabo, longior tibi sit comula ista bessalis, et dominus dupondiarius recte, veniet sub dentem: aut ego non me novi, aut non deridebis, licet barbam auream habeas. Sagana tibi irata sit, curabo, et qui te primus condocefecit: non didici geometrias, critica et alogias nænias, sed lapidarias litteras scio, partes centum dico, ad æs, ad pondus, ad nummum. Ad summam, si quid vis, ego et tu, sponsiunculam? ecce: defero lemma. Jam scies, patrem tuum mercedes perdidisse; quamvis et rhetoricam scis. Ecce qui de nobis longe venit, late venit? Solve me : dicam tibi. Qui de nobis currit, et de loco non movetur? qui de nobis

l'antagoniste d'Ascylte, l'ayant aperçu, tourna contre cet enfant toute sa colère : — Et toi aussi, lui dit-il, tu ris, petite pie huppée? Voici les Saturnales! Sommes-nous donc, je te prie, au mois de décembre? Quand as-tu payé l'impôt du vingtième pour être libre? Voyez un peu l'audace de ce gibier de potence, vraie pâture de corbeaux! Puisse Jupiter faire tomber tout son courroux sur toi et sur ton maître qui ne sait pas te faire taire! puissé-je perdre le goût du pain, si je ne t'épargne par respect pour notre hôte, mon ancien camarade! sans sa présence, je t'aurais châtié sur-le-champ. Nous nous en trouvons bien ici; mais il n'en est pas de même de ton débauché de maître, qui ne sait pas te faire rentrer dans ton devoir. On a bien raison de dire : tel maître, tel valet. J'ai peine à me contenir, car, de ma nature, j'ai la tête chaude, et, quand je suis une fois lancé, je ne connais personne, pas même ma propre mère. C'est bien! je te rencontrerai ailleurs, reptile! ver de terre! Puissé-je voir ma fortune renversée de fond en comble, si je ne force ton maître à se cacher dans un trou de souris! et je ne t'épargnerai pas non plus : oui, certes, quand bien même tu appellerais à ton secours le grand Jupiter, je t'allongerai encore ta chevelure d'une aune : toi et ton digne maître, vous tomberez tous deux sous ma griffe. Ou je ne me connais pas, ou tu perdras pour long-temps l'envie de me railler, quand tu aurais une barbe d'or, comme nos dieux. J'attirerai les maléfices de la sorcière Sagana sur toi et sur celui qui le premier a pris soin de ton éducation. Je n'ai pas appris, moi, la géométrie, la critique, et autres bagatelles semblables; mais je connais le style lapidaire, et je sais faire la division en cent parties, selon le métal, le poids, la

crescit, et minor fit. Curris, stupes, satagis, tanquam mus in matella. Ergo aut tace, aut meliorem noli molestare, qui te natum non putat; nisi, si me judicas annulos buxeos curare, quos amicæ tuæ involasti. Occupo nem propitium! eamus in forum, et pecunias mutuemur Jam scies, hoc ferrum fidem habere. Vah! bella res est, volpis uda! Ita lucrum faciam; et ita bene moriar, u populus per exitum meum juret, nisi te, toga ubique perversa, fuero persecutus. Bella res et iste, qui te hæ docet! Mufrius nos magister (didicimus enim), doceba magister: « Sunt vestra salva? recta domum, cave, cii cumspicias; cave, majorem maledicas; haud numera ma palia. Aliter nemo dupondium evadit. » Ego, quod me si vides, propter artificium meum diis gratias ago.

monnaie. Enfin, si tu veux, nous ferons, toi et moi, une gageure. Voyons, je t'abandonne le choix du sujet. Je veux te convaincre que ton père a perdu son argent à te faire étudier, quoique tu saches la rhétorique. Dis-moi quel est celui de nous qui vient lentement et qui va loin? Paie-moi, et je te le dirai. Quel est celui qui court et qui ne bouge pas de place? quel est celui qui croît et devient plus petit? Tu t'agites, tu restes la bouche béante, tu te démènes comme une souris dans un pot de nuit. Tais-toi donc, ou ne moleste pas un homme qui vaut mieux que toi ; et qui ne s'était pas aperçu que tu fusses au monde. Crois-tu donc m'en imposer avec tes bagues couleur de buis, que tu as sans doute volées à ta maîtresse? Que Mercure nous soit en aide! allons tous deux sur la place, et empruntons de l'argent : tu verras si cet anneau de fer que je porte a quelque crédit. Ah! le joli garçon! il est confus comme un renard mouillé! Puissé-je gagner tant d'argent et mourir en si bonne réputation, que le peuple bénisse ma mémoire, comme il est vrai que je te poursuivrai partout, jusqu'à ce que je t'aie fait condamner par les magistrats. C'est aussi un joli garçon, que celui qui t'a si mal appris à vivre! Mufrius, notre maître, nous disait (car nous aussi, nous avons étudié); Mufrius nous disait : « Votre devoir est-il fini? allez tout droit à la maison, sans regarder autour de vous, sans injurier ceux qui sont plus âgés que vous, sans compter les échoppes : autrement, on ne parvient à rien. » Pour moi, je rends grâces aux dieux de l'industrie qui m'a élevé au rang que j'occupe.

## CAPUT LIX.

Cœperat Ascyltos respondere convicio, sed Trimalchio, delectatus conliberti eloquentia, — Agite, inquit, scordalias de medio; suaviter sit potius; et tu, Hermeros, parce adolescentulo: sanguen illi fervet, tu melior esto. *Semper in hac re qui vincitur, vincit.* Et tu, quum esses capo: coco, coco, æque cor non habebas. Simus ergo, quod melius est, apprime mites, hilares, et Homeristas speremus. — Intravit factio statim, hastisque scuta concrepuit: ipse Trimalchio in pulvino consedit, et quum Homeristæ græcis versibus colloquerentur, ut solent, insolenter ille canora voce latine legebat librum. Mox, silentio facto, — Scitis, inquit, quam fabulam agant? Diomedes et Ganymedes duo fratres fuerunt: horum soror erat Helena. Agamemnon illam rapuit, et Dianæ cervam subjecit. Ita nunc Homerus dicit, quemadmodum inter se pugnent Trojani et Parentini. Vicit scilicet, et Iphigeniam, filiam suam, Achilli dedit uxorem: ob eam rem Ajax insanit, et statim argumentum explicabit. — Hæc ut dixit Trimalchio, clamorem Homeristæ sustulerunt, interque familiam discurrentem vitulus, in lance decumana elixus, allatus est, et quidem galeatus. Secutus est Ajax, strictoque gladio, tanquam insaniret, concidit, ac modo versa, modo supina gesticulatus, mu-

## CHAPITRE LIX.

Ascylte commençait à répondre à ces invectives, quand Trimalchion, charmé de l'éloquence de son affranchi : — Laissez-là, leur dit-il, les injures, et ne songez qu'à vous réjouir. Toi, Herméros, tu devrais épargner ce jeune homme : le sang lui bout dans les veines ; montre-toi le plus raisonnable : dans ces sortes de combats, tout l'avantage est pour celui qui cède : lorsque tu n'étais qu'un chapon, *cocorico*, tu n'étais pas plus raisonnable que lui. Nous ferons bien mieux de reprendre notre humeur facile et joyeuse, en attendant les Homéristes. — Au même instant, une troupe de ces comédiens entra, en faisant retentir les boucliers du choc des lances : Trimalchion, pour les écouter, s'assied sur un carreau ; mais à peine les Homéristes eurent-ils commencé à déclamer des vers grecs, selon leur coutume, que, par un nouveau caprice, il se mit à lire à haute voix un livre latin. Puis bientôt, faisant faire silence : — Savez-vous, nous dit-il, quelle est la fable qu'ils représentent? Diomède et Ganymède étaient deux frères; Hélène était leur sœur. Agamemnon l'enleva, et lui substitua une biche, pour être immolée à Diane. Ainsi Homère, dans ce poëme, nous raconte les combats des Troyens et des Parentins. Agamemnon fut vainqueur, et donna sa fille Iphigénie en mariage à Achille. Cette union fut cause qu'Ajax perdit la raison, comme on va vous l'expliquer tout-à-l'heure. — Trimalchion parlait encore, quand les Homéristes jetèrent un grand cri, et des valets accoururent, portant sur un plat immense un veau

crone frusta collegit, mirantibusque vitulum partitus est.

## CAPUT LX.

Nec diu mirari licuit tam elegantes strophas; nam repente lacunaria sonare cœperunt, totumque triclinium intremuit. Consternatus ego exsurrexi, et timui, ne per tectum petauristarius aliquis descenderet: nec minus reliqui convivæ mirantes erexere vultus, exspectantes, quid novi de cœlo nuntiaretur. Ecce autem deductus lacunaribus subito circulus ingens, de cupa videlicet grandi excussus, demittitur, cujus per totum orbem coronæ aureæ, cum alabastris unguenti, pendebant. Dum hæc apophoreta jubemur sumere, respicimus ad mensam: jam illic repositorium cum placentis aliquot erat positum, quod medium Priapus, a pistore factus, tenebat, gremioque satis amplo omnis generis poma et uvas sustinebat, more vulgato. Avidius ad pompam manus porreximus, et repente nova ludorum remissio hilaritatem hic refecit. Omnes enim placentæ, omniaque poma, etiam minima vexatione contacta, cœperunt effundere crocum, et usque ad nos molestus humor accedere. Rati ergo, sacrum esse fericulum, tum religioso apparatu perfusi, consurrexi-

bouilli, qui avait un casque sur la tête. Derrière venait Ajax, qui, l'épée nue, et imitant les gestes d'un furieux, le découpa dans tous les sens ; puis, avec la pointe de son épée, en distribua successivement tous les morceaux aux convives émerveillés.

## CHAPITRE LX.

Nous eûmes à peine le temps d'admirer sa dextérité ; car, tout à coup le plancher supérieur vint à craquer avec un si grand bruit, que toute la salle du festin en trembla. Épouvanté, je me lève, dans la crainte que quelque danseur de corde ne tombât sur moi du plafond : les autres convives, non moins surpris, lèvent les yeux en l'air, pour voir quelle nouvelle apparition leur venait du ciel. Soudain, le lambris s'entr'ouvre, et un vaste cercle, se détachant de la coupole, descend sur nos têtes, et nous offre, dans son contour, des couronnes d'or, et des vases d'albâtre remplis de parfums. Invités à accepter ces présens, nous jetons les yeux sur la table, et nous la voyons couverte, comme par enchantement, d'un plateau sur lequel il y avait des gâteaux : une figure de Priape, en pâtisserie, en occupait le centre ; selon l'usage, il portait une grande corbeille pleine de raisins et de fruits de toute espèce. Déjà nous étendions une main avide vers ce splendide dessert, quand un nouveau divertissement vint ranimer notre gaîté languissante : au plus léger toucher, de tous ces gâteaux, de tous ces fruits jaillissaient des flots de safran qui, nous sautant au visage, nous inondaient d'une liqueur nauséabonde. Persuadés que ce Priape

mus altius, et Augusto, patri patriæ, Feliciter! diximus: quibusdam tamen, etiam post hanc venerationem, poma rapientibus, et ipsi iis mappas implevimus. Ego præcipue, qui nullo satis amplo munere putabam me onerare Gitonis sinum. Inter hæc tres pueri, candidas succincti tunicas, intraverunt: quorum duo Lares bullatos super mensam posuerunt; unus pateram vini circumferens, Dii propitii! clamabat. Aiebat autem, unum Cerdonem, alterum Felicionem, tertium Lucronem vocari. Nos etiam veram imaginem ipsius Trimalchionis, quum jam omnes basiarent, erubuimus præterire.

## CAPUT LXI.

Postquam ergo omnes bonam mentem, bonamque valetudinem sibi optarunt, Trimalchio ad Nicerotem respexit; et: — Solebas, inquit, suavius esse in convictu; nescio, quid nunc taces, nec mutis? Oro te, sic felicem me videas, narra illud, quod tibi usu venit. — Niceros delectatus affabilitate amici, — Omne me, inquit, lucrum transeat, nisi jamdudum gaudimonio dissilio, quod te talem video. Itaque hilaria mera sint, etsi timeo istos scholasticos, ne me derideant: viderint. Narrabo ta-

avait quelque chose de sacré, nous fîmes dévotement les libations d'usage, et, nous levant sur notre séant, nous criâmes : *Le ciel protège l'empereur, père de la patrie!* Après cet acte de religion, voyant quelques-uns des convives faire main basse sur les fruits, nous suivîmes leur exemple, moi surtout qui pensais ne pouvoir jamais en donner assez à mon cher Giton. Sur ces entrefaites, trois esclaves, vêtus de tuniques blanches, entrèrent dans la salle : deux d'entre eux posèrent sur la table des dieux lares, qui avaient des bulles d'or suspendues à leur cou ; le troisième, portant dans sa main une coupe pleine de vin, fit le tour de la table, et prononça à haute voix ces mots : *Aux dieux propices!* Or ces dieux, disait-il, s'appelaient Cerdon, Félicion et Lucron. On fit ensuite circuler une image très-ressemblante de Trimalchion ; et voyant que chacun la baisait à la ronde, nous n'osâmes nous dispenser d'en faire autant.

## CHAPITRE LXI.

Dès que tous les convives se furent souhaité mutuellement la santé du corps et celle de l'esprit, Trimalchion, se tournant vers Nicéros, lui dit : —Vous que j'ai toujours vu à table un véritable bout-en-train, je ne sais pourquoi vous vous taisez aujourd'hui, et ne parlez pas même à voix basse. Voyons, pour me faire plaisir, racontez-nous quelqu'une de vos aventures. — Charmé de ce compliment amical, Nicéros répondit : — Que jamais je n'obtienne un sourire de la Fortune, si depuis long-temps je ne tressaille de joie, à la vue du bonheur dont vous semblez jouir ! Livrons-nous donc sans contrainte à la gaîté. Je

men; quid enim mihi aufert, qui ridet? Satius est rideri, quam derideri.

Hæc ubi dicta dedit. . . . . . . . .

talem fabulam exorsus est. — Quum adhuc servirem, habitabamus in vico angusto (nunc Gavillæ domus est): ibi, quomodo dii volunt, amare cœpi uxorem Terentii cauponis: noveratis Melissam Tarentianam, pulcherrimum basioballum. Sed ego non, me Hercules! corporaliter, aut propter res venerarias curavi; sed magis, quod bene morata fuit. Si quid ab illa petii, nunquam mihi negatum fuit; si assem', si semissem habui, in illius sinum demandavi; nec unquam fefellit usum. Hujus contubernalis ad villam supremum diem obiit. Itaque per scutum, per ocream excogitavi, quemadmodum ad illam pervenirem: attamen in angustiis amici apparent.

## CAPUT LXII.

Forte dominus Capuæ exierat ad scruta scita expedienda. Nactus ego occasionem, persuadeo hospitem nostrum, ut mecum ad quintum milliarium veniat: erat autem miles fortis, tanquam Orcus. Apoculamus nos circa gallicinia (luna lucebat, tanquam meridie), venimus inter monumenta. Homo meus cœpit ad stellas facere: se-

vais vous raconter une histoire, bien que je craigne d'être
en butte aux sarcasmes de ces savans. A eux permis; ils
peuvent rire, cela ne m'ôtera pas une obole : mieux
vaut faire rire, que de prêter à rire.

Ayant ainsi parlé. . . . . . . . . .

il commença son récit en ces termes : — J'étais encore en service, et nous habitions cette petite rue où
est maintenant la maison de Gaville. Là, par la volonté
des dieux, je tombai amoureux de la femme de Térence, le cabaretier. Vous avez tous connu Mélisse de
Tarente; c'était bien le plus friand morceau qui fût au
monde. Toutefois, sur mon honneur, ce n'était point un
amour charnel, ou l'attrait du plaisir qui m'attachait
à elle ; mais plutôt ses bonnes qualités. Jamais elle ne
me refusait rien ; elle allait au devant de tous mes vœux.
Je lui confiais mes petites économies, et je n'eus jamais
à me repentir de ma confiance. Son mari mourut à la
campagne. Alors, je me mis l'esprit à la torture pour
inventer quelque moyen d'aller la rejoindre. C'est dans
les circonstances critiques que l'on connaît ses véritables
amis.

## CHAPITRE LXII.

Par un heureux hasard, mon maître était allé à
Capoue vendre quelques nippes d'assez bon débit. Profitant de cette occasion, je persuadai à notre hôte de
m'accompagner jusqu'à cinq milles de là. C'était un
soldat, brave comme un démon. Nous nous mettons
en route au premier chant du coq (la lune brillait,
et on y voyait clair comme en plein midi). Chemin

deo cantabundus, et stellas numero. Deinde ut respexi ad comitem: ille exuit se, et omnia vestimenta secundum viam posuit. Mihi, en, anima in naso esse: stabam, tanquam mortuus. At ille circumminxit vestimenta sua, et subito lupus factus est. Nolite, me jocari, putare: ut mentiar, nullius patrimonium tanti facio. Sed quid, quod coeperam dicere? postquam lupus factus est, ululare coepit, et in silvas fugit. Ego primitus nesciebam, ubi essem: deinde accessi, ut vestimenta ejus tollerem: illa autem lapidea facta sunt. Quis mori timore, nisi ego? Gladium tamen strinxi, et, mota vi tota, umbras caecidi, donec ad villam amicae meae pervenirem. Ut januam intravi, paene animam ebullivi: sudor mihi per bifurcum volabat: oculi mortui: vix unquam refectus sum. Melissa mea mirari coepit, quod tam sero ambularem; et:
— Si ante, inquit, venisses, saltem nobis adjutasses; lupus enim villam intravit, et omnia pecora: tanquam lanius sanguinem illis misit. Nec tamen derisit, etiamsi fugit; servus enim noster lancea collum ejus trajecit. Haec ut audivi, aperire oculos amplius non potui, sed luce clara hac nostri domum fugi, tanquam caupo compilatus: et, postquam veni in illum locum, in quo lapidea vestimenta erant facta, nihil inveni, nisi sanguinem. Ut vero domum veni, jacebat miles meus in lecto, tanquam bovis, et collum illius medicus curabat. Intellexi, illum

faisant, nous nous trouvâmes parmi des tombeaux. Soudain, voilà mon homme qui se met à conjurer les astres ; moi, je m'assieds et je fredonne un air, en comptant les étoiles. Puis ensuite, m'étant retourné vers mon compagnon, je le vis se dépouiller de tous ses habits, qu'il déposa sur le bord de la route. Alors, la mort sur les lèvres, je restai immobile comme un cadavre. Mais jugez de mon effroi, quand je le vis pisser tout autour de ses habits, et, au même instant, se transformer en loup. Ne croyez pas que je plaisante, je ne mentirais pas pour tout l'or du monde. Mais où donc en suis-je de mon récit? m'y voici. Lorsqu'il fut loup, il se mit à hurler, et s'enfuit dans les bois. D'abord, je ne savais où j'étais : ensuite, je m'approchai de ses habits pour les emporter : ils étaient changés en pierres. Si jamais homme dut mourir de frayeur, c'était moi. Cependant, j'eus le courage de tirer mon épée, et j'en frappai l'air de toute ma force, pour écarter les ombres de mon chemin, jusqu'à la maison de ma maîtresse. Dès que j'en eus franchi le seuil, je faillis rendre l'âme: une sueur froide me coulait de tous les membres ; mes yeux étaient morts, et l'on eut toutes les peines du monde à me faire revenir. Ma chère Mélisse me témoigna son étonnement de me voir arriver à une heure si avancée : « Si vous étiez venu plus tôt, me dit-elle, vous nous auriez été d'un grand secours ; un loup a pénétré dans la bergerie, et a égorgé tous nos moutons : c'était une véritable boucherie. Mais, bien qu'il se soit échappé, il n'a pas eu à s'applaudir de son expédition ; car un de nos valets lui a passé sa lance à travers le cou. » A ce récit, je vous laisse à penser si j'ouvris de grands yeux ; et comme le jour venait de paraître, je cou-

versipellem esse, nec postea cum illo panem gustare potui; non, si me occidisses. Viderint, qui de hoc aliter exopinassent: ego, si mentior, genios vestros iratos habeam.

## CAPUT LXIII.

Attonitis admiratione universis: — Salvo, inquit, tuo sermone, Trimalchio, si qua fides est, ut mihi pili inhorruerunt; quia scio, Nicerotem nihil nugarum narrare. Immo certus est, et minime linguosus; nam et ipse vobis rem horribilem narrabo. Asinus in tegulis. Quum adhuc capillatus essem (nam a puero vitam chiam gessi), Iphis nostri delicatus decessit, me Hercules! margaritum, egregius, et omnium numerûm. Quum ergo illum mater misella plangeret, et nos tum plures in tristimonio essemus: subito strigæ cœperunt, putares canem leporem persequi. Habebamus tunc hominem Cappadocem, longum, valde audaculum, et qui valebat Jovem iratum tollere. Hic audacter, stricto gladio, extra ostium præcucurrit, involuta manu sinistra curiose, et mulie-

rus à toutes jambes vers notre maison, comme un marchand détroussé par des voleurs. Lorsque j'arrivai à l'endroit où j'avais laissé les vêtemens changés en pierre, je n'y trouvai que du sang. Mais, en entrant au logis, je trouvai mon soldat étendu sur son lit : il saignait comme un bœuf, et un médecin était occupé à lui panser le cou. Je reconnus alors que c'était un loup-garou ; et, à dater de ce jour, on m'aurait assommé plutôt que de me faire manger un morceau de pain avec lui. Libre à ceux qui ne veulent pas me croire d'en penser ce qu'ils voudront ; mais, si je mens, que les dieux m'accablent du poids de leur courroux !

## CHAPITRE LXIII.

Ce récit nous laissa tous saisis d'étonnement : — Je vous crois, dit Trimalchion, et votre histoire m'a tellement frappé, que les cheveux m'en ont dressé sur la tête. Je connais Niceros, mes amis, il ne s'amuserait point à nous débiter des sornettes ; ce n'est point un hâbleur, et il mérite toute votre confiance. Je vais moi-même vous raconter quelque chose d'horrible, et d'aussi extraordinaire que de voir un âne marcher sur un toit. Je portais encore une longue chevelure (car, dès mon enfance, j'ai toujours mené une vie voluptueuse), quand Iphis, mes plus chères délices, vint à mourir : c'était, sur ma parole, un vrai bijou, un enfant charmant, accompli en un mot. Tandis que sa pauvre mère s'abandonnait à sa douleur, et que nous étions plusieurs auprès d'elle occupés à la consoler ; tout à coup des sorcières firent entendre au dehors un bruit semblable à celui de chiens qui poursuivent un lièvre. Nous avions alors parmi nous

rem, tanquam hoc loco (salvum sit, quod tango), mediam trajecit. Audimus gemitum; et (plane non mentiar), ipsas non vidimus. Baro autem noster introversus se projecit in lectum, et corpus totum lividum habebat, quasi flagellis cæsus, quod scilicet illum tetigerat mala manus. Nos, clauso ostio, redimus iterum ad officium; sed, dum mater amplexaret corpus filii sui, tangit, et videt manuciolum de stramentis factum: non cor habebat, non intestina, non quidquam: scilicet jam strigæ puerum involaverant, et supposuerant stramentitium vavatonem. Rogo vos, oportet, credatis, sunt mulieres plures sciæ, sunt nocturnæ, et quod sursum est, deorsum faciunt. Ceterum baro ille longus, post hoc factum, nunquam coloris sui fuit; immo post paucos dies phreneticus periit.

## CAPUT LXIV.

Miramur nos, et pariter credimus, osculatique mensam, rogamus nocturnas, ut suis se teneant, dum redimus a cœna. Et sane jam lucernæ mihi plures vide-

un Cappadocien, homme de haute taille et d'un courage à toute épreuve : il eût attaqué Jupiter, armé de sa foudre. Tirant donc son sabre d'un air résolu, et roulant avec soin son manteau autour de son bras gauche, il sort en courant de la maison, rencontre une de ces sorcières et lui passe son épée au travers du corps, à l'endroit que je touche ( que les dieux me préservent d'un pareil accident! ). Un gémissement frappa nos oreilles ; mais, pour ne pas mentir, nous ne vîmes pas les sorcières. En rentrant, notre brave se jeta sur un lit : tout son corps était couvert de taches livides, comme s'il eût été battu de verges ; c'est qu'il avait été touché par une *mauvaise main*. Nous fermons la porte, et nous reprenons auprès du défunt nos tristes fonctions ; mais, au moment où la mère se jetait sur le corps de son fils pour l'embrasser : ô surprise ! elle ne voit, elle ne touche qu'une espèce de mannequin rempli de paille, qui n'avait ni cœur ni entrailles, enfin rien d'humain. Sans doute les sorcières avaient emporté l'enfant, et lui avaient substitué ce vain simulacre. Dites-moi, je vous prie, si l'on peut, d'après cela, nier l'existence de ces femmes habiles dans les maléfices, qui, pendant la nuit, mettent tout sens-dessus-dessous. Cependant notre grand Cappadocien ne recouvra jamais sa couleur naturelle ; et même, à quelques jours de là, il mourut frénétique.

## CHAPITRE LXIV.

Notre étonnement redouble avec notre crédulité ; et, baisant religieusement la table, nous conjurons les sorcières de rester chez elles, et de ne pas nous troubler

bantur ardere, totumque triclinium esse mutatum; quum Trimalchio, — Tibi dico, inquit, Plocrime, nihil narras? nihil nos delectaris? et solebas suavis esse, canturire belle, diverbia adjicere melita. Heu! heu! abistis, dulces caricæ. — Jam, inquit ille, quadrigæ meæ decucurrerunt, ex quo podagricus factus sum: alioquin, quum essem adolescentulus, cantando pæne phthisicus factus sum. Quid saltare? quid diverbia? quid histrioniam? quem parem habui, nisi unum Apelletem? — Appositaque ad os manu, nescio quid tetrum exsibilavit, quod postea græcum esse affirmabat: nec non Trimalchio ipse, quum tubicines esset imitatus, ad delicias suas respexit, quem Crœsum appellabat. Puer autem lippus, sordidissimus dentibus, catellam nigram atque indecenter pinguem prasina involvebat fascia, panemque semissem ponebat supra torum, atque hac, nausea recusantem, saginabat. Quo admonitus officio Trimalchio, Scylacem jussit adduci, præsidium domus familiæque. Nec mora, ingentis formæ adductus est canis, catena vinctus; admonitusque ostiarii calce, ut cubaret, ante mensam se posuit. Tum Trimalchio, jactans candidum panem, — Nemo, inquit, in domo mea me plus amat. — Indignatus puer, quod Scylacem tam effuse laudaret, catellam in terram deposuit, hortatusque, ut ad rixam properaret: Scylax, canino scilicet usus ingenio, teterrimo la

dans notre retour au logis. Déjà, tant j'étais ivre, je voyais se multiplier à l'infini le nombre des lumières, et toute la salle du festin changer d'aspect ; lorsque Trimalchion dit à Plocrime : — En vérité, je ne te conçois pas, tu ne nous racontes rien ; tu ne dis rien pour nous amuser. Cependant, je t'ai connu un aimable convive ; tu chantais à ravir, tu nous déclamais des dialogues en vers ! hélas ! hélas ! tous nos plaisirs s'en sont allés ! — Il est vrai, répondit Plocrime, que j'ai bien enrayé, depuis que je suis devenu goutteux. Autrefois, quand j'étais jeune, je chantais jusqu'à m'en rendre poitrinaire ! Et la danse ! et les scènes de comédie ! et les tours de force ! je n'avais pas mon pareil pour tout cela, si ce n'est Apellète. — A ces mots, mettant sa main sur sa bouche, il nous fit entendre un horrible sifflement, qu'il nous dit ensuite être une imitation des Grecs. Trimalchion, à son tour, après avoir essayé de contrefaire les joueurs de flûte, se tourna vers l'objet de ses amours qu'il appelait Crésus. C'était un petit esclave chassieux, qui avait les dents toutes cariées : il s'amusait alors à envelopper d'un ruban vert une petite chienne noire, et grasse à faire peur. Ayant posé sur son lit un pain d'une demi-livre, il le faisait avaler, bon gré malgré, à la pauvre bête. Cela fut cause que Trimalchion, se souvenant de Scylax, le gardien de sa maison et de sa famille, le fit amener. L'instant d'après, nous vîmes entrer un chien d'une taille énorme : il était enchaîné ; mais un coup de pied du portier l'avertit de se coucher, et il s'étendit devant la table. Trimalchion lui jeta du pain blanc, en disant : — Il n'y a personne dans ma maison qui m'aime plus que cet animal. — Crésus, piqué des louanges qu'il donnait à Scylax, pose sa chienne à terre,

tratu triclinium implevit, Margaritamque Crœsi pene laceravit. Nec intra rixam tumultus constitit, sed candelabrum etiam supra mensam eversum, et vasa omnia crystallina comminuit, et oleo ferventi aliquot convivas respersit. Trimalchio, ne videretur jactura motus, basiavit puerum, ac jussit supra dorsum ascendere suum. Non moratur ille, usus equo, manuque plana scapulas ejus subinde verberavit, interque risum proclamavit: — Buccæ! buccæ! quot sunt hic? — Repressus ergo aliquamdiu Trimalchio camellam grandem jussit misceri, et potiones dividi omnibus servis, qui ad pedes sedebant, adjecta exceptione: — Si quis, inquit, noluerit accipere, caput illi perfunde. Interdiu severa, nunc hilaria.

## CAPUT LXV.

Hanc humanitatem insecutæ sunt matteæ, quarum etiam recordatio me, si qua est dicenti fides, offendit. Singulæ enim gallinæ altiles pro turdis circumlatæ sunt, et ova anserina pileata, quæ ut comessemus, ambitiosissime a nobis Trimalchio petiit, dicens, exossatas esse gallinas. Inter hæc triclinii valvas lictor percussit, amictusque veste alba, cum ingenti frequentia commissator

et l'agace de toutes ses forces au combat. Alors Scylax, selon l'instinct de sa race, remplit toute la salle du bruit de ses horribles aboiemens, et faillit mettre en pièces la Perle (c'était le nom de la chienne de Crésus); mais le tumulte ne se borna pas à cette querelle, car un des lustres tomba sur la table, et, brisant tous les vases qui s'y trouvaient, couvrit d'huile bouillante quelques-uns des convives. Trimalchion, pour ne pas paraître affecté de cette perte, embrassa son mignon, et lui ordonna de grimper sur son dos. Aussitôt fait que dit; Crésus enfourche sa monture, et lui frappe du plat de la main sur les épaules; puis, ouvrant les doigts de l'autre main, il s'écrie en riant : — Cornes! cornes! combien sont-elles? — Trimalchion, après avoir subi pendant quelque temps cette espèce de pénitence, donna l'ordre de remplir de vin un grand vase, et d'en verser à tous les esclaves qui étaient assis à nos pieds, avec cette restriction : — Si quelqu'un d'entre eux, dit-il, refusait de boire, qu'on lui jette le vin au travers du visage : je suis sévère pendant le jour; mais maintenant, vive la joie!

## CHAPITRE LXV.

Après cet acte de familiarité, on servit les mattées, dont le souvenir seul, vous pouvez m'en croire, me soulève encore le cœur : car, au lieu de grives, on offrit à chacun de nous une poularde grasse, des œufs d'oie farcis; et Trimalchion nous pria avec beaucoup d'instances d'y goûter, assurant que les poulardes étaient désossées. Nous en étions là du festin, lorsqu'un licteur frappa à la porte, et un nouveau convive, vêtu d'une robe blanche, entra dans la salle, suivi d'un nombreux

intravit. Ego, majestate conterritus, prætorem putabam venisse. Itaque tentavi assurgere, et nudos pedes in terram deferre. Risit hanc trepidationem Agamemnon, et, — Contine te, inquit, homo stultissime. Habinnas sevir est, idemque lapidarius, qui videtur monumenta optime facere. — Recreatus hoc sermone, reposui cubitum, Habinnamque intrantem cum admiratione ingenti spectabam. Ille autem, jam ebrius, uxoris suæ humeris imposuerat manus, oneratusque aliquot coronis, et unguento per frontem in oculos fluente, prætorio loco se posuit, continuoque vinum et caldam poposcit. Delectatus hac Trimalchio hilaritate, et ipse capaciorem poposcit scyphum, quæsivitque, quomodo acceptus esset? — Omnia, inquit, habuimus præter te, oculi enim mei hic erant: et, me Hercules! bene fuit. Scissa lautam novemdialem servo suo Misello faciebat, quem mortuum manumiserat: et, puto, cum vicesimariis magnam mantissam habet. Quinquaginta enim millibus æstimant mortuum. Sed tamen suaviter fuit, etiamsi coacti sumus dimidias potiones super ossicula ejus effundere.

cortège. Saisi d'une crainte respectueuse, à l'aspect de ce personnage, je crus que c'était le préteur. Dans cette pensée, j'allais me lever et descendre pieds nus sur le carreau. Mais Agamemnon, riant de mon empressement : — Fou que vous êtes, me dit-il, ne vous dérangez pas ; ce n'est rien, c'est le sévir Habinnas, marbrier de son métier, et qui passe pour un habile ouvrier en fait de tombeaux. — Rassuré par ces paroles, je me remis les coudes sur la table, non sans, toutefois, admirer l'entrée majestueuse du sévir. Il était déjà entre deux vins, et, pour se soutenir, s'appuyait sur l'épaule de sa femme ; de son front, orné de plusieurs couronnes, coulaient des ruisseaux de parfums qui lui tombaient sur les yeux. Il se mit sans façon à la place d'honneur, et sur-le-champ demanda du vin et de l'eau chaude. Charmé de son bachique enjouement, Trimalchion demanda aussi une plus grande coupe, et s'informa d'Habinnas comment on l'avait traité dans la maison d'où il sortait. — Nous avons eu tout à souhait, répondit-il : il ne nous manquait que vous ; car mon cœur était ici. Du reste, je vous jure, tout s'est très-bien passé. Scissa célébrait avec magnificence la neuvaine de Misellus, un de ses esclaves, qu'il n'avait affranchi qu'à l'article de la mort : outre l'impôt du vingtième qu'il y gagne, il a trouvé, je pense, une bonne succession ; car on n'estime pas à moins de cinquante mille écus les biens du défunt. Toutefois, nous avons fait un repas très-agréable, quoiqu'il nous ait fallu verser sur ses os la moitié de notre vin.

## CAPUT LXVI.

Tamen, inquit Trimalchio, quid habuisti in coenam? — Dicam, inquit, si potuero: nam tam bonae memoriae sum, ut frequenter nomen meum obliviscar. Habuimus tamen in primo porcum, botulo coronatum, et circa lucanicam, et gigeria optime facta, et cucurbitam, et panem autopyrum de suo sibi, quem ego malo quam candidum; et vires facit, et, quum meae rei causa facio, non ploro. Sequens ferculum fuit scriblita frigida, et supra mel caldum infusum excellens et hispanum: itaque de scriblita quidem non minimum edi; de melle me usque tetigi. Circa cicer et lupinum, calvae arbitratu, et mala singula; ego tamen duo sustuli, et ecce in mappa alligata habeo: nam, si aliquid muneris meo vernulae non tulero, habebo convicium. Bene me admonet domina mea. In prospectu habuimus ursinae frustum, de quo quum imprudens Scintilla gustasset, paene intestina sua vomuit. Ego contra plus libram comedi, nam ipsum aprum sapiebat. Et si, inquam, ursus homuncionem comest, quanto magis homuncio debet ursum comesse? In summo habuimus caseum mollem, et sapam, et cochleas singulas, et chordae frusta, et hepatia in catillis, et ova pileata, et rapam, et sinapi, et catillum concharum et par pelamidum; etiam in alveo circumlata sunt

## CHAPITRE LXVI.

Mais enfin que vous a-t-on servi ? reprit Trimalchion.— Je vais vous le dire, si je puis ; car j'ai si bonne mémoire qu'il m'arrive souvent d'oublier mon propre nom. Nous avons eu d'abord, au premier service, un porc couronné de boudins, et entouré de saucisses, des géziers très-bien accommodés, des citrouilles, et du pain bis de ménage, que je préfère au pain blanc, parce qu'il est fortifiant, laxatif, et me fait aller où vous savez sans pleurer. Le second service se composait d'une tarte froide, arrosée d'un miel d'Espagne chaud et délicieux : aussi je n'ai pas touché à la tarte : quant au miel, je m'en suis léché les doigts. A l'entour étaient des pois chiches, des lupins, des noix à foison, mais seulement une pomme pour chaque convive ; cependant j'en ai pris deux ; et, tenez, les voici roulées dans ma serviette : car si je n'apportais quelque petit cadeau de ce genre à mon esclave favori, il y aurait du bruit à la maison. Mais ma femme me fait souvenir d'un mets que j'allais oublier. On servit devant nous un morceau d'oursin, et Scintilla en ayant goûté, sans savoir ce que c'était, faillit vomir jusqu'à ses entrailles : pour moi, j'en ai mangé plus d'une livre, car il avait un fumet de sanglier à s'y méprendre. En effet, me disais-je, si les ours mangent les hommes, à plus forte raison, les hommes doivent manger les ours. Enfin, nous avons eu un fromage mou, du vin cuit, quelques escargots, des trippes hachées, des foies en caisses, des œufs chaperonnés, des raves, de la moutarde, un petit plat de coquillages, des biscuits, une couple de jeunes thons ; on fit aussi circuler, dans une

oxycomitra, unde quidam etiam improbiter nos pugno sustulerunt: nam perniæ missionem dedimus.

## CAPUT LXVII.

Sed narra mihi, Gai, rogo, Fortunata quare non recumbit? — Quomodo? nosti illam, inquit Trimalchio; nisi argentum composuerit, nisi reliquias pueris diviserit, aquam in os suum non conjiciet. — Atqui, respondit Habinnas, nisi illa discumbit, ego me apoculo; — et cœperat surgere, nisi, signo dato, Fortunata quater amplius a tota familia esset vocata. Venit ergo galbino succincta cingillo, ita ut infra cerasina appareret tunica, et periscelides tortæ, phœcasiaque inaurata. Tunc sudario manus tergens, quod in collo habebat, applicat se illi toro, in quo Scintilla Habinnæ discumbebat uxor, osculataque plaudentem, — Est te, inquit, videre? — Eo deinde perventum est, ut Fortunata armillas suas crassissimis detraheret lacertis, Scintillæque miranti ostenderet. Ultimo et periscelides resolvit, et reticulum aureum, quem ex obrussa esse dicebat. Notavit hæc Trimalchio, jussitque afferri omnia; et: — Videtis, inquit, mulieris compedes! Sic nos baceli despoliamur. Sex pondo et selibram debet habere, et ipse nihilominus habeo decem pondo armillam, ex millesimis Mercurii factam. — Ultimo etiam, ne mentiri videretur, stateram

petite nacelle, des olives marinées, que quelques convives nous disputèrent grossièrement à coups de poing : quant au jambon, nous le renvoyâmes sans y toucher.

## CHAPITRE LXVII.

Mais dites-moi, Gaïus, je vous prie; pourquoi Fortunata n'est-elle pas des nôtres? — Pourquoi? ne la connaissez-vous pas? Elle ne boirait pas même un verre d'eau avant d'avoir serré l'argenterie et distribué aux esclaves la desserte du repas. — Je le sais ; mais si elle ne se met pas à table, je vais me retirer.—Et, en effet, il faisait déjà le geste de se lever, lorsqu'à un signal donné par leur maître, tous les esclaves se mirent à appeler Fortunata à trois et quatre reprises. Elle arriva enfin. Sa robe, retroussée par une ceinture vert pâle, laissait apercevoir en dessous sa tunique couleur cerise, ses jarretières en torsade d'or et ses mules ornées de broderies du même métal. Après avoir essuyé ses mains au mouchoir qu'elle portait autour du cou, elle se plaça sur le même lit qu'occupait Scintilla, l'épouse d'Habiunas, qui lui en témoigna sa satisfaction. Fortunata l'embrassa et lui dit : — Quel bonheur de vous voir! — Ensuite elles en vinrent à un tel degré d'intimité que Fortunata, détachant de ses gros bras les bracelets dont ils étaient ornés, les offrit à l'admiration de Scintilla. Enfin elle ôta jusqu'à ses jarretières, elle ôta même le réseau de sa coiffure qu'elle assura être filé de l'or le plus pur. Trimalchion, qui le remarqua, fit apporter tous les bijoux de sa femme.
— Voyez, dit-il, quel est l'attirail d'une femme! c'est ainsi que nous nous dépouillons pour elles, sots que nous sommes! Ces bracelets doivent peser six livres et demie;

jussit afferri, et circulatim approbari pondus. Nec melior Scintilla; quæ de cervice sua capsellam detraxit aureolam, quam Felicionem appellabat : inde duo crotalia protulit, et Fortunatæ in vicem consideranda dedit; et :
— Domini, inquit, mei beneficio nemo habet meliora.
— Quid? inquit Habinnas, excatarizasti me, ut tibi emerem fabam vitream. Plane, si filiam haberem, auriculas illi præciderem. Mulieres si non essent, omnia hæc pro luto haberemus ; nunc hoc est caldum meiere, et frigidum potare.— Interim mulieres sauciæ inter se riserunt, ebriæque junxerunt oscula: dum altera diligentiam matrisfamiliæ jactat, altera delicias et indulgentiam viri. Dumque sic cohærent, Habinnas furtim consurrexit, pedesque Fortunatæ correctos super lectum immisit. Ah! ah! illa proclamavit, aberrante tunica super genua. Composita ergo, in gremio Scintillæ, indecentissimam rubore faciem sudario abscondit.

## CAPUT LXVIII.

Interposito deinde spatio, quum secundas mensas Tri-

j'en ai moi-même un de dix livres que j'ai fait faire avec les millièmes voués à Mercure. — Et, pour nous montrer qu'il n'en imposait pas, il fit apporter une balance, et tous les convives furent forcés de vérifier le poids de chacun de ces bracelets. Scintilla, non moins vaine, détache de son cou une cassolette d'or, à laquelle elle donnait le nom de *Felicion*, et en tire deux pendans d'oreille, qu'elle fait à son tour admirer à Fortunata. — Grâce à la générosité de mon mari, personne, dit-elle, n'en a de plus beaux. — Parbleu! dit Habinnas, ne m'as-tu pas ruiné de fond en comble pour t'acheter ces babioles de verre? Certes, si j'avais une fille, je lui ferais couper les oreilles. S'il n'y avait pas de femmes au monde, nous mépriserions tout cela comme de la boue; mais toutes nos remontrances n'y font que de l'eau claire. — Cependant, les deux amies, déjà étourdies par le vin, se mettent à rire entre elles, et, dans leur ivresse, se jettent au cou l'une de l'autre. Scintilla vante les soins diligens que Fortunata donne à son ménage; Fortunata, le bonheur de Scintilla et les bons procédés de son mari. Mais, tandis qu'elles se tiennent ainsi étroitement embrassées, Habinnas se lève en tapinois; et, saisissant Fortunata par les pieds, lui fait faire la culbute sur le lit. — Ah! ah! — s'écria-t-elle, en voyant ses jupons retroussés par-dessus ses genoux. Soudain elle se rajuste; et, se jetant dans les bras de Scintilla, cache sous son mouchoir un visage que la rougeur rendait encore plus hideux.

## CHAPITRE LXVIII.

Quelques instans après, Trimalchion ordonna de ser-

malchio jussisset afferri, sustulerunt servi omnes mensas, et alias attulerunt, scobemque croco et minio tinctam sparserunt, et, quod nunquam ante videram, ex lapide speculari pulverem tritum. Statim Trimalchio, — Poteram quidem, inquit, hoc ferculo esse contentus : secundas enim habetis mensas; si quid belli habes, affer. — Interim puer alexandrinus, qui caldam ministrabat, luscinias cœpit imitari; clamante Trimalchione subinde : — Muta ! — ecce alius ludus. Servus, qui ad pedes Habinnæ sedebat, jussus, credo, a domino suo, proclamavit subito canora voce :

— Interea medium Æneas jam classe tenebat,
'Certus iter. . . . . . . . .

Nullus sonus unquam acidior percussit aures meas : nam, præter errantis barbarie aut adjectum, aut diminutum clamorem, miscebat atellanicos versus; ut tunc primum me et Virgilius offenderit. Lassus tamen quum aliquando desisset, adjecit Habinnas : — Et numquam didicit ! Sed modo , ad circulatores eum mittendo, erudiebatur; itaque parem non habet, sive muliones volet, sive circulatores imitari. Desperatis valde ingeniosus est : idem sutor est, idem cocus, idem pistor, omnis Musæ mancipium. Duo tamen vitia habet, quæ si non haberet, esset omnium numerum : recutitus

vir le dessert. Les esclaves enlevèrent aussitôt toutes les tables et en apportèrent de nouvelles; ensuite, ils répandirent sur le plancher de la sciure de bois teinte avec du safran et du vermillon; et, ce que je n'avais encore vu nulle part, de la pierre spéculaire réduite en poudre. Alors Trimalchion : — J'aurais pu, nous dit-il, me contenter de ce service, car vous avez devant vous les secondes tables; mais s'il y a quelques friandises, qu'on nous les apporte. — Sur ces entrefaites, un esclave égyptien qui servait de l'eau chaude se mit à imiter le chant du rossignol; mais bientôt Trimalchion ayant crié : — Un autre ! — la scène change. — Un esclave qui était couché aux pieds d'Habinnas, sans doute par l'ordre de son maître, déclama d'une voix de Stentor les vers suivans :

> La flotte des Troyens, sur la plaine liquide,
> Suit le chemin tracé par le ciel qui la guide.

Jamais sons plus aigres n'écorchèrent mes oreilles; car, outre que le barbare haussait ou baissait de ton, toujours à contre-temps, il mêlait à son récit des vers empruntés aux farces atellanes; si bien que, grâce à lui, Virgile me déplut pour la première fois. Enfin, n'en pouvant plus, il s'arrêta. — Et cependant, nous dit Habinnas, croiriez-vous qu'il n'a jamais rien appris ? seulement je l'ai envoyé quelquefois entendre les bateleurs; c'est ainsi qu'il s'est formé. Aussi n'a-t-il pas son pareil, quand il veut contrefaire les muletiers ou les charlatans. Mais c'est surtout dans les cas urgens que brille son génie. Il est à la fois cordonnier, cuisinier, pâtissier; enfin c'est un homme universel. Il n'a que deux petits défauts, c'est bien dommage, car sans cela ce serait un garçon ac-

est, et stertit; nam quod strabonus est, non curo; sicut Venus, spectat; ideo mihi placet. Ex oculo mortuo nequam illum emi trecentis denariis.

## CAPUT LXIX.

Interpellavit loquentem Scintilla; et : — Plane, inquit, non omnia artificia servi nequam narras : agapa est; at curabo, stigmam habeat. — Risit Trimalchio; et : — Adcognosco, inquit, Cappadocem : nihil sibi defraudat, et me Hercules! laudo illum, huic enim nemo par extat : tu autem, Scintilla, noli zelotypa esse. Crede mihi, et vos novimus. Sic me salvum habeatis, ut ego sic solebam ipsam Mammeam debatuere, ut etiam dominus suspicaretur, et ideo me in villicationem relegavit. Sed tace, lingua, dabo panem. — Tanquam laudatus esset nequissimus servus, lucernam de sinu fictilem protulit, et amplius semihora tubicines imitatus est, succinente Habinna, et inferius labrum manu deprimente. Ultimo, et in medium processit, et modo arundinibus quassis choraulas imitatus est, modo lacernatus cum flagello mulionum fata egit; donec vocatum ad se Habinnas basiavit, potionemque illi porrexit; et : — Tanto melior, inquit, Massa, dono tibi caligas. — Nec ullus tot malorum finis fuisset, nisi epidipnis esset allata,

compli : il est circoncis, et il ronfle comme un sabot; il est vrai qu'il louche aussi un peu; mais qu'importe, c'est le regard de Vénus; c'est pour cela qu'il me plaît. En considération de ce prétendu défaut dans la vue, je ne l'ai payé que trois cents deniers.

## CHAPITRE LXIX.

Scintilla, interrompant son mari : —Vous ne nous parlez pas de tous les métiers que fait ce scélérat d'esclave : il est aussi votre mignon; mais je ferai en sorte qu'il porte la marque de son infamie. — Trimalchion se prit à rire. —Je reconnais bien là, dit-il, un Cappadocien : il ne se refuse rien; et, certes, ce n'est pas moi qui l'en blâmerai, car il n'a pas son pareil. Pour vous, Scintilla, ne vous montrez pas si jalouse. Croyez-en un vieux renard qui vous connaît bien, vous autres femmes. Puissiez-vous me voir toujours sain et sauf, comme il est vrai que j'employai le même moyen pour calmer le dépit jaloux de Mamméa; au point que mon maître, qui en eut soupçon, me relégua dans une de ses métairies. Mais chut ! j'en ai déjà trop dit. — Prenant cela pour un éloge, le maraud de valet tira de sa robe une espèce de cornet à bouquin, et, pendant plus d'une demi-heure, il imita les joueurs de flûte : Habinnas, la main posée sur sa lèvre inférieure, l'accompagnait en sifflant. Enfin cet esclave en vint à ce point d'impertinence que, s'avançant au milieu de la salle, tantôt, avec des roseaux fendus, il parodiait les musiciens; tantôt, couvert d'une casaque et le fouet à la main, à ses discours, à ses gestes, on eût dit un muletier. Cela dura jusqu'au moment où Habinnas l'appelant auprès de lui, l'embrassa et lui offrit à boire, en disant : —

turdi siligine, uvis passis, nucibusque farsi. Insecuta sunt cydonia etiam mala, spinis confixa, ut echinos efficerent; et hæc quidem tolerabilia erant, si non fericulum longe monstruosius effecisset, ut vel fame perire mallemus. Nam, quum positus esset, ut nos putabamus, anser altilis, circaque pisces, et omnium genera avium, inquit Trimalchio : — Quidquid videtis hic positum, de uno corpore est factum. — Ego, scilicet homo prudentissimus, statim intellexi, quid esset; et respiciens Agamemnonem, — Mirabor, inquam, nisi omnia ista deficta sunt, aut certe de luto : vidi Romæ Saturnalibus ejusmodi cœnarum imaginem fieri.

## CAPUT LXX.

Necdum finieram sermonem, quum Trimalchio ait : — Ita crescam patrimonio, non corpore, ut ista cocus meus de porco fecit. Non potest esse preticsior homo. Volueris : de vulva faciet piscem, de lardo palumbum, de perna turturem, de coliphio gallinam; et ideo ingenio meo impositum est illi nomen bellissimum : nam Dædalus vocatur. Et quia bonam mentem habet, attulit illi Roma unus cultros norico ferro; — quos statim jussit afferri, inspectosque miratus est, etiam nobis potestatem

De mieux en mieux, Massa ! je te fais présent d'une paire de bottines. — Nous n'eussions pas vu le terme de toutes ces turpitudes, si l'on n'eût enfin apporté le dernier service, composé d'un pâté de grives, de raisins secs et de noix confites. Ensuite vinrent des coings lardés de clous de gérofle qui ressemblaient à des hérissons. Tout cela était encore supportable ; mais voilà qu'on nous sert un nouveau plat si monstrueux que nous eussions mieux aimé mourir de faim que d'y goûter. Chacun de nous eût juré que c'était une oie grasse entourée de poissons et d'oiseaux de toute espèce. Trimalchion nous détrompa en disant : — Tout ce que vous voyez dans ce plat est fait de la chair d'un seul animal. — Pour moi, en homme expérimenté, je crus deviner sur-le-champ ce que c'était ; et me tournant vers Agamemnon : — Je suis bien trompé si tout cela n'est pas artificiel, ou fait de terre cuite : j'ai vu à Rome, pendant les Saturnales, des festins entiers représentés de la même manière.

## CHAPITRE LXX.

Je n'avais pas fini de parler, quand Trimalchion ajouta : — Puissé-je voir s'augmenter, non pas mon embonpoint, mais mon patrimoine, comme il est vrai que mon cuisinier a fait tout cela avec de la chair de porc. Je ne crois pas qu'il existe au monde un homme plus précieux. Voulez-vous qu'il vous fasse du ventre d'une truie un poisson, une colombe avec le lard, une tourterelle avec le jambon, une poule avec les intestins ? vous n'avez qu'à parler. Aussi j'ai imaginé pour lui un nom superbe : je l'ai appelé Dédale. Et pour récompenser son mérite, je lui ai fait venir de Rome des couteaux d'acier de Norique.

fecit, ut mucronem ad buccam probaremus. Subito intraverunt duo servi, tanquam qui rixam ad lacum fecissent; certe in collo adhuc amphoras habebant. Quum ergo Trimalchio jus inter litigantes diceret: neuter sententiam tulit decernentis; sed alter alterius amphoram fuste percussit. Consternati nos insolentia ebriorum, intentavimus oculos in proeliantes, notavimusque ostrea, pectinesque e testis labentia, quæ collecta puer lance circumtulit. Has lautitias æquavit ingeniosus cocus: in craticula enim argentea cochleas attulit, et tremula, teterrimaque voce cantavit. Pudet referre, quæ sequuntur : inaudito enim more, pueri capillati attulerunt unguentum in argentea pelvi, pedesque recumbentium unxerunt, quum ante crura, pedesque, talosque corollis vinxissent. Hinc ex eodem unguento in vinarium atque lucernam liquatum est infusum. Jam cœperat Fortunata velle saltare: jam Scintilla frequentius plaudebat, quam loquebatur, quum Trimalchio, — Permitto, inquit, Philargyre, et Carrio, etsi prasianus es famosus; dic et, Minophile, contubernali tuæ, discumbat. — Quid multa? pæne de lectis dejecti sumus, adeo totum triclinium familia occupaverat. Certe ego notavi super me positum cocum, qui de porco anserem fecerat, muria condimentisque fœtentem. Nec contentus fuit recumbere, sed continuo Ephesum tragœdum cœpit imitari, et subinde dominum suum

— Et sur-le-champ il se fit apporter ces couteaux, les contempla avec admiration, et nous donna la permission d'en essayer le tranchant sur nos joues. Dans le même instant, entrèrent deux esclaves qui faisaient semblant de s'être pris de querelle à la fontaine; en effet, ils portaient encore des cruches suspendues à leur cou. Ce fut en vain que Trimalchion voulut prononcer sur leur différent, ils refusèrent de se soumettre à sa sentence; mais chacun d'eux frappa de son bâton la cruche de son adversaire. Stupéfaits de l'insolence de ces ivrognes, nous regardions attentivement leur combat, lorsque nous vîmes tomber de leurs cruches brisées des huîtres et des pétoncles qu'un esclave recueillit sur un plat, et nous offrit à la ronde. L'habile cuisinier, pour égaler cette ingénieuse magnificence, nous apporta des escargots sur un gril d'argent, en accompagnant cette action des sons affreux de sa voix chevrotante. J'ai honte de rapporter les détails suivans. Par un raffinement inoui jusqu'alors, des esclaves à longue chevelure apportèrent des parfums dans un bassin d'argent, en frottèrent les pieds des convives, après leur avoir d'abord entrelacé les jambes de guirlandes depuis la cuisse jusqu'au talon. Ensuite ils versèrent le surplus de ces parfums liquides dans les amphores à vin et dans les lampes. Déjà Fortunata avait commencé à figurer quelques danses, et Scintilla, trop ivre pour parler, l'applaudissait du geste; lorsque Trimalchion s'écria: — Philargyre, et toi, Carrion, qui es un des plus fameux champions de la faction verte, je vous permets de vous mettre à table. Minophile, dis à ta femme qu'elle s'y mette aussi. — Il dit; et soudain toute la valetaille de la maison envahit la salle du festin; peu s'en fallut

sponsione provocare, si prasinus proximis circensibus primam palmam......

## CAPUT LXXI.

Diffusus hac contentione Trimalchio, — Amici, inquit, et servi homines sunt, et æque unum lactem biberunt, etiamsi illos malus fatus oppresserit : tamen, me salvo, cito aquam liberam gustabunt. Ad summam, omnes illos in testamento meo manumitto. Philargyro etiam fundum lego, et contubernalem suam. Carrioni quoque insulam, et vicesimam, et lectum stratum. Nam Fortunatam meam heredem facio, et commendo illam omnibus amicis meis : et hæc omnia publico ideo, ut familia mea jam nunc sic me amet, tanquam mortuum. — Gratias agere omnes indulgentiæ cœperant domini, quum ille, oblitus nugarum, exemplar testamenti jussit afferri, et totum a primo ad ultimum, ingemiscente familia, recitavit. Respiciens deinde Habinnam, — Quid dicis, inquit, amice carissime? ædificas monumentum meum, quemadmodum te jussi? Valde te rogo, ut se-

qu'ils ne nous renversassent de nos lits pour s'en emparer. Ce même cuisinier, qui d'un porc avait fait une oie, s'était placé au dessus de moi ; je le reconnus aussitôt à l'odeur fétide de saumure et de sauce qu'il exhalait. Non content d'être à table, il se mit aussitôt à parodier le tragédien Éphésus ; et voulut ensuite gager contre son maître que, s'il était de la faction verte, il remporterait le premier prix à la prochaine course du Cirque.

## CHAPITRE LXXI.

Charmé de ce défi, Trimalchion nous dit : — Mes amis, les esclaves sont des hommes comme nous, ils ont sucé le même lait, quoique la Fortune les ait traités en marâtre. Cependant, je veux que, bientôt et de mon vivant, ils goûtent les douceurs de la liberté. Enfin, je les affranchis tous par mon testament. Je lègue en outre à Philargyre un fonds de terre et sa femme; à Carrion, une île avec le produit du vingtième et un lit garni. Quant à ma chère Fortunata, je l'institue ma légataire universelle, et je la recommande à tous mes amis. Et, si je publie à l'avance mes dernières volontés, c'est afin que toutes les personnes de ma maison me chérissent dès à présent comme si j'étais mort. — Tous les esclaves aussitôt de rendre grâce à la généreuse bonté de leur maître; mais lui, prenant la chose au sérieux, fit apporter son testament, et le lut d'un bout à l'autre, au milieu des gémissemens de tous ses domestiques. Ensuite, se tournant vers Habinnas : — Qu'en dites-vous, mon cher ami ? Hé bien, bâtissez-vous mon tombeau d'après le plan que je vous ai donné? je vous re-

cundum pedes statuæ meæ catellam pingas, et coronas, et unguenta, et peractas omnes pugnas, ut mihi contingat tuo beneficio post mortem vivere. Præterea, ut sint in fronte pedes centum : in agrum pedes ducenti. Omne genus enim pomorum, volo, sint circa cineres meos, et vinearum largiter. Valde enim falsum est, vivo quidem domus cultas esse; non curari eas, ubi diutius nobis habitandum est : et ideo ante omnia adjici volo :

HOC. MONUMENTUM. HEREDEM. NON. SEQUATUR.

Ceterum erit mihi curæ, ut testamento caveam, ne mortuus injuriam accipiam : præponam enim unum ex libertis sepulcro meo, custodiæ causa, ne in monumentum meum populus cacatum currat. Te rogo, ut naves etiam monumenti mei facias, plenis velis euntes : et me in tribunali sedentem prætextatum, cum annulis aureis quinque ; et nummos in publico de sacculo effundentem ; scis enim, quod epulum dedi, et binos denarios. Faciatur, si tibi videtur, et triclinia : facies et totum populum, sibi suaviter facientem. Ad dexteram meam ponas statuam Fortunatæ meæ, columbam tenentem ; et catellam, cingulo alligatam, ducat; et Cicaronem meum ; et amphoras copiosas, gypsatas, ne effluant vinum : et urnam,

commande surtout de mettre l'image de ma petite chienne aux pieds de ma statue, puis des couronnes, des vases de parfums, et tous les combats que j'ai livrés, afin que je sois redevable à votre ciseau de la gloire de vivre après ma mort. Je veux en outre que le terrain où je serai inhumé ait cent pieds de long sur la voie publique, et deux cents sur la campagne ; car je prétends que l'on plante autour de ma sépulture toutes sortes d'arbres à fruits, et surtout beaucoup de vignes. En effet, rien n'est plus absurde que d'avoir de notre vivant des maisons très-soignées, et de négliger celles où nous devons demeurer bien plus long-temps. Mais, avant toute chose, je veux que l'on y grave cette inscription :

MON HÉRITIER N'A AUCUN DROIT SUR CE MONUMENT.

Au reste, je mettrai bon ordre, par mon testament, à ce qu'il ne soit fait aucune injure à mes restes. Un de mes affranchis sera préposé à la garde de mon tombeau, pour empêcher les passans de venir y faire leurs ordures. Je vous prie, Habinnas, qu'on y voie figurer des vaisseaux voguant à pleines voiles, et moi-même, assis sur un tribunal et vêtu de la robe prétexte, avec cinq anneaux d'or aux doigts, et distribuant au peuple un sac d'argent ; car vous savez que j'ai donné un repas public et deux deniers d'or à chaque convive. Représentez-y encore, si bon vous semble, des festins, et le peuple en foule se livrant au plaisir. A ma droite, vous placerez la statue de Fortunata, tenant une colombe, et conduisant en lesse une petite chienne ; puis mon cher Cicaron ; puis de larges amphores hermétiquement bouchées, de peur que le vin ne se répande. Vous pouvez aussi y sculpter une urne brisée, sur la-

licet fractam sculpas, et super eam puerum plorantem: horologium in medio, ut quisquis horas inspiciet, velit, nolit, nomen meum legat. Inscriptio quoque, vide diligenter, si hæc satis idonea tibi videtur :

C. POMPEIUS. TRIMALCHIO. MÆCENATIANUS.

HIC. REQUIESCIT.

HUIC. SEVIRATUS. ABSENTI. DECRETUS. EST.

QUUM. POSSET. IN. OMNIBUS. DECURIIS. ROMÆ.

ESSE. TAMEN. NOLUIT.

PIUS. FORTIS. FIDELIS.

EX. PARVO. CREVIT.

SESTERTIUM. RELIQUIT. TRECENTIES.

NEC. UNQUAM. PHILOSOPHUM. AUDIVIT.

VALE. ET. TU.

## CAPUT LXXII.

Hæc ut dixit Trimalchio, flere cœpit ubertim : flebat et Fortunata; flebat et Habinnas; tota denique familia, tanquam in funus rogata, lamentatione triclinium implevit. Immo jam cœperam et ego plorare, cum Trimalchio, — Ergo, inquit, quum sciamus, nos morituros esse, quare non vivamus? Sic vos felices videam, conjiciamus nos in balneum, meo periculo, non pœnitebit. Sic calet, tanquam furnus. — Vere, vere, inquit Habinnas, de una die duas facere, nihil malo; — nudisque consurrexit pedibus, et

quelle un enfant versera des pleurs. Au centre du monument, vous tracerez un cadran solaire, disposé de telle sorte que tous ceux qui regarderont l'heure seront forcés, bon gré malgré, de lire mon nom. Quant à l'épitaphe, examinez soigneusement si celle-ci vous semble convenable :

ICI REPOSE
C. POMPEIUS TRIMALCHION,
DIGNE ÉMULE DE MÉCÈNE ;
EN SON ABSENCE, IL FUT NOMMÉ SÉVIR ;
BIEN QU'IL PUT OCCUPER UN RANG DANS TOUTES
LES DÉCURIES, IL REFUSA CET HONNEUR.
PIEUX, VAILLANT, FIDÈLE,
NÉ PAUVRE, IL S'ÉLEVA A UNE GRANDE FORTUNE.
IL A LAISSÉ TRENTE MILLIONS DE SESTERCES,
ET N'A JAMAIS ASSISTÉ AUX LEÇONS DES PHILOSOPHES.
PASSANT, JE TE SOUHAITE LE MÊME SORT.

## CHAPITRE LXXII.

En achevant cette lecture, Trimalchion se mit à verser un torrent de larmes ; Fortunata pleurait aussi, ainsi faisait Habinnas ; enfin tous les esclaves, comme s'ils eussent assisté au convoi de leur maître, remplissaient la salle de leurs lamentations. Je commençais moi-même à m'attendrir, lorsque Trimalchion reprit tout-à-coup : — Eh bien donc, mes amis, convaincus que nous devons tous mourir, que ne jouissons-nous de la vie ? Maintenant, pour mettre le comble à nos plaisirs, allons nous jeter dans le bain. J'en ai fait l'essai, et vous n'aurez pas à vous en repentir, car il est chaud comme un four. — Bravo ! bravo !

Trimalchionem gaudentem subsequi. Ego respiciens ad Ascylton, — Quid cogitas? inquam : ego enim, si videro balneum, statim exspirabo. — Assentemur, ait ille, et dum illi balneum petunt, nos in turba exeamus.— Quum haec placuissent, ducente per porticum Gitone, ad januam venimus : ubi canis catenarius tanto nos tumultu excepit, ut Ascyltos etiam in piscinam ceciderit. Nec non ego quoque ebrius, qui etiam pictum timueram canem, dum natanti opem fero, in eumdem gurgitem tractus sum. Servavit nos tamen atriensis, qui, interventu suo, et canem placavit, et nos trementes extraxit in siccum. Et Giton quidem jamdudum se ratione acutissima redemerat a cane : quidquid enim a nobis acceperat de coena, latranti sparserat. At ille, avocatus cibo, furorem suppresserat. Ceterum, quum algentes utique petissemus ab atriense, ut nos extra januam emitteret : — Erras, inquit, si putas, te exire hac posse, qua venisti. Nemo unquam convivarum per eamdem januam emissus est: alia intrant, alia exeunt.

## CAPUT LXXIII.

Quid faciamus? homines miserrimi, et novi generis

répondit Habinnas, d'un jour en faire deux, voilà ce que j'aime. — Et, se levant pieds nus, il suivit Trimalchion enchanté. Pour moi, regardant Ascylte : — Que ferons-nous? lui dis-je; la vue seule du bain est capable de me faire mourir sur le coup. — Dites comme eux, répondit Ascylte; et, tandis qu'ils se rendent au bain, échappons-nous dans la foule. — J'approuve son idée, et, conduits par Giton, nous traversons le vestibule et nous gagnons la porte. Nous allions sortir, lorsqu'un énorme chien, quoique enchaîné, nous causa une telle frayeur par ses aboiemens, qu'Ascylte, en s'enfuyant, tomba dans un vivier : et moi, qui, même à jeun, avais eu peur d'un dogue en peinture, non moins ivre que mon compagnon, en voulant le secourir, je tombai dans l'eau avec lui. Heureusement le concierge vint nous délivrer de ce péril; sa présence suffit pour faire taire le chien, et il nous tira tout tremblans du vivier. Giton, plus avisé que nous, avait trouvé un admirable expédient pour se garantir des attaques du chien : il lui avait jeté tous les bons morceaux que nous lui avions donnés pendant le repas; aussi l'animal, occupé à dévorer la pâture qu'il lui offrait, s'était-il calmé sur-le-champ. Cependant, transis de froid, nous demandâmes à notre libérateur de nous ouvrir la porte. — Vous vous trompez beaucoup, nous dit-il, si vous croyez sortir par où vous êtes entrés. Jamais les convives ne repassent deux fois par la même porte : on entre par un côté, on sort par l'autre.

## CHAPITRE LXXIII.

Que faire? comment trouver l'issue de ce labyrinthe

labyrintho inclusi, quibus lavari jam cœperat notum esse. Ultro ergo rogavimus, ut nos ad balneum duceret: projectisque vestimentis, quæ Giton in aditu siccare cœpit, balneum intravimus, angustum scilicet, et cisternæ frigidariæ simile, in qua Trimalchio nudus stabat; ac ne sic quidem putidissimam ejus jactationem licuit effugere: nam, nihil melius esse dicebat, quam sine turba lavari; et eo loco ipso aliquando pistrinum fuisse. Deinde, ut lassatus consedit, invitatus balnei sono, diduxit usque ad cameram os ebrium, et cœpit Menecratis cantica lacerare, sicut illi dicebant, qui linguam ejus intelligebant. Ceteri convivæ circa abrum, manibus nexis, currebant, aut gingilismo ingenti clamore exsonabant : alii autem, aut restrictis manibus annulos de pavimento conabantur tollere, aut posito genu cervices post terga flectere, et pedum extremos pollices tangere. Nos, dum alii sibi ludos faciunt, in solio, quod Trimalchioni parabatur, descendimus. Ergo, ebrietate discussa, in aliud triclinium deducti sumus, ubi Fortunata disposuerat lautitias suas, ita ut supra lucernas æneolosque Priapiscotos notaverim; et mensas totas argenteas, calicesque circa fictiles inauratos; et vinum in conspectu sacco defluens. Tum Trimalchio, — Amici, inquit, hodie servus meus barbatoriam fecit, homo, præfiscini, frugi, et mihi carus. Itaque tengomenas faciamus, et usque in lucem cœnemus.

où, pour notre malheur, nous étions enfermés? Nous venions déjà de nous baigner malgré nous; prenant donc notre parti, nous prions le concierge de nous conduire au bain : nous quittons nos habits, que Giton met sécher à l'entrée, et l'on nous introduit dans une étuve fort étroite, espèce de citerne à rafraîchir, où Trimalchion se tenait debout, tout nu, et, dans cette posture, débitait, avec sa forfanterie ordinaire, d'insipides discours que nous fûmes forcés d'écouter. Il disait que rien n'était plus agréable que de se baigner loin d'une foule importune ; que cette étuve avait été jadis une boulangerie. Enfin, las de rester sur ses jambes, il s'assit ; mais, par malheur, cette salle avait un écho qui lui donna l'idée de chanter : le voilà donc qui se met à faire trembler la voûte de ses hurlemens, entrecoupés des hoquets de l'ivresse, et à écorcher des airs qui, au dire de ceux qui y comprenaient quelque chose, étaient des chansons de Ménécrate. Quelques-uns des convives couraient autour de sa baignoire en se tenant par la main; d'autres se chatouillaient mutuellement, et poussaient des cris à fendre le crâne. Ceux-ci, les mains liées, tâchaient de ramasser à terre des anneaux ; ceux-là, un genou en terre, se renversaient la tête en arrière, et s'efforçaient de toucher l'extrémité de leurs orteils. Laissant donc tous ces ivrognes se divertir à leur manière, nous descendîmes dans la cuve que l'on préparait pour Trimalchion. Lorsque les fumées du vin furent dissipées, on nous conduisit dans une autre salle, où Fortunata avait fait disposer tous les apprêts d'un splendide repas. Les lustres qui ornaient le plafond étaient soutenus par de petites figures de Priape en bronze; les tables étaient d'argent

## CAPUT LXXIV.

Hæc dicente eo, gallus gallinaceus cantavit, qua voce confusus Trimalchio vinum sub mensa jussit effundi, lucernamque et mero spargi; immo annulum trajecit in dexteram manum; et : — Non sine causa, inquit, hic buccinus signum dedit : nam, aut incendium oportet fiat, aut aliquis in vicinia animam abjiciet. Longe a nobis! Itaque, quisquis hunc indicem attulerit, corollarium accipiet. — Dicto citius de vicinia gallus allatus est, quem Trimalchio jussit, ut aeno coctus fieret. Laceratus igitur ab illo doctissimo coco, qui paulo ante aves piscesque fecerat, in cacabum est conjectus; dumque Dædalus potionem ferventissimam haurit, Fortunata mola buxea piper trivit. Sumtis igitur matteis, respiciens ad familiam Trimalchio, — Quid vos, inquit, adhuc non cœnastis? abite, ut alii veniant ad officium. — Subiit igitur alia classis, et illi quidem exclamavere : — Vale, Gai! — hi autem, — Ave, Gai! — Hinc primum

massif, les coupes d'argile dorée; et devant nous était une outre d'où le vin coulait en abondance. — Amis, nous dit Trimalchion, c'est aujourd'hui que l'on coupe la première barbe de mon esclave favori ; c'est un garçon de bonne conduite et que j'aime beaucoup, soit dit sans offenser personne. Buvons donc comme des éponges, et que le jour nous trouve encore à table.

## CHAPITRE LXXIV.

Comme il disait ces mots, un coq vint à chanter. Effrayé de cette voix, Trimalchion ordonna aussitôt aux esclaves de répandre du vin sous la table, et d'en arroser aussi les lampes; il passa même son anneau de la main gauche à la droite : — Ce n'est pas sans raison, dit-il, que ce héraut du jour nous donne l'alarme ; il y a, j'en suis certain, quelque incendie prêt à éclater dans les environs, ou quelqu'un qui va rendre l'âme. Loin de nous ce présage ! Je promets une récompense au premier qui m'apportera ce prophète de malheur. — A peine il achevait, qu'on lui apporta un coq du voisinage. Trimalchion le condamne à être bouilli. Dédale, cet habile cuisinier qui naguère d'un porc avait fait des oiseaux et des poissons, le coupe en morceaux, le jette dans un chaudron ; et tandis qu'il l'arrose d'eau bouillante, Fortunata broie du poivre dans un mortier de buis. Ce service étant terminé, Trimalchion se tourna vers les esclaves : — Eh quoi ! leur dit-il, vous n'avez pas encore soupé? allez, et que d'autres viennent vous remplacer. — Une nouvelle troupe d'esclaves se présente aussitôt; les uns, en se retirant, criaient : — Adieu, Gaïus ! — Les autres, en entrant : — Bonjour, Gaïus ! — Dès ce moment,

hilaritas nostra turbata est, nam quum puer non inspeciosus inter novos intrasset ministros, invasit eum Trimalchio, et osculari diutius cœpit. Itaque Fortunata, ut ex æquo jus firmum approbaret, maledicere Trimalchionem cœpit, et purgamentum, dedecusque prædicare, qui non contineret libidinem suam. Ultimo etiam adjecit, — Canis! — Trimalchio contra confusus, offensus convicio, calicem in faciem Fortunatæ immisit. Illa, tanquam oculum perdidisset, exclamavit, manusque trementes ad faciem suam admovit. Consternata est etiam Scintilla, trepidantemque sinu suo texit : immo puer quoque officiosus urceolum frigidum ad malam ejus admovit, super quem incumbens Fortunata gemere, ac flere cœpit. Contra Trimalchio, — Quid enim? inquit, ambubaia non meminit si e mactra illam sustuli : hominem inter homines feci ; at inflat se tanquam rana, et in sinum suum conspuit ; codex, non mulier. Sed hic, qui in pergula natus est, ædes non somniatur. Ita genium meum propitium habeam, curabo domata sit Cassandra caligaria. Et ego, homo dupondiarius, sestertium centies accipere potui. Scis tu me non mentiri. Agatho unguentarius here proxime seduxit me, et « Suadeo, inquit, non patiaris genus tuum interire. » At ego, dum bene natus ago, et nolo videri levis, ipse mihi asciam in crus impegi. Recte; curabo,

adieu tous nos plaisirs ! Parmi les nouveaux venus se
trouvait un esclave d'une figure assez agréable ; Trimalchion s'en empare et le couvre de mille baisers. Fortunata, réclamant alors ses droits d'épouse, accable d'injures son mari, et crie à haute voix qu'il est bien or-
durier, bien infâme, de se livrer ainsi sans contrainte à
ses honteux penchans. Enfin, à tous ces noms, elle ajoute
celui de — Chien ! — Trimalchion, confus, exaspéré
de cet outrage, lance une coupe à la tête de Fortunata.
Celle-ci se met à crier, comme s'il lui eût crevé un œil,
et se cache le visage dans ses mains tremblantes. Scintilla,
consternée de cet accident, la reçoit dans ses bras, et la
couvre de son corps. Un esclave obligeant s'empresse
d'approcher de sa joue malade un vase d'eau glacée ;
Fortunata, la tête penchée sur ce vase, gémit et verse
un torrent de larmes. Mais Trimalchion, loin d'en être
ému : — Eh ! quoi, dit-il, cette coureuse ne se sou-
vient-elle plus que je l'ai tirée de la huche à pétrir ?
que je lui ai donné un rang dans le monde ? La voilà qui
s'enfle comme une grenouille ! elle crache en l'air et cela
lui retombe sur le nez. C'est une bûche et non pas une
femme. On sent toujours la fange où l'on est né. Le ciel
me soit en aide ! je rabattrai le caquet de cette Cassandre qui veut porter les chausses. Elle oublie sans doute
que lorsque je n'avais pas encore un sou vaillant, j'ai pu
trouver des partis de dix millions de sesterces. Vous savez, Habinnas, que c'est la vérité. Hier encore, Agathon,
le parfumeur, me tirant à l'écart, me dit : « Je vous
conseille de ne pas laisser périr votre race. » Et moi, par
une délicatesse outrée, pour ne pas paraître volage, je
me coupe ainsi bras et jambes. C'est bien, je ferai en sorte
qu'après ma mort tu gratteras la terre avec tes ongles

me unguibus quæras : et ut depræsentiarum intelligas quid tibi feceris ; Habinna, nolo statuam ejus in monumento meo ponas, ne mortuus quidem lites habeam; immo, ut sciat me posse malum dare, nolo me mortuum basiet.

## CAPUT LXXV.

Post hoc fulmen Habinnas rogare cœpit, ut jam desineret irasci; et : — Nemo, inquit, non nostrum peccat. Homines sumus, non dei. — Idem et Scintilla flens dixit; ac per genium ejus, Gaium appellando, rogare cœpit, ut se frangeret. Non tenuit ultra lacrymas Trimalchio, et, — Rogo, inquit, Habinna, sic peculium tuum fruniscaris, si quid perperam feci, in faciem meam inspue. Puerum basiavi frugalissimum, non propter formam, sed quia frugi est : decem partes dicit : librum ab oculo legit : pretium sibi de diariis fecit : armariolum de suo paravit, et duas trullas. Non est dignus, quem in oculis feram? sed Fortunata vetat. Ita tibi videtur, fulcipedia? Suadeo, bonum tuum concoquas, milva, et me non facias ringentem, amasiuncula; aliquando experieris cerebrum meum. Nosti me, quod semel destinavi, clavo tabulari fixum est. Sed vivorum meminerimus. Vos rogo, amici, ut vobis suaviter sit; nam ego quoque tam fui, quam vos estis; sed virtute mea ad hoc perveni. Corcillum

pour me ravoir ; et pour que, dès aujourd'hui, tu saches tout le tort que tu t'es fait à toi-même, je vous défends, Habinnas, de placer sa statue sur mon tombeau, car je veux reposer en paix dans mon dernier asile. Bien plus, pour lui prouver que j'ai le pouvoir de punir qui m'offense, je ne veux pas qu'elle m'embrasse après ma mort.

## CHAPITRE LXXV.

Lorsqu'il eut ainsi fulminé contre sa femme, Habinnas le conjura de se calmer. — Personne de nous, lui dit-il, n'est exempt de commettre des fautes ; nous ne sommes pas des dieux, mais des hommes. — Scintilla lui adressait en pleurant la même prière : — Au nom de votre génie tutélaire, mon cher Gaïus, lui disait-elle tendrement, laissez-vous fléchir ! — Trimalchion ne pouvant plus retenir ses larmes : — Habinnas, dit-il, par tous les vœux que je forme pour votre fortune, crachez-moi au visage, je vous en supplie, si j'ai tort dans cette affaire ! J'ai embrassé, il est vrai, cet excellent jeune homme, mais ce n'est pas pour sa beauté, c'est pour ses bonnes qualités. Il sait les dix parties de l'oraison ; il lit à livre ouvert. Avec ce qu'il épargne chaque jour sur sa nourriture, il a amassé de quoi payer sa liberté, et de ses économies il s'est acheté une armoire et deux coupes : n'est-il pas digne de mon affection ? Mais madame le défend. C'est là ton dernier mot, pendarde ! Crois-moi, ronge en paix l'os que je te jette, oiseau de proie ; et ne me fais pas trop enrager, ma mignonne, ou je pourrais bien faire quelque coup de ma tête ! Tu me connais, quand j'ai une fois résolu quelque chose, cela tient

est, quod homines facit, cetera quisquilia omnia. Bene emo, bene vendo: alius alia vobis dicet. Felicitate dissilio; tu autem, sterteia, etiamnum ploras? jam curabo, fatum tuum plores. Sed, ut cœperam dicere, ad hanc me fortunam frugalitas mea perduxit. Tam magnus ex Asia veni, quam hic candelabrus est ad summa. Quotidie me solebam ad illum metiri, et, ut celerius rostrum barbatum haberem, labra de lucerna ungebam. Tamen ad delicias femina ipse mei domini annos quatuordecim fui; nec turpe est, quod dominus jubet. Ego tamen et ipsi meæ dominæ satisfaciebam. Scitis, quid dicam. Taceo, quia non sum de gloriosis.

## CAPUT LXXVI.

Ceterum, quemadmodum Di volunt, dominus in domo factus sum; et ecce! cepi ipsi mi cerebellum. Quid multa? coheredem me Cæsari fecit, et accepi patrimonium laticlavium. Nemini tamen nihil satis est: concupivi negotiari. Ne multis vos morer, quinque naves ædificavi: oneravi vinum, et tunc erat contra aurum: misi Romam. Putares me hoc jussisse: omnes naves naufragarunt. Fa-

comme un clou dans une poutre. Mais pensons plutôt à jouir de la vie. Allons, mes amis, vive la joie! Je n'étais à mon début qu'un simple affranchi comme vous; mon mérite seul m'a conduit où vous voyez. C'est le cœur qui fait l'homme; je ne donnerais pas un fétu de tout le reste. J'achète loyalement, je vends de même. Je laisse à d'autres le soin de faire mon éloge. Lorsque je suis au comble du bonheur, pourquoi viens-tu encore m'étourdir de tes pleurnicheries, ivrognesse? je te ferai pleurer pour quelque chose. Mais, comme je vous le disais, c'est ma bonne conduite qui m'a fait parvenir à la fortune. Quand j'arrivai d'Asie, je n'étais pas plus haut que ce chandelier auquel je me mesurais chaque jour; et pour faire pousser plus promptement ma barbe, je me frottais les lèvres avec l'huile d'une lampe. Cependant j'ai fait pendant quatorze ans les délices de mon maître, et je n'en rougis pas, car mon devoir était de lui obéir. J'étais en même temps le favori de ma maîtresse. Vous comprenez ce que cela veut dire. Je me tais, car je n'aime pas à me faire valoir.

## CHAPITRE LXXVI.

Enfin, par la volonté des dieux, je devins maître de maison; alors, je commençai à vivre à ma fantaisie. Que vous dirai-je? mon maître me fit son héritier conjointement avec César, et me légua un vrai domaine sénatorial. Mais l'homme ne sait jamais borner son ambition. Je me mis alors en tête de faire du commerce. Pour abréger, vous saurez que je fis construire cinq vaisseaux que je chargeai de vin; c'était, à cette époque, de l'or en barre. Je les expédiai pour Rome; mais, comme si c'eût

ctum, non fabula : una die Neptunus trecenties sestertium devoravit. Putatis, me defecisse? non, me Hercules! mihi hæc jactura gustui fuit; tanquam nihil facti: alteras feci majores, et meliores, et feliciores : ut nemo non me virum fortem diceret. Scis, magna navis magnam fortitudinem habet. Oneravi rursus vinum, lardum, fabam, seplasium, mancipia. Hoc loco Fortunata rem piam fecit; omne enim aurum suum, omnia vestimenta vendidit, et mihi centum aureos in manu posuit: hoc fuit peculii mei fermentum. Cito fit, quod dii volunt. Uno cursu centies sestertium corrotundavi. Statim redemi fundos omnes, qui patroni mei fuerant; ædifico domum; venalitia coemo jumenta; quidquid tangebam, crescebat tanquam favus. Postquam cœpi plus habere, quam tota patria mea habet, manum de tabula, sustuli me de negotiatione, et cœpi libertos fœnerare. Et sane nolentem me negotium meum agere exoravit mathematicus, qui venerat forte in coloniam nostram, Græculio, Serapa nomine, consiliator deorum. Hic mihi dixit etiam ea quæ oblitus eram, ab acia et acu mihi omnia exposuit: intestinas meas noverat; tantumque non dixerat, quid pridie cœnaveram. Putasses, illum semper mecum habitasse.

été un fait exprès, ils firent tous naufrage. Ce n'est point un conte, mais la pure vérité; la mer, en un seul jour, m'engloutit pour trente millions de sesterces. Vous croyez peut-être que je perdis courage; non, ma foi! cette perte me mit en goût de tenter encore la fortune; oubliant mes pertes récentes, j'équipai de nouveaux vaisseaux, plus grands, plus solides que les premiers, et qui partirent sous de meilleurs auspices, afin de montrer à tous un courage à l'épreuve des revers. Vous savez que les plus gros vaisseaux sont ceux qui luttent avec le plus d'avantage contre les flots. Je chargeai donc ma nouvelle flotte de vin, de lard, de fèves, de parfums de Capoue et d'esclaves. Dans cette circonstance, Fortunata me donna une grande preuve de dévoûment : elle vendit tous ses bijoux, toutes ses robes, et de leur produit me mit dans la main cent pièces d'or, qui furent la source de ma nouvelle fortune. On va vite en affaire lorsque le ciel vous aide; en une seule course, je gagnai, de compte rond, dix millions de sesterces. Je commençai par racheter toutes les terres qui avaient appartenu à mon maître, je bâtis ensuite un palais, et j'achetai des bêtes de somme pour les revendre. Tout ce que j'entrepris me réussit à souhait. Dès que je me vis plus riche à moi seul que tout le pays ensemble; laissant là mes registres, je quittai le commerce, et je me contentai de prêter de l'argent à intérêt aux nouveaux affranchis. J'étais même sur le point de renoncer entièrement aux affaires, lorsque j'en fus détourné par un astrologue qui vint par hasard dans cette colonie. Il était Grec de naissance, et se nommait Sérapa : il semblait inspiré par les dieux. Il me rappela même plusieurs circonstances de ma vie, que j'avais oubliées, et qu'il me raconta de fil en aiguille. J'aurais cru qu'il lisait dans mes entrailles, s'il

## CAPUT LXXVII.

Rogo, Habinna (puto, interfuisti): « Tu dominium tuum de rebus pusillis fecisti : tu parum felix in amicos es ; nemo unquam tibi parem gratiam refert ; tu latifundia possides ; tu viperam sub ala nutricas. » Et quid vobis non dixerim? et nunc mi restare vitæ annos triginta, et menses quatuor, et dies duos? Præterea cito accipiam hereditatem. Hoc mihi dicit fatus meus. Quod si contigerit fundos Apuliæ jungere, satis vivus pervenero. Interim, dum Mercurius vigilat, ædificavi hanc domum : ut scitis casula erat; nunc templum est; habet quatuor cœnationes, cubicula viginti, porticus marmoratas duas, susum cellationem, cubiculum in quo ipse dormio, viperæ hujus sessorium, ostiarii cellam perbonam, hospitium centum hospites capit. Ad summa, Scaurus, quum huc venit, nusquam mavoluit hospitari, et habet ad mare paternum hospitium : et multa alia sunt, quæ statim vobis ostendam. Credite mihi : assem habeas, assem valeas : habes, habeberis. Sic amicus vester, qui fuit rana, nunc est rex. Interim, Stiche, profer vitalia, in quibus volo me efferri. Profer et unguen-

avait pu me dire ce que j'avais mangé la veille à souper.
En un mot, on eût juré qu'il ne m'avait pas quitté de
sa vie.

## CHAPITRE LXXVII.

Mais, Habinnas, vous étiez présent, je pense, lorsqu'il me dit : « De moins que rien vous êtes devenu un riche propriétaire : vous n'êtes pas heureux en amis ; vous n'obligez que des ingrats : vous possédez de vastes domaines ; vous nourrissez une vipère dans votre sein. » Que vous dirai-je enfin ? Il ajouta que j'avais encore à vivre trente ans, quatre mois et deux jours : il ajouta que je recevrais bientôt un héritage. Voilà ce que j'ai appris de ma destinée ; et, si j'ai le bonheur de joindre l'Apulie à mes domaines, je croirai avoir bien employé ma vie. En attendant, par la protection de Mercure, j'ai fait bâtir ce palais. Jadis, vous le savez, ce n'était qu'une baraque, maintenant c'est un temple. Il renferme quatre salles à manger, vingt chambres à coucher, deux portiques de marbre ; et, dans l'étage supérieur, un autre appartement ; la chambre où je couche, celle de cette mégère : on y trouve en outre une très-belle loge de concierge, et cent chambres d'amis. Enfin, lorsque Scaurus vient dans ce pays, il aime mieux descendre chez moi que partout ailleurs ; et pourtant il a sur le bord de la mer un logement chez son père. Il y a encore dans ma maison plusieurs autres pièces que je vais vous faire voir tout-à-l'heure. Croyez-moi, mes amis, on ne vaut que ce que l'on a ; soyez riches, on vous estimera. C'est ainsi que moi, votre ami, qui n'étais naguère qu'un ver de terre, je suis maintenant aussi puissant qu'un roi. Cependant

tum, et ex illa amphora gustum, ex qua jubeo lavari ossa mea.

## CAPUT LXXVIII.

Non est moratus Stichus, sed et stragulam albam, et praetextam in triclinium attulit, jussitque nos tentare, an bonis lanis essent confectae? Tum subridens, — Vide tu, inquit, Stiche, ne ista mures tangant, aut tineae; alioquin te vivum comburam. Ego gloriosus volo efferri, ut totus mihi populus bene imprecetur. — Statim ampullam nardi aperuit, omnesque nos unxit; et: — Spero, inquit, futurum, ut aeque me mortuum juvet, tanquam vivum. — Nam vinum quidem in vinarium jussit infundi; et: — Putate, vos, ait, ad parentalia mea invitatos esse. — Ibat res ad summam nauseam, quum Trimalchio, ebrietate turpissima gravis, novum acroama, cornicines, in triclinium jussit adduci, fultusque cervicalibus multis, extendit se supra torum extremum; et: — Fingite, me, inquit, mortuum esse; dicite aliquid belli. — Consonuere cornicines funebri strepitu. Unus praecipue servus libitinarii illius, qui inter hos honestissimus erat, tam valde intonuit, ut totam concitaret viciniam. Itaque vigiles, qui custodiebant vicinam regionem, rati ardere Trimalchionis domum, effregerunt

Stichus, apporte ici les vêtemens funéraires dans lesquels je veux être enseveli; apporte aussi les parfums, et un échantillon de cette amphore de vin dont je veux qu'on arrose mes os.

## CHAPITRE LXXVIII.

Stichus ne se fit pas attendre, et rentra bientôt dans la salle avec une couverture blanche et une robe prétexte. Trimalchion nous les fit manier pour voir si elles étaient tissues de bonne laine; puis il ajouta en souriant : — Prends bien garde, Stichus, que les rats ou les vers ne s'y mettent; car je te ferais brûler vif. Je veux être inhumé avec pompe, afin que le peuple bénisse ma mémoire. — Ayant ainsi parlé, il déboucha une fiole de nard, et nous en fit tous frictionner. — J'espère, nous dit-il, que ce parfum me fera autant de plaisir après ma mort que j'en éprouve maintenant à le sentir. — Ensuite, il fit verser du vin dans un grand vase, et nous dit : — Figurez-vous que vous êtes invités au repas de mes funérailles. — Ces dégoûtantes libations nous soulevaient le cœur, quand Trimalchion, qui était ivre mort, s'avisa, pour nous procurer un nouveau plaisir, de faire entrer dans la salle des joueurs de cor; puis se plaçant sur un lit de parade, la tête appuyée sur une pile de coussins : — Supposez, dit-il, que je suis mort, et faites-moi une belle oraison funèbre. — Soudain les cors sonnèrent un air lugubre. Un entre autres, le valet de cet entrepreneur de convois, qui était le plus honnête homme de la bande, fit entendre des sons si aigus, qu'il mit en rumeur tout le voisinage; de sorte que les gardes du quartier, croyant que le feu était à la maison de Trimalchion, en brisèrent

januam subito, et cum aqua, securibusque tumultuari suo jure cœperunt. Nos, occasionem opportunissimam nacti, Agamemnoni verba dedimus, raptimque tam plane, quam ex incendio, fugimus.

tout à coup les portes; et, pleins de zèle, se précipitèrent en tumulte dans l'intérieur avec de l'eau et des haches. Pour nous, profitant de cette occasion favorable, et, sur un prétexte frivole, prenant congé d'Agamemnon, nous nous sauvâmes à toutes jambes, comme d'un véritable incendie.

# NOTES

## SUR LE SATYRICON.

### CHAP. I.

Page 54, ligne 5. *Fabricius Vejento de religionis erroribus jam nunc ingeniose loculus est.* Tacite dit que Fabr. Véjento avait fait une satire terrible contre les prêtres de son temps, où il décrivait leurs ruses et leurs artifices, au sujet de ces divines fureurs dont ils paraissaient transportés lorsqu'ils rendaient des oracles, ou qu'ils parlaient des mystères de leur religion. Il ajoute que Véjento avait encore composé une autre satire contre les sénateurs qui vendaient la justice; ce qui fut cause que Néron l'envoya en exil.

Ligne 8. *Num alio furiarum genere declamatores inquietantur?* C'est ici que commence, à proprement parler, le *Satyricon;* tout ce qui précède est regardé comme une interpolation par les meilleurs éditeurs et commentateurs de Pétrone.

Ligne 12. *Succisi poplites membra non sustinent.* Allusion aux soldats vaincus, auxquels on coupait les nerfs des jarrets, pour les empêcher de fuir. C'est de là, selon toute apparence, que vient notre mot français POLTRON, *poplite truncus,* parce que ce genre de blessure rend inhabile aux travaux de la guerre; ou plutôt parce que les soldats anciens s'efforçaient de couper les jarrets à leurs ennemis, ce qu'ils ne pouvaient faire que lorsque ceux-ci tournaient le dos.

Page 56, ligne 8. *Papavere et sesamo sparsa.* Il est question ici d'une sauce verte faite de suc de pavot et de sésame, espèce de blé de l'Inde, dont parle ainsi Jean-Baptiste Porta : « Dioscoride dit que les Égyptiens tiraient de l'huile du sésame; maintenant les Turcs et les Grecs en font un très-grand usage pour leur nourriture; il n'est point d'aliment plus commun que le sésame en Orient. » Bartholin ajoute que le sésame pousse en grande abondance en Sicile, et que les habitans de cette île le mêlent au pain bis auquel il donne une saveur très-agréable.

## CHAP. II.

Page 56, ligne 1. *Non magis sapere possunt quam bene olere qui in culina habitant.* On nous pardonnera d'avoir traduit ces mots par le proverbe trivial : « Un cuistre sent toujours sa cuisine. » C'est qu'il rend parfaitement le sens du latin ; et qu'en outre, le mot de *cuistre* s'applique très-bien à ces pédans ridicules, à ces déclamateurs dont parle Pétrone, qui, au lieu de former l'esprit et le goût de leurs élèves, ne leur enseignent qu'à revêtir des lieux communs *d'un déluge de périodes mielleuses et d'expressions boursoufflées, et réduisent l'éloquence à une harmonie puérile, à de vaines antithèses.* La comparaison du rhéteur et du cuisinier est d'ailleurs d'une justesse incontestable.

Ligne 9. *Homericis versibus canere non timuerunt.* Toutes les éditions de Pétrone que nous avons sous les yeux, portent simplement *canere timuerunt*; mais nous pensons, avec Heinsius, qu'il faut lire *non timuerunt* : sans cette négation le passage n'a plus de sens. Pétrone vient de dire : *Nondum umbraticus doctor ingenia deleverat, quum Pindarus et novem Lyrici...... canere timuerunt.* Quel serait donc ce talent dans toute sa force, qui ne servirait qu'à *craindre* d'imiter la sublimité d'Homère?

Page 58, ligne 9. *Pictura quoque non alium exitum fecit.* Tous les commentateurs, y compris Burmann, n'ont point compris ce passage. Winckelman, dans son *Histoire de l'art chez les anciens*, hasarde la conjecture que voici : « Dans un millier et plus de peintures qu'on a tirées d'Herculanum et autres villes ensevelies par le Vésuve, il s'en trouve quelques-unes composées de bandes d'un peu plus d'une palme de largeur : ces bandes ont différentes séparations, entre lesquelles on trouve représentées de petites figures dans la manière égyptienne. Cette sorte de peinture ornée de petites figures, et composée d'idées les plus bizarres, paraît être ce que Pétrone appelle *Ars compendiaria Ægyptiorum*. On lui aura sans doute donné ce nom de *compendiaria*, à cause de la multiplicité et de la diversité des choses entassées dans un espace resserré, et réduites, pour ainsi dire, en abrégé. Enfin, si l'on veut faire attention aux plaintes de Vitruve, sur l'art de peindre de son temps, art dans lequel, selon son expression, il n'y avait plus aucun principe de vérité, on pourrait croire qu'il a voulu désigner aussi ce que Pétrone dit des Égyptiens. » Winckelman a-t-il résolu le problème? nous ne le pensons pas. Jamais les mots *ars compendiaria* n'ont pu avoir le sens qu'il leur prête ici. Au lieu de ces commentaires qui n'expliquent rien, nous nous contenterons de ramener ces expressions à leur sens naturel et véritable. Selon nous, l'auteur a voulu simplement critiquer ici ces esprits froids et méthodiques qui prétendent soumettre à des règles fixes et invariables ces nobles arts de la peinture, de la poésie, de l'éloquence, qui, fondés principalement sur l'étude de la nature, sont variés et infinis comme elle. Vouloir les renfermer dans l'observation minutieuse de certaines règles, c'est faire subir au génie le lit de fer de Procuste. L'art vit d'inspiration, et, comme l'a dit Horace, il n'est point d'inspiration sans une liberté absolue :

.................... Pictoribus atque poetis
Quidlibet audendi semper fuit æqua potestas.

Il paraît qu'à l'époque où Pétrone écrivait, l'Égypte, qui n'était plus, comme au siècle des Ptolémées, le centre des lumières et de la civilisation, avait dénaturé l'art de la peinture, comme elle avait fait l'éloquence et la poésie. Abandonnant l'étude de la nature et des grands modèles, les Égyptiens avaient réduit cet art sublime à un petit nombre de préceptes contenus dans des espèces d'abrégés, *ars compendiaria*, comme qui dirait nos *manuels* de peinture, de sculpture, etc., bons tout au plus à former des peintres de décors ; mais que le véritable artiste ne s'avisera jamais de consulter.

## CHAP. IV.

Page 60, ligne 20. *Improbasse schedium Lucilianæ improbitatis.*

Pétrone parle ici du talent de l'improvisation. *Schedium* est un canevas, une matière traitée sur-le-champ et sans préparation. *Improbitas Luciliana* est pris dans le même sens que ce passage de Martial : *Improbos Phœdri jocos*, c'est-à-dire les plaisanteries audacieuses de Phèdre. Personne n'ignore que Lucilius est regardé comme l'inventeur de la satire chez les Romains : il faisait des vers avec une telle facilité, qu'on l'a vu souvent, dit Horace (liv. I, *Sat.* 4 et 10), se tenant debout sur un seul pied, improviser, tout d'une haleine, deux cents vers en moins d'une heure :

..................... In hora sæpe ducentos,
Ut magnum, versus dictabat, stans pede in uno.

## CHAP. VII.

Page 64, ligne 21. *Video quosdam intus titulos nudasque meretrices furtim conspatiantes.* Toutes les éditions portent *inter titulos nudasque meretrices* : ce qui n'offre aucun sens. Qu'est-ce, en effet, que ces hommes qu'Encolpe aperçoit se promenant entre des femmes nues et des écriteaux (ceux qui étaient sur la porte des courtisanes)? Au moyen de la correction que nous empruntons à Bourdelot, ce passage devient plus intelligible. Par *titulos*, nous entendons, non pas le nom des courtisanes, mais des jeunes prostitués qui réveillaient par des attouchemens lascifs les sens engourdis des débauchés de l'un et de l'autre sexe, et leur donnaient pour ainsi dire l'avant-goût du plaisir. Le lieu où se tenaient ces *tituli* se nommait *ephebia* à cause de leur âge, comme le prouve un passage de St-Jérôme. Ce que Bourdelot ne nous apprend pas, c'est d'où vient le nom de *tituli* donné à ces jeunes gens : peut-être du mot *Titius*, espèce de danse molle, qui tirait son nom d'un certain *Titius*, homme efféminé?

## CHAP. VIII.

Page 68, ligne 4. *Omnes mihi videbantur satyrion bibisse.* « Le satyrion, dit Pline, est un fort stimulant pour l'appétit charnel. Les Grecs prétendent que cette racine, en la tenant seulement dans la main, excite des désirs amoureux, et beaucoup plus fortement encore si on en boit une infusion dans du vin; et que c'est pour cette raison qu'on en fait boire aux béliers et aux boucs trop lents à saillir. On éteint, ajoute-t-il, les ardeurs produites par le satyrion, en buvant de l'eau de miel et une infusion de laitue. Les Grecs donnent en général le nom de satyrion à toute espèce de boisson, propre à exciter ou ranimer les désirs. » C'est la même plante qu'Apulée, le médecin, nomme *priapiscon* ou *testiculum leporis*.

## CHAP. IX.

Page 68, ligne 20. *Tuus inquit iste frater*. Le nom de *frater*, que l'on trouvera plusieurs fois répété dans cet ouvrage, était un nom de débauche chez les Romains: il signifiait un *mignon*; mais il est plus exactement rendu par le mot de *giton*, emprunté à un des personnages de cette satire, et pris substantivement pour désigner celui qui se livre au vice honteux de la pédérastie. Nous verrons plus loin *soror* signifier une maîtresse.

Page 70, ligne 6. *Gladiator obscœne quem de ruina arena dimisit*. Les gladiateurs qui étaient condamnés à mort, combattaient sur des théâtres élevés au milieu de l'arène, et faits de manière qu'ils s'entr'ouvraient tout à coup, et précipitaient ces malheureux dans des lieux où ils étaient dévorés par des bêtes féroces, ou consumés par les flammes. C'est ce qu'Encolpe appelle ici *ruina*, la chute du théâtre, à laquelle Ascylte avait eu le bonheur d'échapper. Ces sortes de gladiateurs étaient nommés *pegmates*, parce qu'ils combattaient *in pegmate*, sur un plancher mobile.

## CHAP. X.

Page 72, ligne 7. *Quia tanquam scholastici ad cœnam promisimus*. — *Scholasticus* ne signifie pas un *écolier*, mais un savant, un lettré; dans ce sens, on dit *Juraticus scholasticus* pour *Jurisperitus*.

## CHAP. XI.

Page 74, ligne 9. *Sic dividere cum fratre nolito*, etc. A partir de ces mots, tout ce qui suit, jusqu'au chapitre XII, *veniebamus in forum*, etc., est une interpolation évidente, adoptée par Nodot, mais que Burmann a rejetée, avec raison, de son édition. Nous ne l'avons traduite que pour ne pas interrompre le fil de la narration ; mais nous ne donnerons aucune note sur ce passage, d'une latinité bien inférieure à celle de Pétrone, et qui, d'ailleurs, ne présente aucune difficulté sérieuse. On y reconnaît aisément la main d'un écrivain moderne, qui a cherché vainement à imiter les grâces et quelquefois même jusqu'aux incorrections de l'auteur qu'il a voulu compléter.

## CHAP. XII.

Page 94, ligne 23. *Quarum fidem male ambulantem obscuritas.... tegeret.* Il s'agit ici d'objets volés, que les fripons qui les vendaient n'eussent pas osé exposer en plein jour, et dont l'obscurité du soir couvrait la coupable origine. *Male* est pris dans le même sens que *mala*, dans ces vers de Calpurnius :

> Ut mala nocturni religavit brachia Mopsi
> Tityrus, et medio furem suspendit ovili.

Cependant, Burmann donne à ce passage une autre interprétation. Selon lui, *fidem male ambulantem* doit s'entendre dans le sens de *claudicantem* ; c'est-à-dire, des marchandises de mauvaise qualité, qui avaient quelque défaut, quelque chose qui *clochait*.

## CHAP. XIV.

Page 98, ligne 14. *Ipsi qui cynica traducunt tempora cœna.* La frugalité des philosophes cyniques qui, au rapport de Lucien, ne mangeaient que des légumes, couvrait, sous l'apparence de la sévérité, la turpitude de leurs mœurs.

Ligne 17. *Atque eques, in causa qui sedet, emta probat.* Les chevaliers romains étaient du corps de la justice. Chaque conseil était composé pour l'ordinaire de cinq sénateurs et de cinq chevaliers. La corruption des magistrats romains remonte presque jusqu'aux premiers temps de la république. Voici le tableau que Caïus Titius, orateur célèbre, a fait des juges de son époque, dans sa harangue au peuple, pour l'inviter à établir la loi *Fannia* : nous devons à Macrobe la conservation de ce morceau curieux : « Et vous croyez, disait Titius à ses auditeurs, que vos magistrats donnent à l'étude des lois le temps qui précède l'heure des tribunaux? Tel serait, sans doute, leur devoir; mais personne n'ignore qu'ils ne font autre chose que jouer, s'enivrer, se parfumer; et que, satisfaits d'apprendre par un esclave ce qui se passe sur la place publique, quels orateurs combattent pour ou contre l'objet en délibération, combien de tribus l'accueillent favorablement, combien d'autres lui refusent leurs suffrages, ils attendent la dernière minute pour se rendre à leur poste, qu'ils se feraient un jeu de déserter, s'ils ne craignaient les peines sévères que la loi inflige aux absens; qu'ils n'y arrivent qu'après des retards sans nombre, causés par le besoin impérieux qu'ils ont de s'arrêter à chaque pas pour vomir le vin qu'ils ont bu? Leurs fronts soucieux, dès qu'ils sont sur leurs sièges, peignent la contrainte et l'ennui. Cependant on appelle les causes, on plaide; mais l'orateur n'est pas à la fin de son exorde, que tous les juges bâillent à l'unisson, et que l'un d'eux demande les témoins : ils se présentent! va-t-il du moins les écouter? Non; il sort à l'instant même pour se rendre à l'urinal encore fumant des bachiques vapeurs de sa dernière déjection. A peine de retour, il assure qu'il a tout entendu, prend ses tablettes, et tâche d'y lire sa correspondance du matin; mais ses yeux nagent dans les fumées du vin, et le sommeil ferme malgré lui ses paupières clignotantes. Lui demande-t-on son avis? Que m'importent, répond-il, tous les sots propos dont on vient de nous étourdir? J'aime mieux boire, manger une grive bien grasse, ou me régaler d'une tranche de loup-marin. » On voit par ce passage qu'il n'est pas besoin de descendre jusqu'au temps de l'empire pour trouver la dépravation introduite dans la magistrature romaine. Les républiques, sous ce rapport, n'ont rien à reprocher aux monarchies; et Athènes ne fut pas plus exempte que Rome de ce vice inhérent à toute magistrature qui n'est point, par sa fortune et sa position sociale, au dessus des exigeances du pouvoir qui la nomme et du public qui la paie. — Le jury aurait parmi nous toute l'intégrité que l'on peut désirer dans des juges, si malheureusement les préoccupations politiques n'offusquaient trop souvent, dans ceux qui exercent les fonctions de jurés, les lumières naturelles de la raison et du bon sens.

## CHAP. XVII.

Page 108, ligne 6. *Neve traducere velitis tot annorum secreta.* Ces prétendus mystères n'étaient plus même un secret du temps de Juvénal. Voici la description qu'il nous en a laissée dans sa satire VI, *Contre les femmes*, v. 315. Nous empruntons cette citation à l'excellente traduction de Dussault, revue et corrigée avec tant de soin et de goût par M. Jules Pierrot. « On sait à présent ce qui se passe aux mystères de la Bonne Déesse, quand la trompette agite ces autres Ménades, et que, la musique et le vin excitant leurs transports, elles font voler en tourbillons leurs cheveux épars, et invoquent Priape à grands cris. Quelle ardeur, quels élans! quels torrens de vin ruissellent sur leurs jambes! Laufella, pour obtenir la couronne offerte à la lubricité, provoque de viles courtisanes, et remporte le prix. A son tour, elle rend hommage aux fureurs de Médulline. Celle qui triomphe dans ce conflit est regardée comme la plus noble. Là, rien n'est feint, les attitudes y sont d'une telle vérité, qu'elles enflammeraient le vieux Priam et l'infirme Nestor. Déjà les désirs exaltés veulent être assouvis; déjà chaque femme reconnaît qu'elle ne tient dans ses bras qu'une femme impuissante, et l'antre retentit de ces cris unanimes : Introduisez les hommes; la déesse le permet. Mon amant dormirait-il? qu'on l'éveille. Point d'amant? je me livre aux esclaves. Point d'esclaves? qu'on appelle un manœuvre. A son défaut, si les hommes manquent, l'approche d'un âne ne l'effraierait pas. »

## CHAP. XIX.

Page 110, ligne 19. *Et præcincti certe altius eramus.* Allusion à la coutume qu'avaient les soldats romains de relever leur robe avec leur ceinture quand ils se disposaient à combattre. C'est pourquoi Virgile a dit : *Discinctos Afros*, c'est-à-dire *inhabiles militiæ*, parce que les soldats courageux *cincti erant.* De là vient aussi *cingulam militiæ dare*, qui, selon Rufin, signifie : *Dare jus militandi.*

## CHAP. XXI.

Page 114, ligne 13. *Invocare Quiritium fidem.* C'est-à-dire *quiritare*, invoquer le secours des citoyens par cette exclamation : *Porro Quirites!* « à moi, Romains! »

Ligne 15. *Ultimo cinœdus supervenit.* Ces danseurs à gages étaient nommés *cinœdi*, du grec κινεῖν τὸ σῶμα, remuer le corps, comme le prétend Nonnius, ou, plutôt, sens que je préfère, de κινεῖν τὴν αἰδώ, pour τὰ αἰδοῖα, remuer les parties sexuelles. C'étaient de jeunes prostitués qui faisaient, en dansant, des postures lascives. Aulu-Gelle assure qu'il y avait deux espèces de *cinœdi*, les uns *agens*, les autres *patiens*. « Il ne vous importe guère, leur reproche-t-il, *Quibus membris cinœdi sitis ; posterioribus, an prioribus.*—*Spatalocinœdi*, que nous trouvons un peu plus loin, dans la chanson d'un de ces prostitués, signifie un danseur encore plus lascif que les autres, de σπάταλος, mou, efféminé, et κίναιδος; aussi les appelle-t-il *molles* trois vers plus bas : il y ajoute l'épithète de *veteres*, comme nous dirions en français, un vétéran de Cythère, un vieux débauché. Les Romains, par une rage qu'on a peine à comprendre, s'en servaient en qualité d'*agens*. On les nommait encore *exoleti*. Cicéron, dans son *Discours pour Milon*, dit que Clodius en avait toujours quelques-uns à sa suite. On rapporte qu'Héliogabale en avait aussi plusieurs. Mais Alexandre Sévère, qui lui succéda, les fit disparaître en montant sur le trône : il envoya les uns dans des îles désertes, et fit jeter les autres à la mer. Dans la même chanson, dont il est impossible de traduire en français les détails obscènes, nous trouvons *Deliaci manu recisi*. Les habitans de l'île de Délos étaient fort habiles à tailler les eunuques. Cicéron, dans son *Discours pour Cornelius*, dit qu'on venait de tous les pays chez eux pour en acheter, parce qu'ils étaient fort estimés. De tout temps les eunuques ont passé pour être des instrumens de libertinage. Saint Épiphane (*Contre les hérétiques nommés Valésiens*) rapporte que Salomon, parlant contre l'impudicité des eunuques, dit : *Beatus eunuchus qui non operatur in manu scelus*, ce qui répond à ces mots du vers précédent, *Manu procace*.

## CHAP. XXIV.

Page 120, ligne 15. *Ascylto embasicœtas detur;* et, plus haut, *Non intellexeras cinœdum embasicœtam vocari?* Il y a ici un jeu de mots intraduisible en français, qui roule sur ce mot, *embasicœtes*, composé de ἐμβαίνειν, monter, et κοίτη, lit. On donnait ce nom à des débauchés qui parcouraient les lits pour faire souffrir aux autres l'espèce de débauche dont parle ici Pétrone. C'est ce qui fait dire à Catulle, dans sa trentième épigramme, *Perambulavit omnium cubilia*. Nous avons traduit ce mot par celui d'*incube*, qui, en français, s'en rapproche le plus, et qui en donne une idée assez exacte. Il paraît d'ailleurs que ce débauché s'appelait *Embasicœtas*, nom qui convenait parfaitement à ses fonctions, comme celui de *Coupé* à l'écuyer tranchant dont il sera question plus loin.

## CHAP. XXV.

Page 122, ligne 22. *Quœ tulerit vitulum, illa potest et tollere taurum.* Ce proverbe, auquel Quartilla donne ici un sens obscène, a cependant une autre origine que celle dont elle le fait dériver. Il fait allusion à Milon de Crotone, qui, s'étant habitué à porter un veau nouvellement né à une distance de plusieurs stades, finit, en continuant chaque jour cet exercice, par le porter de même lorsqu'il fut parvenu à la dimension d'un taureau. Quintilien rappelle ce trait, liv. I<sup>er</sup>, chap. 9, de son *Institution oratoire* : « Milo, quem vitulum assueverat ferre, taurum ferebat. » Du reste, ce proverbe peut s'appliquer très-bien à cette femme, qui, par une habitude quotidienne du libertinage, finit par se livrer sans danger aux plus grands excès.

## CHAP. XXVI.

Page 124, ligne 2. *Jam Psyche puellœ caput involverat flammeo.* Ce voile se nommait *flammeum* et *flammeolum*, parce qu'il était couleur de flamme; on en couvrait la tête des jeunes mariées. Peut-être aussi était-il appelé de ce nom, parce que sa couleur rouge témoignait de la violence qu'on faisait en ce jour à la virginité. Sulpice-Sévère en fait mention au livre II de son *Histoire sacrée*, en parlant de l'infamie dont Néron se couvrit, lorsqu'il se maria en qualité de femme à un affranchi nommé Pythagore: *Post etiam Pythagoræ cuidam in modum solemnium conjugiorum nuberet, inditumque imperatori flammeum, dos et genialis thorus et faces nuptiales; cuncta denique quæ vel in feminis non sine verecundia conspiciuntur, spectata.* « Il en vint jusqu'à se marier, comme s'il avait été femme, avec un certain Pythagore : ces noces furent célébrées avec l'appareil d'usage; on vit l'empereur, la tête couverte d'un voile d'épousée; on vit la dot, le lit nuptial, les flambeaux de l'hymen; tout ce qu'enfin on ne peut voir sans rougir dans les unions légitimes. »

Page 126, ligne 9. *Venerat jam dies.... liberæ cœnæ apud Trimalchionem.* Nous avons traduit, d'après Nodot, « Nous touchions au jour où Trimalchion, dans un festin, devait affranchir un grand nombre d'esclaves. » Mais ce sens ne nous satisfait point. Selon Lavaur, *libera cœna*, était un festin où l'on n'élisait point de roi, au lieu qu'ordinairement on choisissait un *roi des festins,* qui les réglait à sa volonté, et qui était reconnu comme maître par tous les convives, ce qu'attestent assez les écrits des anciens. *Le festin libre,* dont il est ici question, sera donc sans règle, sans ordre, tout s'y passera dans la licence et le dérèglement. On peut aussi interpréter *libera cœna* par un festin auquel tout le monde était indistinctement admis, même les esclaves de Trimalchion, comme nous le verrons plus loin. On peut encore prendre ici le mot *libera cœna* dans le même sens que le *libera vina* d'Horace (*Art poétique,* vers 85).

Ligne 19. *Trimalchio horologium in triclinio habet.* Il y a ici deux mots qui méritent de fixer notre attention, *triclinium* et *horologium.* Les salles où l'on mangeait étaient appelées *triclinia,* de τρεῖς, trois, et κλίνη, lit, dit Varron, parce que l'usage était d'y dresser trois lits pour les convives. On leur laissa le même nom dans la suite, quoiqu'il y eût un plus grand nombre de lits. Trois convives, et quelquefois quatre, se plaçaient sur le même lit; la table était au milieu; ils s'y étendaient de la ceinture en bas, le haut du corps droit et soutenu par des carreaux; pour manger, ils s'appuyaient sur le coude gauche, et avaient le bras droit libre. Cependant l'usage de s'asseoir à table était connu depuis long-temps. Duris, historien grec du temps de Ptolémée Philadelphe, cité par Athénée au liv. 1, ch. 14 de ses *Deipnosophistes*, témoigne qu'on était quelquefois assis à la table d'Alexandre, et que ce prince avait eu à sa table jusqu'à quatre cents de ses chefs, assis sur des sièges d'or et d'argent couverts d'étoffes précieuses ; mais il paraît que les anciens trouvaient les lits plus commodes que les sièges. Venons maintenant au mot *horologium*. Quelle est cette espèce d'horloge dont il est ici question ? il ne s'agit point d'un cadran solaire, puisque cette horloge est placée dans l'intérieur de la maison de Trimalchion. Ce ne peut donc être qu'un sablier ou une clepsydre ou horloge d'eau. Or, l'histoire nous apprend que Scipion Nasica essaya de faire, par le moyen de certaines mesures d'eau, le partage des heures de la nuit et du jour. Il fit choix d'un lieu couvert, où il plaça avec appareil cette nouvelle horloge, l'an de Rome 395 ; tant les Romains s'avisèrent tard de mettre en pratique la méthode des divisions du jour ! C'était probablement une horloge de cette espèce qui ornait la salle à manger de Trimalchion.

## CHAP. XXVII.

Page 128, ligne 4. *Inter pueros capillatos*. Il sera souvent question, dans le cours de cet ouvrage, de ces *pueri capillati*. Ce n'était qu'aux esclaves destinés aux plaisirs qu'on laissait et entretenait une longue chevelure : tous les autres portaient les cheveux courts. Aussi le même mot grec κορσοίφος signifie également *chevelu* et *prostitué*. Horace décrit ainsi en plusieurs endroits ces jeunes esclaves employés aux plaisirs ; ainsi il dit, *Ode* 10 du liv. v :

................ Teretis pueri
Longam renodantis comam.

Saint Ambroise, en parlant de ces beaux garçons à longue chevelure, dit, suivant le proverbe de son temps, *Nullus comatus, qui non idem cinœdus*.

Ligne 18. *Digitos concrepuit*. C'était la coutume des grands d'appeler leurs esclaves en faisant craquer leurs doigts. Martial, sur l'inscription *de Matella*, dit, liv. XIV, *Épigr.* 117 : *Dum poscor crepitu digitorum.* L'affranchi Pallas, étant accusé d'une conspiration contre Néron, quand on lui nomma quelques-uns de ses affranchis comme ses complices, répondit avec arrogance qu'il ne leur avait jamais parlé que par des gestes de la tête ou de la main, pour ne pas se familiariser avec eux. (TAC., *Ann.*, XIII.)

Page 128, ligne 20. *Digitos..... in capite pueri tersit.* C'était encore un rafinement qui annonçait l'opulence et la mollesse chez les anciens, que d'essuyer ses mains aux cheveux d'un de ces esclaves à longue chevelure dont nous avons précédemment parlé.

## CHAP. XXVIII.

Page 128, ligne 24. *Momento temporis ad frigidam eximus.* Cette coutume de passer par degrés du bain chaud au bain froid existe encore en Russie, où j'en ai fait l'épreuve à mes dépens. Après avoir pris un bain de vapeur qui excite à une violente transpiration, on vous place sous une espèce d'arrosoir d'où tombe tout à coup sur vous une pluie d'eau glacée. Les Russes, accoutumés à ces bains dès leur enfance, s'en trouvent fort bien; mais moi qui en faisais usage pour la première fois, j'y gagnai une grosse fièvre dont je ne pus me délivrer qu'en excitant de nouveau chez moi une abondante transpiration. Les Romains étaient plus fastueux dans leur manière de se baigner : ils avaient pour cet usage plusieurs salles contiguës à différens degrés de température, depuis la plus chaude jusqu'à la plus froide ; c'est ce que signifie ce passage de Pétrone. On en voit encore des exemples dans les lettres de Sidonius Apollinaris, et dans l'inscription qu'il avait mise sur son bain d'eau froide :

> Intrate algentes post balnea torrida fluctus
> Ut solidet calidam frigore lympha cutem.

Ces deux vers prouvent en outre qu'on ne se servait que rarement du bain tiède, comme intermédiaire entre les deux autres. Suétone, dans la *Vie de Néron*, chap. XXVII, dit que ce prince faisait souvent remplir ses bains d'eau à la neige. Un médecin célèbre, nommé Charmis, qui était alors à Rome, venu de Marseille, ne voulait qu'on se baignât que dans l'eau froide, même au plus fort de l'hiver : « Si bien, dit Pline (liv. IX, chap. 1), qu'on voyait emporter des vieillards des plus qualifiés, tout raides des bains où il les avait fait plonger. »

Page 130, ligne 1. *Trimalchio unguento perfusus tergebatur, non linteis, sed palliis, ex mollissima lana factis.* C'était une espèce de coton ou de laine très-fine et très-rare, qu'on recueillait sur les feuilles de certains arbres dans l'Éthiopie et dans la Sérique ou pays des *Sères*, voisins des *Sinœ* (Chinois) :

> Quid nemora Æthiopum molli canentia lana?
> Velleraque ut foliis depectant tenuia Seres?
> (VIRGIL. *Georg.*, II.)

Pline (liv. VI, chap. 17) dit que ces peuples sont célèbres par leurs arbres à laine, d'où ils tirent un duvet blanc qu'ils peignent, après l'avoir arraché des feuilles détrempées dans l'eau. Le même auteur rapporte (liv. XII, ch. 10 et 11) que, dans une île du golfe Persique, nommée *Tylos*, les arbres portent des espèces de courges, qui, s'ouvrant quand elles sont mûres, donnent des pelottes de laine dont on fait des toiles précieuses. Il est question ici du *Gossypium arboreum*, le cotonnier, cultivé dans plusieurs parties du globe. La première mention du coton, chez les anciens, se trouve dans Théophraste que Pline a copié ici presque littéralement. C'est là ce *Byssus* ou lin oriental qui servait de vêtement aux prêtres d'Égypte ; suivant Philostrate, c'est la substance la plus anciennement célébrée chez les Arabes, pour les étoffes de luxe.

Ligne 3. *Tres interim iatraliptœ.* C'étaient des médecins qui faisaient profession de guérir par des onguens et des frictions ; du grec ἰατραλείπτης. On attribue leur origine à Prodicus, disciple d'Aristote. Ici *iatralipta* signifie simplement un étuviste, un parfumeur.

Ligne 5. *Hoc suum propinasse dicebat.* Ce passage n'est intelligible qu'en sous-entendant le mot *genium.* Trimalchion voulait dire que ces étuvistes venaient de faire des libations à son bon génie, ou plutôt de boire à sa santé ; car c'est là le véritable sens de *propinare.*

Ligne 7. *Chiramaxio, in quo deliciœ ejus vehebantur.* Espèce de chaise à porteur; des deux mots grecs, χείρ, main, et ἅμαξα, char.

Page 130, ligne 21. *Pica varia intrantes salutabat.* Pline parle de cette espèce de pie, au ch. 41 de son X<sup>e</sup> livre : *Picæ longa insignes cauda variæ appellantur.* On les appelait *variées*, parce qu'elles étaient plus bigarrées que les autres ; mais Hardouin prétend que ce sont nos pies communes. Quant à leur loquacité, elle est devenue proverbiale. Perse dit : *Picasque docuit verba nostra conari.*

## CHAP. XXIX.

Page 132, ligne 6. *Cave, cave canem!* Sénèque rapporte que, de son temps, il y avait aux portes des palais de gros chiens d'attache ; et Artémidore, que quelques-uns se contentaient d'en faire peindre l'image sur la muraille, auprès de la loge du portier, avec cette inscription : *Cave canem!* ce qui fait dire à Varron : *Cave canem inscribi jubeo* : c'était aussi une inscription assez ordinaire sur les grandes portes, pour avertir les étrangers de ne pas entrer témérairement.

Ligne 8. *Erat venalitium titulis pictum.* Chaque esclave mis en vente dans un marché public avait suspendu au cou un écriteau qui indiquait son pays, son savoir-faire, ses défauts : cela était ordonné par les édiles. *Voyez* AULU-GELLE, liv. IV, chap. 2 ; et ce distique de PROPERCE, liv. IV, élégie 5 :

    Aut quorum titulus per barbara colla pependit,
      Cœlati medio quum saliere foro.

Ligne 19. *Et pixis aurea non pusilla, in quâ barbam ejus conditam esse dicebant.* Les Romains gardaient leur première barbe avec un soin superstitieux ; ils adoptèrent assez tard l'usage de se raser. Varron nous apprend que les premiers barbiers vinrent de Sicile en Italie, l'an 454 de la fondation de Rome, amenés par Publius Ticinus Mena ; avant cette époque on ne s'y rasait pas. Le second Scipion l'Africain donna l'exemple de se faire la barbe chaque jour ; et, depuis lui, parmi toutes les manières de se raser, Auguste, dit Pline, employa constamment le tranchant de l'acier. On lit dans Plaute qu'il y avait deux manières de se faire la barbe : la première, en passant immédiatement le tranchant du fer sur la peau, comme nous le faisons aujourd'hui; la seconde, avec l'intermédiaire d'un peigne très-fin placé entre la peau et les ciseaux, pour ne courir aucun risque. Avant de passer aux Romains, l'usage de se raser avait pris naissance chez les Macédoniens : Athénée nous apprend que ce fut Alexandre-le-Grand qui en introduisit la mode. Avant lui, l'histoire n'en fournit pas d'exemple. Du reste, pour en revenir à l'usage qu'avaient les Romains de conserver leur première barbe, Suétone, dans la *Vie de Néron*, chap. XII, s'exprime ainsi : *Inter Buthysiœ apparatum barbam primam posuit; conditamque in auream pyxidem, et pretiosissimis margariis adornatam Capitolio, consecravit.*

Page 132, ligne 22. *Ac lœva videtis gladiatorium munus.* Les éditions de Pétrone que j'ai sous les yeux offrent chacune une leçon différente pour ce passage : Burmann imprime *ac* LŒNATIS *gladiatorium munus.* Quel est ce Lœnas qu'il introduit ici dans la phrase de son autorité privée? Juvénal, dans sa Vᵉ *Satyre*, fait bien mention d'un certain Lœnas, coureur d'héritages; mais quel rapport cet homme pouvait-il avoir avec Trimalchion, pour que celui-ci fît représenter dans son portique les combats de gladiateurs donnés par ce Lœnas ? voilà ce que Burmann ne nous dit pas. Nodot et Lavaur impriment : *Ac lœva bis gladiatorium munus :* cela ne présente aucun sens; si Pétrone avait voulu parler de deux combats de gladiateurs, il aurait dit : *Se ad lœvam, vel a lœva vidisse duo gladiatoria munera picta;* car l'idée de peindre deux fois le même combat de gladiateurs dans la même galerie, ne pouvait pas même entrer dans la tête d'un fou tel que Trimalchion. Mécontent de ces deux leçons, nous en proposons une troisième qui a du moins pour elle le mérite de la vraisemblance : *Ac lœva videtis gladiatorium munus.* Il est probable que le manuscrit primitif, altéré par le temps, portait ces mots : *Ac lœva ...tis gladiatorium munus :* les commentateurs ont rempli cette lacune de quatre lettres à leur manière; nous offrons à notre tour une nouvelle hypothèse : que le lecteur compare et juge.

## CHAP. XXX.

Page 134, ligne 5. *In postibus triclinii erant fasces cum securibus fixi*. Les faisceaux de verges surmontés de haches étaient des marques de dignité que les licteurs ne portaient que devant les magistrats de Rome, et jamais devant ceux des colonies : c'est aussi pourquoi Encolpe s'étonne d'en voir sur les portes de la salle à manger de Trimalchion, qui n'y avait point droit, n'étant que sévir d'une petite colonie. Du reste, tout ceci paraît n'être qu'une fiction de l'auteur, qui a voulu se moquer en cet endroit de ces petits magistrats de province qui s'attribuent des honneurs qui ne leur sont pas dus. Les *sévirs* étaient d'ailleurs les premiers magistrats des colonies ; on leur donnait le titre d'*Augustales* aussi bien qu'aux *duumvirs*. L'origine de cette magistrature remonte au partage que Romulus fit des chevaliers romains en trois classes (TITE-LIVE, liv. 1), lesquelles furent dans la suite divisées chacune en deux, ce qui en fit six en tout, dont les chefs étaient appelés sévirs. On trouve ce titre de *sévir* donné à des chevaliers romains dans Julius Capitolinus, dans la *Vie de Marc-Antoine* le philosophe, et dans plusieurs inscriptions expliquées par Turnèbe, liv. II, chap. 2 de ses *Diversités*.

Page 134, ligne 17. *Et qui dies boni, quique incommodi essent.* C'est une superstition ridicule dont les plus grands hommes n'ont pas toujours été exempts. Les Romains regardaient comme des jours néfastes le lendemain des kalendes, des nones et des ides, parce qu'il leur était arrivé de grandes calamités à pareils jours, ce qui fait dire à Ovide, dans ses *Fastes*, liv. 1 :

> Omen ab eventu est : illis nam Roma diebus,
> Damna sub adverso tristia marte tulit.

Quant à ce mot *incommodi*, pris dans le sens de *néfastes*, nous trouvons dans Properce, liv. II, élégie 20 :

> Quæritis et cœlo Phœnicum inventa sereno,
> Quæ sit stella homini commoda ; quæque mala ;

et dans Apulée, *Métamorphoses*, liv. II : *Cerdo quidam negotiator accessit eum, diem commodum peregrinationi sibi cupiens providere.*

Ligne 19. *Exclamavit unus ex pueris :* DEXTRO PEDE! Autre superstition. On regardait comme un fâcheux augure d'entrer, le pied gauche le premier, dans les lieux auxquels on devait du respect, comme dans les temples et dans les palais des grands; et il y avait des esclaves chargés de faire observer ce devoir. La faiblesse dont Pétrone se moque ici, devient moins incroyable quand on lit que l'empereur Auguste, ayant un jour couru risque de périr dans une sédition, remarqua que, le matin, on lui avait chaussé le pied gauche avant le droit. *Voyez* PLINE, liv. II, chap. 7.

Page 136, ligne 11. *Vestimenta mea cubitoria perdidit.* Les Romains avaient pour la table des habits particuliers qu'ils y portaient toujours, et qu'ils ne pouvaient porter ailleurs; et, quand ils mangeaient hors de chez eux, ils envoyaient ces habits chez leur hôte, à moins que celui-ci ne leur en fournît. La couleur de ces habits n'était point fixée, tandis que l'habit de ville devait toujours être blanc. Ils appelaient cette robe de festin *vestis cœnatoria* ou *cubitoria;* celle des gens de qualité s'appelait *synthesis*. Néron portait quelquefois en public cette robe de festin, ce que Suétone, au chapitre LI de la vie de cet empereur, lui reproche comme un manque de bienséance.

Ligne 11. *Natali meo cliens quidam donaverat.* C'était un usage réglé, que les cliens envoyassent à leurs patrons des présens au jour de leur naissance, et souvent des habits comme celui dont il s'agit ici :

   Cœnatoria mittit advocato.

dit Martial, *Épigramme* 87 du livre X.

Ligne 12. *Tyria sine dubio.* Pline, liv. IX, ch. 39; et Cassiodore, dans sa deuxième *Lettre* du liv. I<sup>er</sup>, décrivent l'origine de cette belle teinture de pourpre que les Tyriens tiraient du sang d'un petit crustacée nommé *murex*. Pétrone ajoute, comme pour diminuer la faute de l'esclave, *Sed jam semel lota*. Quelques commentateurs ont entendu par ces mots *semel lota*, que l'étoffe de cette robe n'avait pas reçu une double teinture, *non dibapha;* car la coutume des anciens était de la teindre deux fois, comme le prouve ce vers du *Culex* de Virgile :

  Si non assyrio fuerit bis tincta colore.

et celui-ci d'Horace, *Ode* 16 du liv. III :

  ......... Bis atro murice tincta.

Mais outre que cette interprétation est trop recherchée, je ne pense pas que ce soit là le véritable sens ; le mot *jam* s'y oppose absolument. Pétrone veut dire que cet habit avait déjà été lavé, qu'il n'était plus neuf, et qu'il avait perdu son premier lustre.

## CHAP. XXXI.

Page 136, ligne 19. *Vinum dominicum ministratoris gratia est.* Une inscription romaine, rapportée par Velserus, porte ces mots :

>..........Merum profundite
> Nigrum Falernum, aut Setinum, aut Cœcubum,
> Vivo ac volenti de apotheca domini.

Et Juvénal, *Sat.* v, dit, qu'à certaines tables, bien loin de donner aux convives le vin du maître, on ne leur donnait pas la même eau :

> Non eadem vobis poni modo vina querebar,
> Vos aliam potatis aquam.

Ce proverbe est parfaitement bien placé dans la bouche d'un esclave de Trimalchion, qui, dans son faste mesquin, faisait servir à ses convives, et surtout aux moins qualifiés d'entr'eux, un vin inférieur en qualité à celui qu'il buvait ; c'est ce qu'on appelait *libertinum vinum*. Cette coutume existe encore en Russie, où l'on sert aux convives, placés au bas bout de la table, des vins et des mets plus communs que ceux réservés aux places d'honneur.

Ligne 21. *Pueris alexandrinis aquam in manus nivatam infundentibus.* Les esclaves d'Alexandrie étaient les plus recherchés, non-seulement parce qu'ils venaient de loin, mais parce qu'ils étaient particulièrement propres aux plaisirs les plus effrénés, et que rien d'infâme ni de vil ne les rebutait. Martial, *Épigramme* 42 du liv. IV, décrivant les qualités qu'il veut trouver dans un esclave, exige d'abord qu'il soit Égyptien :

> Niliacis primum puer is nascatur in oris,
> Nequitias tellus scit dare nulla magis.

*Aquam nivatam.* Cette eau se faisait avec de la neige fondue, puis filtrée, et plongée de nouveau dans la neige pour la frapper de glace. Néron l'aimait à un tel point, qu'il en faisait mettre dans ses bains. Cette invention est d'ailleurs fort ancienne. Pline (liv. XXXI, chap. 3) dit que Néron s'avisa le premier de faire bouillir de l'eau, et de la mettre ensuite dans la neige, afin qu'elle prît mieux le froid et fût moins dangereuse.

Page 138, ligne 1. *Ac paronychia cum ingenti subtilitate tollentibus.* — *Paronychia*, des deux mots grecs παρὰ, autour, et ὄνυξ, ongle. C'est ce que nous appelons, en français, *faire les ongles*. Il était naturel que dans les pays où on lavait les pieds des convives avant le repas, on leur nettoyât en même temps les ongles : cette précaution, ou plutôt cette propreté, était d'autant plus nécessaire qu'ils se mettaient à table les pieds nus, comme nous le verrons dans la suite.

Ligne 9. *Cui locus, novo more, primus servabatur.* A Rome, le maître du logis, de quelque qualité qu'il fût, prenait toujours la dernière place à table : il est vrai que l'empereur était au dessus de cette règle. La place la plus honorable était celle du milieu ( LIPSE, *Antiquar. lection.*, lib. III ). Nous voyons Didon la prendre dans l'*Énéide*, liv. I :

.........Aulæis jam se Regina superbis,
Aurea composuit sponda, mediamque locavit.

Ligne 10. *In promulsidari asellus erat Corinthius.* — *Promulsidaris* était le nom du surtout ou plateau sur lequel on servait les hors-d'œuvre : c'était une imitation des Grecs qui appelaient ces surtouts ὄνει, ânes, parce qu'ils en avaient la figure. On en faisait de toute espèce de métal ; mais le plus estimé était l'airain de Corinthe. Sur le dos de l'âne était une espèce de bissac qui tombait des deux côtés en forme de bourse : on y mettait pour l'ordinaire certains fruits, et particulièrement des olives, comme on en sert aujourd'hui chez nous sur presque toutes les tables.

Ligne 13. *In quarum marginibus nomen Trimalchionis inscriptum erat et argenti pondus.* Avant l'invention des armes ou du blason, on gravait le nom des grands seigneurs sur leur vaisselle, ou des emblèmes qui leur convenaient ; et les pièces d'argenterie qui étaient ainsi marquées se nommaient *pocula litterata*. Plaute dit, en parlant d'une urne : *Hæc litterata est; ab se cantat cuja sit.* Pétrone, pour tourner en ridicule l'ostentation de Trimalchion, ajoute *et argenti pondus*. Ce n'était point l'usage, chez les gens habitués à l'opulence, d'indiquer ainsi le poids de l'argent.

Page 138, ligne 15. *Ponticuli ferruminati sustinebant glires.* C'était une imitation des ponts sur lesquels les prêtres faisaient passer et égorgeaient leurs victimes; ils étaient faits à claire-voie, ou percés de trous par où s'écoulait le sang des victimes; d'autres prêtres, placés au dessous, le recevaient religieusement. Peut-être est-ce à cette coutume que l'on doit attribuer le nom de pontife, *pontifex*. Prudence en fait une description élégante dans son *Peristephanon*, hymne X du *Martyre de saint Romain* :

> Tabulatis superne strata texunt pulpita,
> Rimosa rari pegmatis compagibus.

Ligne 15. *Glires, melle et papavere sparsos.* Les anciens se servaient du miel comme nous faisons du sucre. Quant à *papaver*, il s'agit ici du pavot blanc : on faisait des sauces avec le jus de sa graine broyée, après l'avoir fait rissoler (PLINE, liv. XXIX, chap. 8). On l'employait aussi quelquefois avec du lait, comme le prouve ce passage d'Ovide, *Fastes*, liv. IV, vers 149 :

> Nec pigeat tritum niveo cum lacte papaver
> Sumere, et expressis mella liquata favis.

*Glires*, les loirs étaient fort estimés, chez les anciens, de ceux qui aimaient la bonne chère. Martial, liv. XIII, dit, en faisant parler le loir :

> Tota mihi dormitur hyems, et pinguior illo
> Tempore sum quo me nil nisi somnus alit.

Apicius en parle, *de Re culinaria*, liv. VIII, chap. dernier. Pline, liv. XXXVI, chap. 1, dit : *Exstant censoriæ leges glandia in cœnis gliresque velantes*; et liv. VIII, chap. 57 : *Glires censoriæ leges, principesque M. Scaurus in consulatu non alio modo cœnis ademere, quam conchylia, aut ex alio orbe convectas aves.* Nonnus, *de Re cibaria*, nous apprend que les loirs dont les anciens faisaient leurs délices, étaient les loirs sauvages, et non les loirs domestiques.

## CHAP. XXXII.

Page 140, ligne 2. *Pallio enim coccineo adrasum excluserat caput.* C'était une grande marque de luxe et de mollesse de porter la tête enveloppée dans son manteau. Sénèque, *Lettre* CXV, décrivant la mollesse de Mécène, lui reproche particulièrement de s'être montré en public ainsi vêtu, *at pallio velaretur caput exclusis utrimque auribus*. Plutarque peint de même Demetrius, affranchi de Pompée, pour marquer son luxe et son orgueil; et Quintilien, liv. II, chap. 3, dit que cela ne peut être causé que par la nécessité d'une maladie; c'était un petit manteau en forme de grand capuchon, qui enveloppait la tête et couvrait les épaules seulement jusqu'au coude. Suétone, *Vie de Néron*, chap. LI, dit qu'il paraissait souvent en public avec sa robe de festin et un linge attaché autour du cou.

Ligne 3. *Circa... cervices laticlaviam immiserat mappam*. Les Romains distinguaient le *clavus* (nœud ou bouton de pourpre que portaient les sénateurs, les tribuns, les chevaliers, pour marque de leur dignité) en deux espèces, *latus clavus* et *angustus clavus*. Les tribuns militaires étaient les uns, *lati clavii*, comme parle la loi IV, *Cod. de testam. militis*; et Horace :

>  Sumere depositum clavum fierique tribunum;

les autres, *angusti clavii*. Tous les sénateurs étaient *lati clavii*, et leur robe était nommée *laticlavia*, à cause des nœuds de pourpre dont elle était garnie; les chevaliers étaient *angusti clavii*. C'est donc par dérision que Pétrone donne ici une serviette laticlave à Trimalchion, cet affranchi dont l'unique mérite était son immense fortune, et qui n'avait pas même droit à l'*angustus clavus*. Du reste, Cujas, liv. XII, chap. 39, nous apprend que ces nœuds de pourpre n'étaient pas seulement cousus aux habits, mais qu'on en ornait aussi toute espèce de linge, et surtout le linge de table; et Ammien Marcellin, liv. XVI, chap. 8, fait mention de draps de lit ornés de ces *clavi;* Martial, liv. IV, *Épigramme* 46, dit :

>  .....Et lato variata mappa clavo.

Page 140, ligne 8. *Annulum... ferreis stellis ferruminatum.* Les anciens portaient par luxe une grande multitude de bagues ou d'anneaux, comme l'atteste ce passage de Sénèque (*Quest. nat.*, liv. VII, ch. 31) : *Exornamus annulis digitos : in omni articulo gemma disponitur.* Mais il n'était pas permis aux hommes du peuple et aux affranchis de porter des anneaux d'or, à moins qu'ils n'eussent été admis dans l'ordre équestre après leur affranchissement. C'est pour cela que Pétrone ne donne à Trimalchion qu'un anneau légèrement doré, *subauratum;* et un autre d'or pur, à la vérité, mais émaillé d'étoiles d'acier, *ferreis stellis ferruminatum,* ce qui ne permettait pas de le confondre avec celui des chevaliers.

## CHAP. XXXIII.

Page 140, ligne 13. *Ut deinde spina argentea dentes perfodit.* Un cure-dents d'argent était, chez les Romains, une marque de luxe, parce qu'ils ne se servaient ordinairement que de petits morceaux de bois ou de plume, comme nous l'apprend Martial, liv. XIV, Épigramme 22 :

> Lentiscum melius; sed si tibi frondea cuspis
> Defuerit, dentes penna levare potest.

Il dit ailleurs que ces cure-dents avaient le bout rouge, liv. III, Épigramme 82 :

> Stat exoletus, suggeritque ructanti
> Pinnas rubentes, cuspidesque lentisci.

Et Pline, liv. XXXV, chap. 4 : *Penna vulturis si scalpantur dentes, acidum halitum faciunt. Hoc idem hystricis spina fecisse, ad firmitatem pertinet.*

Ligne 16. *Sequebatur puer cum tabula terebinthina, et cristallinis tesseris.* Pétrone parle ici d'une espèce d'échiquier ou damier, fait de bois de térébinthe. Le térébinthe est un arbre qui croît particulièrement dans la Syrie; le bois en est d'un beau lustre, et se conserve long-temps (PLINE, liv. XIII, chap. 6). Les anciens faisaient comme nous de ces échiquiers un objet de luxe; le même Pline, liv. XXXVII, chap. 2, dit : *Pompeium in triumpho trans-*

*tulisse alveum cum tesseris lusorium e gemmis duabus, latum pedes tres, longum pedes quatuor.*

Page 140, ligne 17. *Crystallinis tesseris.* Les dés étaient ordinairement de verre, comme le prouve ce passage de Lucain :

........*Vitreo peragunt milite bella.*

Mais Trimalchion, par un raffinement de luxe, en avait de cristal.

Ligne 21. *Repositorium allatum est cum corbe.* Nous entendons ici par *repositorium*, non pas un buffet, dans le sens naturel de ce mot, mais une espèce de surtout ou de plateau sur lequel on servait les mets d'apparat. Ces plateaux étaient portés par plusieurs esclaves, comme on le voit dans l'*Hésione* du poète Alexis :

Ut vidit mensam homines intro duos gestantes
Variarum paropsidum apparatu gravem.

Page 142, ligne 2. *Pavonina ova divisere convivis.* On commençait souvent, comme chez nous, un repas par des œufs frais, et on le finissait par le fruit : d'où Horace dit : *Ab ovo usque ad mala;* et Cicéron, dans une *Lettre à Pétus,* la 20ᵉ du liv. IX : *Integram famem ad ovum affero,* c'est-à-dire au commencement du repas. Parmi les œufs, ceux du paon étaient si rares et si estimés à Rome, qu'on les vendait jusqu'à trente sous la pièce. Varron, *de Re rust.*, et Pline, liv. X, nous apprennent qu'un troupeau de cent paons y valait près de mille écus de revenu. Le premier qui fit paraître des paons sur sa table fut Hortensius, le rival de Cicéron ; et il les mit tellement en vogue, qu'on n'osait plus donner un dîner sans en servir. Ainsi Cicéron, dans sa *Lettre à Pétus,* déjà citée, se vante d'avoir osé donner un repas sans avoir des paons. Horace, *Sat.* 2 du liv. II, déplore cette vanité insensée :

Quia veneat auro
Rara avis et pictæ pandat spectacula caudæ;

et notre auteur, chap. LV, s'écrie :

Luxuria victa Martis marcent mœnia.
Tuo palato clausus pavo pascitur, etc.

L'espèce la plus estimée était celle qu'on faisait venir à grands frais de Samos. Du reste, la beauté, la rareté, et surtout la cherté de ces oiseaux, leur tenaient lieu de goût ; car leur chair, loin d'offrir un mets agréable, est coriace, et de dure digestion: telles sont du moins les mauvaises qualités que Gallien lui attribue; et Juvénal dit que les crudités qu'elle engendre causaient de son temps de graves accidens, même des morts subites. Cependant la manie d'en manger alla si avant, que Macrobe, dans ses *Saturnales*, liv. III, chap. 15, dit, avec étonnement : *Ecce res non miranda solum, sed pudenda, ut ova pavonum quinis denariis veneant.* Et Varron assure qu'un certain Aufidius avait vendu une troupe de paons, *supra sexaginta millia nummûm* : plus de soixante mille écus! Doit-on s'étonner d'après cela de cette boutade attribuée à Anaxandride, poète grec, par Athénée, liv. XIV, chapitre 20 : « N'est-ce pas une fureur, de nourrir des paons du prix desquels on achèterait de belles statues? »

Page 142, ligne 7. *Cochlearia non minus selibras pendentia.* Les anciens avaient, comme un grand nombre de modernes, la superstition de croire que c'était une précaution utile contre les maléfices et enchantemens que de casser la coquille des œufs avec la cuiller, après les avoir mangés. C'est pour cette raison que Trimalchion fait donner à ses convives des cuillers du poids d'une demi-livre.

## CHAP. XXXIV.

Page 142, ligne 15. *Jam Trimalchio fecerat potestatem si quis nostrum iterum vellet mulsum sumere.* Ce que les Romains appelaient *mulsum*, était une espèce d'hypocras ou vin miellé dont quatre parties étaient de vin et la cinquième de miel : il en est souvent question dans les auteurs anciens; et c'est par là qu'on commençait le repas. Auguste, demandant à Pollion, alors âgé de plus de cent ans, et encore vigoureux, par quels moyens il avait conservé une si belle santé, Pollion lui répondit: *Intus mulso, foris oleo.* Du mot *mulsum* on a formé *promulsis*, qui signifie les *hors-d'œuvre* que l'on mangeait avant de boire le premier coup ; et *promulsidare* ou *promulsidarium*, que nous avons vu précédemment, et qui était le plateau sur lequel on servait le *promulsis*. Ce qui confirme cette explication, c'est le mot *gustatoria* que nous trouvons un peu plus loin, et qui offre évidemment le même sens que notre mot français *hors-d'œuvre*.

Page 142, ligne 22. *Argentumque inter reliqua purgamenta scopis cœpit verrere*. Sénèque, *Épitre* 47 du livre VI, raconte que pendant que les maîtres étaient à table, un esclave était obligé de laver les crachats sur le parquet, un autre recevait les vomissemens de ceux qui étaient ivres, un autre balayait tout ce qui tombait de la table : *Alius sputa detegit, alius reliquias temulentorum subditus colligit, etc.* Pétrone, pour nous donner une idée de la magnificence extravagante de Trimalchion, dit que, par son ordre, un plat d'argent tombé à terre est balayé parmi les ordures par un esclave auquel il donne le titre de *lecticarius* ou plutôt *supellecticarius*; car le *lecticarius* était un porteur de chaise, et il est probable qu'un homme aussi opulent que notre amphitryon n'employait pas le même esclave à des usages aussi opposés que celui de porter sa chaise et de servir à table, ce qui était plutôt dans les attributions du *supellecticarius*, valet-de-chambre chargé du soin des meubles et de la vaisselle.

Page 144, ligne 1. *Intraverunt duo Æthiopes capillati cum pusillis utribus*. Varron nous apprend que, dans l'antiquité la plus reculée, on portait le vin aux festins dans des outres, comme on le voit dans Homère. L'usage de conserver le vin dans des outres ou peaux de boucs existe encore présentement en Espagne; cela s'explique par la nécessité de transporter le vin à dos de mulet dans des chemins escarpés et impraticables aux voitures. Cependant les anciens se servirent aussi de barils et de bouteilles, comme nous allons bientôt le voir.

Ligne 5. *Æquum, inquit, Mars amat*. Lavaur prétend que c'est mal-à-propos qu'on a mis *æquum* dans plusieurs éditions de Pétrone, et qu'il faut lire *equum Mars amat* : « Mars aime les chevaux. » Je ne vois pas trop sur quoi se fonde cette correction ; je sais bien qu'il est fait mention dans Festus et dans Ovide des fêtes appelées *Equiria*, qui étaient des courses de chevaux instituées par Romulus en l'honneur de Mars ; mais je ne trouve aucun rapport entre cette interprétation et ce qui suit : *Jussit suam cuique mensam assignari*, ce qui signifie que chaque convive doit avoir sa table séparée, ou plutôt que chaque convive aura un esclave chargé spécialement de le servir, tandis qu'auparavant le nombre des esclaves surpassait celui des convives. Il y a là une sorte d'égalité qui demande naturellement le mot *æquum*. Ce proverbe *æquum Mars amat* fait donc allusion au *Mars æquus*, si fréquent dans les auteurs anciens.

Page 142, ligne 6. *Ob id ergo, ait, pædidissimi servi minorem nobis æstum, sublata frequentia, facient.* La plupart des éditions portent *obiter, ait, pædidissimi servi, etc.;* ou encore, d'après Gonsales de Salas, *addiditque, obvii et per discessum servi, etc.*, ce que Lavaur traduit : « Les valets allant et venant nous échaufferont moins quand nous serons écartés. » Or, je le demande, comment *obvii et per discessum* peut-il signifier « les valets allant et venant ; » et *sublata frequentia* : « quand nous serons écartés. » Ma traduction est plus simple et plus vraisemblable : « Il réduisit le nombre des esclaves à celui des convives. Par ce moyen, dit-il, cette multitude d'esclaves ne nous suffoquera plus d'une chaleur nauséabonde. » Ce n'était pas d'ailleurs, sans quelque vanité, que Trimalchion faisait remarquer que le nombre des esclaves surpassait celui des convives. Les gens de son espèce ne veulent pas que le plus petit détail de leur magnificence reste inaperçu.

Ligne 8. *Statim allatæ sunt amphoræ vitreæ diligenter gypsatæ.* Ces bouteilles étaient bouchées avec une espèce de mastic fait de plâtre fin mêlé avec de la résine : on s'en sert encore aujourd'hui en Italie pour le même usage, et c'est l'équivalent de notre goudron. Les anciens plaçaient comme nous sur le cou ou goulot des bouteilles, *cervicibus*, des étiquettes, *pittacia*, qui indiquaient le nom du vin, son terroir, son âge ; ce qui nous est confirmé par Juvénal, *Sat.* VI, en parlant d'un vin :

.....Cujus patriam, titulumque senectus
Delevit.

Ligne 9. FALERNUM. OPIMIANUM. ANNORUM. CENTUM. Le Falerne opimien, ou recueilli sous le consulat d'Opimius, l'an de Rome 634, selon Pline l'Ancien ; 633, selon Dupleix ; et selon Genebrard, 629, était aussi célèbre chez les anciens que parmi nous le *vin de la comète*. Bien que la récolte de cette année fût épuisée depuis long-temps, on en servait toujours. Pline, liv. XIV, chap. 3, dit que, de son temps, il y avait encore de ce Falerne d'Opimius : il devait alors avoir près de deux cents ans. Il ne faut pas cependant conclure de ces mots *annorum centum*, que Pétrone ait écrit son *Satyricon* cent ans avant Pline, ce mot *centum* ne doit pas se prendre à la lettre, c'est une manière de parler pour exprimer du vin fort vieux. Pétrone lui-même, dans son poëme de la *Guerre civile*, dit que César triompha soixante fois : *sexagintaque triumphis*, ce qui est évidemment une hyperbole. C'est ainsi que nous disons du *cent-sept ans*, pour de l'eau-de-vie très-vieille. La manie de vanter le vin par l'ancienneté était aussi commune aux anciens qu'aux modernes. Martial, liv. XIII de ses *Épigrammes*, pour s'en moquer, vante un vin recueilli avant qu'il y eût à Rome des consuls :

Condita quo quæris consule, nullus erat.

Le même Martial, liv. III, *Épigr.* 62 :

Quod sub rege Numa condita vina bibas;

et Juvénal, *Sat.* V :

Calcatamque tenet bellis socialibus uvam.

Page 144, ligne 14. *Quare tingomenas faciamus*. Les éditeurs varient sur ce mot *tingomenas*; quelques-uns l'écrivent *tangomenas*, d'autres *tengomenas*. Je pencherais assez vers cette dernière leçon, qui fait dériver ce mot du verbe grec τέγγω, *irrigo*, j'arrose. C'est comme si Trimalchion disait : « Arrosons-nous largement de vin. » Ératosthène, cité par Macrobe, dit Καὶ βαθὺν ἀκρήτῳ πνεύμονα τεγγόμενος. Voici un passage d'Aristophane qui peut servir à l'éclaircissement de ce mot: « Qu'est-ce que vivre? dit-il, c'est boire. Voyez les arbres qui croissent sur le bord d'une rivière qui les arrose jour et nuit, comme ils sont grands et beaux; et comme, au contraire, ceux qui sont dans des lieux arides périssent de soif et de sécheresse! » Aussi les Grecs, pour exprimer l'idée de *boire*, se servent-ils du mot βρέχειν, qui veut dire *arroser*. C'est dans le même sens qu'Alcée de Mitylène a dit : Οἴνῳ τέγγε πνεύμονα, « Arrosons et humectons nos poumons avec du vin, pour nous garantir des cruelles ardeurs de la Canicule qui dessèche tout, et fait tout périr de soif. » Ceux qui écrivent *tingomenas* citent à l'appui de leur orthographe ce passage d'Horace, *Ode* 14 du livre II :

>................ Et mero
> Tinget pavimentum superbum,
> Pontificum potiore cœnis.

Mais comme le verbe latin *tingo* vient du grec τέγγω, cela ne prouve rien. Selon J. Vorstius, homme d'une grande érudition, on devrait lire *tengomenos nos faciamus*, faisons-nous tremper, humecter de vin, c'est-à-dire enivrons-nous.

Page 144, ligne 17. *Larvam argenteam attulit servus.* C'était, dit Plutarque, un usage que les Grecs avaient emprunté des Égyptiens, et qu'ils avaient transmis aux Romains, de faire figurer dans les repas des têtes de mort, des squelettes. Le but de cette coutume, selon Scaliger, était de porter les convives à goûter les douceurs de la vie pendant qu'ils jouissaient d'une bonne santé, et à s'abandonner aux plaisirs que la mort devait bientôt leur ravir. Hérodote en parle liv. II, chap. 78. Les vers que Pétrone met dans la bouche de Trimalchion, développent cette pensée : on les croirait inspirés par ce passage du livre de la *Sagesse*, où Salomon fait dire à l'impie : *Umbræ transitus est tempus nostrum, et non est reversio finis nostri. Venite ergo, et fruamur bonis, quæ sunt, et utamur creatura, tanquam in juventute celeriter. Vino pretioso et unguentis nos impleamus, et non prætereat nos flos temporis. Coronemus nos rosis, antequam marcescant: nullum pratum sit, quod non pertranseat luxuria nostra. Nemo vestrum exsors sit luxuriæ nostræ, ubique relinquamus signa lætitiæ, quoniam hæc est pars nostra, et hæc est sors nostra.* Cette idée a été reproduite sous toutes les formes par les poètes anacréontiques ; elle fait le sujet de cette chanson si connue :

> Nous n'avons qu'un temps à vivre ;
> Amis, passons-le gaîment, etc.

Ligne 23. « *Quam fragilis tenero stamine vita cadit!* » Ce second vers n'existe ni dans les anciennes éditions, ni dans le manuscrit de Dalmatie. Quelque copiste, voyant qu'il manquait un vers pentamètre, pour compléter le premier distique, en aura inséré un de sa façon. Quoiqu'il n'exprime qu'une idée assez commune, il n'est point dépourvu d'une certaine délicatesse, et les quatre dactyles qu'il renferme offrent une harmonie assortie au sujet.

## CHAP. XXXV.

Page 146, ligne 4. *Repositorium enim rotundum duodecim habebat signa in orbe disposita.* Cette machine, qui avait la forme d'un globe, et qui contenait les douze signes du zodiaque, était sans doute une chose singulière, mais non pas nouvelle. Alexis, de Thurium, poète comique, plus ancien que Ménandre, décrit ainsi, au rapport de Suidas, une machine ou surtout de table à peu près semblable : « Après qu'on nous eut donné à laver, on dressa une table sur laquelle on servit, non du fromage, des olives, des ragoûts et d'autres mets ordinaires, mais un bassin magnifique qui représentait la moitié du ciel, et dans les divers compartimens duquel on avait enchâssé tout ce que le firmament offre de plus beau : des poissons, des chevreaux, des écrevisses et tous les signes du zodiaque. Enfin nous portâmes les mains sur ces astres, et nous ne quittâmes le ciel qu'après l'avoir percé comme un crible. » (ATHÉNÉE, liv. II, chap. 18.) — D'après ce passage du poète grec, on voit que l'invention de ce globe n'était point due à l'imaginative du maître d'hôtel de Trimalchion, mais que c'était une nouveauté renouvelée des Grecs.

Ligne 7. *Super Arietem, cicer arietinum.* Trimalchion va bientôt nous expliquer l'emblème caché sous chacune de ces constellations : nous nous bornerons ici à faire remarquer le rapport qui existe entre les signes du zodiaque et les mets qui y correspondent.— *Cicer arietinum*, ainsi nommé, selon Pline, parce qu'il a la forme d'une tête de bélier ; ce mets se rapporte donc au signe du bélier par le nom et par la forme.— *Super Taurum, bubulæ frustum*, une pièce de bœuf : il n'est pas besoin d'expliquer l'analogie qui existe entre ce mets et le signe du Taureau. — *Super Geminos, testiculos, ac renes* ; comme les Gémeaux, les rognons et les testicules sont étroitement unis. C'était d'ailleurs un mets très-recherché des anciens que les rognons et les testicules d'animaux ; on leur supposait des propriétés aphrodisiaques, et les débauchés en étaient très-friands. — *Super Cancrum, coronam* : Trimalchion nous apprend plus loin, chap. XXXIX, pourquoi le maître d'hôtel n'a placé aucun mets au dessus du Cancer : « C'est, dit-il, que je suis né sous ce signe, et que je n'ai pas voulu qu'on défigurât mon horoscope. » La couronne placée au dessus de cette constellation était probablement une couronne semblable à celle que les convives portaient dans les festins; à moins qu'on ne veuille supposer dans cet orgueilleux affranchi une ambition démesurée, et qu'il ne fasse entendre par là qu'il espérait un jour ceindre sa tête de la couronne impériale; mais rien dans le cours de cet ouvrage ne justifie cette hypothèse de Lavaur, et de ceux qui, comme lui, veulent absolument reconnaître l'empereur Néron dans le Trimalchion de Pétrone. — *Super Leonem, ficum africanam* : l'Afrique est le pays des lions; c'est en même temps celui des meilleures figues : celles de cette contrée étaient fort estimées des Romains. On sait qu'elles furent la cause de la guerre qui ruina Carthage. Caton, qui, dans toutes les assemblées, opinait pour la destruction de cette ville, *delenda Carthago*, apporta un jour dans le sénat une figue encore toute fraîche et tout récemment arrivée de Carthage : « Depuis combien de temps, dit-il aux sénateurs, pensez-vous que cette figue soit cueillie? Il n'y a pas encore trois jours! tant nos ennemis sont près de nous; tant il nous importe de détruire Carthage, cette dangereuse rivale de Rome! » (PLINE, liv. XIV, chap. 18.) — *Super Virginem, stericulam* : Lavaur prétend que *stericula* signifie un petit poisson nommé *mélet*, qu'on appelle aussi *virgo*, parce qu'il ne produit point d'œufs; mais je préfère le sens adopté par Heinsius et Burmann, qui entendent par ce mot *la matrice d'une truie vierge*, mets que les Romains aimaient beaucoup, comme le prouve l'épigramme 55, liv. XIII de Martial, *de Virgine Porca*. — *Super Libram, stateram* : le rapport qui existe entre la balance et le peson ou romaine n'a pas besoin d'être expliqué. — *Super Scorpionem, pisciculum marinum* : j'ignore quel est le poisson marin dont il est question ici; il faut croire qu'il avait quelque analogie soit de nom, soit de forme avec le Scorpion au dessus duquel il est placé. — *Super Sagittarium, otopetam* : Aristote appelle ὦτος un oiseau de nuit de la grandeur d'un pigeon, qui, à côté des oreilles, a deux plumes avec lesquelles il vole: il ajoute que cet oiseau, voulant imiter ce qu'il voit faire aux hommes, se laisse prendre facilement par les chasseurs qui font semblant de se frotter avec de la glu. J'ignore quel peut être cet animal fabuleux dont l'invention fait plus d'honneur à l'imagination qu'à la science d'Aristote ; mais j'ai préféré traduire *otopeta*, qui vient du grec ὠτοπετής, *auritus*, par le mot *lièvre*, dont il semble être le nom poétique, comme le prouve ce vers de Germanicus, dans son poëme *des Phénomènes* :

Auritum leporem sequitur canis, et fugit ille ;

et cet autre des *Géorgiques*, liv. 1, vers 308 :

Auritosque sequi lepores........

— *Super Capricornum, locustam marinam :* la langouste ou écrevisse de mer convient parfaitement au Capricorne, parce que cette espèce de crustacée a des antennes ou cornes avec lesquelles elle combat à la manière des chèvres. — *Super Aquarium, anserem :* l'oie ne me semble ici rapprochée du Verseau, que parce qu'elle est un oiseau aquatique.— *Super Pisces, duos mullos :* le surmulet dont il s'agit ici est un poisson de mer dont les Romains faisaient si grand cas, que, du temps de l'empereur Claude, un certain Asinius Céler, personnage consulaire, acheta, dit Pline, un surmulet huit mille petits sesterces, environ 1680 francs de notre monnaie (en estimant le petit sesterce à vingt-un centimes, selon l'évaluation de M. Alfred de Wailly, dans son Dictionnaire français-latin). Pline ajoute que ce poisson pesait rarement plus de deux livres; ce qui fait dire à Horace, parlant à un gourmand : *Laudas insane trilibrem mullum.*

Page 146, ligne 14. *In medio autem cespes cum herbis excisus favum sustinebat.* Trimalchion va bientôt nous donner l'explication de cet emblème culinaire.

Ligne 16. *Circumferebat ægyptius puer clibano argenteo panem.* On faisait cuire dans de petits fours portatifs des pains plus délicats et plus estimés que ceux qu'on servait ordinairement, et que les Grecs appelaient κλιβανίτης ἄρτος ; les Romains *artoplicii*.

Page 146, ligne 17. *Ipse teterrima fauce de laserpitiario vino canticum extorquet.* Le laser était une espèce de gomme qui, au rapport de Pline (liv. XIX, chap. 6; et liv. XXXIV, chap. 18), servait entre autres usages à rendre la voix nette, mais qui était d'une odeur désagréable. La plante d'où l'on tirait cette gomme croissait dans la Libye Cyrénaïque, et le même Pline (liv. XXIX, chap. 3) nous apprend qu'elle se vendait au poids de l'argent; qu'on n'en voyait plus de son temps, et que, de mémoire d'homme, il ne s'en était trouvé qu'une seule plante qui avait été apportée d'Afrique et offerte à Néron. Théophraste et Athénée parlent aussi du laser: les uns disent que c'est le *benjoin*, les autres que c'est l'*assa-fœtida*.

Ligne 19. *Suadeo, inquit Trimalchio, cœnemus; hoc est jus cœnæ.* Je soupçonne fort Trimalchion de vouloir faire ici un calembourg, et de jouer sur le mot *jus*, qui, comme chacun sait, a deux sens fort opposés: *droit* et *jus*, ou *sauce*. Ainsi *hoc est jus cœnæ* signifierait également: *c'est le droit du festin, c'est pour cela qu'on est à table*; ou *c'est l'assaisonnement, la quintessence, le plus succulent des repas*. Nous voyons de même ces mots, *in jus vocare*, tour-à-tour traduits par *appeler en justice*, et par *fricasser, mettre à l'étuvée, au court-bouillon*. On connaît d'ailleurs le fameux calembourg de Cicéron: *Jure te adjuvabo*.

## CHAP. XXXVI.

Page 148, ligne 4. *Altilia, et sumina.* — *Altilia*, toutes sortes de volailles engraissées; *sumina*, c'est un ragoût fait des mamelles de la tétine d'une truie qui vient de mettre bas. Martial dit, livre XIII, épigramme 41:

Esse potes nudum sumen, sic ubere largo
Effluit, et vivo lacte papilla tumet.

Le mot *sumen* se prend aussi pour la poitrine d'une laie, que l'on appelle le *bourbelier* en terme de vénerie.

Ligne 7. *Garum piperatum.* Le *garum* était la liqueur ou sauce que l'on tirait d'un poisson nommé γάρον par les Grecs; on a ensuite étendu ce nom à toutes sortes de sauces faites avec des poissons ou avec leur saumure, ce qui fait dire avec tant de raison à Manilius, liv. v, vers 671, en parlant de cette sauce :

> Hinc sanies pretiosa fluit, floremque cruoris
> Evomit, et misto gustum sale temperat oris.

Sénèque dit, épître XCVI : *Garum, pretiosam malorum piscium saniem;* et Martial, liv. XIII, sur le mot *Ostrea:*

> Ebria Baiano veni modo concha Lucrino :
> Nobile nunc sitio luxuriosa garum.

On faisait le *garum* avec des entrailles de poissons confites dans le vin et le vinaigre, ou bien dans l'eau et le sel, et souvent dans l'huile; on y mettait aussi du poivre, *garum piperatum*, comme le dit ici Pétrone, et quelquefois des fines herbes. Pline (liv. XXXI, chap. 3) dit que le *garum* fait avec le maquereau seul était le plus estimé; mais Célius Aurelianus donne le prix à celui fait avec un poisson du Nil appelé *silurus*. C'était en même temps la meilleure sauce à servir avec les poissons. On trouve à ce sujet dans l'*Ane* de Lucien : Λοπάδας, ἰχθῦς τούτους μὲν γὰρ καὶ ἐλαίῳ κατακειμένους; et dans Horace, *Sat.* 8 du liv. II :

> Affertur squillas inter muræna natantes;
> ..........................................
> His mixtum jus est; oleo, quod prima Venafri
> Pressit cella; garo de succis piscis Iberi.

De nos jours on fait aussi différentes sauces avec des poissons, entre autres la sauce d'anchois dont les Anglais font un très-grand usage.

Page 148, ligne 8. *Pisces, qui in Euripo natabant.* L'Euripe, comme on sait, est ce bras de mer qui sépare l'île d'Eubée ou de Négrepont de la Grèce, et qui est si resserré devant Chalcis, qu'une galère pouvait à peine y passer. Ce canal était et est encore remarquable par l'irrégularité de ses marées. Les Romains avaient donné, par extension, le nom d'*Euripes* aux canaux par lesquels ils conduisaient et distribuaient les eaux pour l'embellissement de leurs maisons de campagne. *Ductus aquarum quos Euripos vocant,* dit Cicéron (*de Legibus,* lib. II). Ils appelaient aussi *Euripes* les fossés dont ils environnaient leurs cirques et leurs théâtres : *Ci-*

*vitas extruxit theatrum, scena erat talis, et statuæ super Euripum, etc.* Tertulien contre Hermogène; et Sidonius Apollinaris, poëme XXII, v. 208 :

> Fusilis Euripus propter : cadit unda superne
> Ante fores pendente lacu, venamque secuti
> Undosa inveniunt nantes cœnacula pisces.

Pétrone, par une hyperbole plaisante, donne ici le nom d'Euripe à ces flots de saumure ou de court-bouillon qui, coulant des outres portées par quatre Satyres, placés aux angles du surtout, allaient se réunir au fond de cette machine, et y formaient une espèce de lac où nageaient des poissons tout accommodés.

Page 148, ligne 12. *Scissor, et ad symphoniam ita gesticulatus laceravit obsonium.* Ce passage, et cent autres de ce festin, prouvent que les anciens étaient bien plus raffinés que nous dans les plaisirs de la table. Nous n'avons point, comme eux, de ces écuyers tranchans qui découpaient les viandes en mesure aux sons de l'orchestre. Sénèque, épître 47 du liv. VI, déplore cet usage comme une dissolution : *Alius pretiosas aves, per pectus et clunes certis ductibus circumferens eruditam manum, in frusta excutit;* et *de Brevitate vitæ*, cap. XII : *Quam suspensi sint, quomodo aper a coco exeat, quanta celeritate signo dato, glabri ad ministeria discurrant, quanta arte scindantur aves in frusta non enormia.* Juvénal dit, dans sa cinquième satire :

> Structorem interea, ne qua indignatio desit,
> Saltantem spectes et Chironomonta, volanti
> Cultello donec peragat dictata magistri
> Omnia, nec minimo sane discrimine refert
> Quo gestu lepores, et quo gallina secetur.

## CHAP. XXXVII.

Page 150, ligne 5. *Uxor, inquit, Trimalchionis, etc.* Ce n'est plus Pétrone qui parle ici, c'est un des affranchis de Trimalchion, ou plutôt un de ses anciens compagnons d'esclavage. Nous allons, dans la suite de ce festin, voir plusieurs de ces affranchis prendre la parole, un Seleucus, un Philéros, un Ganymède, un

Échion, etc.; leurs locutions seront barbares et étrangères, fourmilleront de solécismes et de barbarismes, de mots bâtards, formés du grec et du latin, de proverbes et de quolibets les plus grossiers, ce qui nous donnera une juste idée de l'éducation de ces parasites, et de la société que rassemble autour de lui ce Trimalchion, esclave parvenu, dont les goûts dépravés ne tarderont pas à se faire connaître. L'hôte et les convives sont dignes les uns des autres, et peuvent aller de pair; c'est à quoi il faut bien prendre garde : il n'y a dans leurs discours ni justesse, ni suite, ni liaison, ni sens : ce sont des manières de parler, basses et triviales, telles que Plaute, Térence et Molière en mettent dans la bouche des esclaves et des valets. Cet avertissement est nécessaire pour faire sentir et apprécier le mérite de cet ouvrage, où les interlocuteurs s'expriment avec une vérité et un naturel qui prouvent dans notre auteur une observation profonde des mœurs et du langage des différentes classes de la société.

Page 150, ligne 7. *Ignoscei mihi genius tuus.* Comme nous dirions en français, *sauf votre respect*. On sait d'ailleurs que les anciens croyaient que chacun avait son génie particulier, qui prenait soin de la personne au sort de laquelle il était attaché, ainsi que nous avons notre ange gardien, nos bons et nos mauvais anges. L'auteur dit, dans un autre endroit, *genios vestros iratos habeam.*

Ligne 8. *Noluisses de manu illius panem accipere.* C'est un trait qui marque, en passant, que la première profession de cette femme était de faire du pain, comme Trimalchion le dit expressément au chap. LXXIV : *De mactra illam sustuli*, je l'ai tirée du pétrin ou de la huche à pétrir le pain.

Ligne 9. *Trimalchionis* TA PANTA *est.* Mot grec latinisé, τὰ πάντα. C'est son tout, c'est l'objet de toutes ses affections, il ne voit que par ses yeux.

Ligne 11. *Adeo zaplutus est : sed hæc eupatria, etc.* Encore du grec habillé en latin. *Zaplutus*, du grec ζάπλουτος, *valde dives*, un richard, un Crésus. *Eupatria* de εὐπατέρεια que Suidas explique par καλὸν πατέρα ἔχουσα, qui a un père noble ou illustre. Homère donne cette épithète à Hélène; Apollonius de Rhodes, livre I, vers 570, appelle aussi Diane Εὐπατέρεια, d'où Hoezlinus conclut que l'on nommait ainsi ceux dont le père était plus noble que la mère. On appelait aussi à Athènes εὐπα-τρίδαι les patriciens; et, de même qu'à Rome il y avait trois or-dres, *patricii, equites* et *plebs*, ainsi il y avait à Athènes, εὐπα-τρίδαι, γεώμοροι et δημιουργοί. La traduction naturelle du mot *eupatria* est donc *cette noble personne* ou *cette fille de bonne maison*; et c'est par ironie que Pétrone applique cette épithète à Fortunata.

Ligne 13. *Sicca, sobria.*— *Sicca* veut dire, qui n'est pas adonnée à la boisson. Ainsi Plaute, dans sa comédie d'*Asinaria*, dit:

Siccum, frugi, continentem.

Horace, *Ode* 18 du livre I<sup>er</sup>:

Siccis omnia nam dura deus proposuit.

C'est-à-dire, *Bacchus ne promet aucun plaisir à ceux qui n'aiment pas à boire.* Le même Horace, livre IV, *Ode* 5:

............Dicimus integro
Sicci mane die, dicimus uvidi.

Ovide, *Art d'aimer*, livre II:

Siccaque de lana cogitat usque sua.

Martial, liv. XII, épigramme 30, dit que cette épithète *siccus* est un éloge pour un esclave, et non pour un ami:

Siccus, sobrius est Aper: quid ad me?
Servum sic ego laudo, non amicum.

On verra cependant Fortunata démentir, dans la suite de ce festin, la tempérance qu'on lui attribue ici.

Ligne 14. *Pica pulvinaris.* Mot à mot, *une pie d'oreiller*; parce que c'est lorsqu'elles sont au lit avec leurs maris que les commères de l'espèce de Fortunata donnent carrière à leur médisance, et cherchent à nuire à ceux qu'elles n'aiment pas; d'où Martial:

............ Sit non ditissima conjux,
Sit nox cum somno, sit sine lite dies.

# NOTES.

Page 150, ligne 14. *Quem amat, amat; quem non amat, non amat.* C'est un proverbe vulgaire :

Aut amat, aut odit mulier, nihil est tertium,

dit Publius Syrus, en parlant des femmes.

Ligne 15. *Fundos habet, qua milvi volant.* En imprimant ici *qua*, j'ai suivi le texte de Burmann, et l'édition Bipontine; mais je ne sais s'il ne serait pas préférable d'y substituer, avec Scheffer, *quam* pour *quantum*, comme dans ce vers de Perse, satire 4 :

Dives arat Curibus, quantum non milvus oberret.

Juvénal dit, dans le même sens, satire IX, vers 55 :

........Tot milvos intra tua pascua lassas.

Ligne 18. *Babæ! babæ!* Du mot grec βαβαί, dont les Latins ont fait *Papæ!*

Ligne 19. *Quemvis ex istis bacillo in rutæ folium conjiciet.* La plupart des éditions, au lieu de ce mot *bacillo*, portent *baceli*, du grec βάκηλος, niais, eunuque efféminé; mais cela n'a aucun rapport avec ce qui suit; car ces esclaves ne seraient ni des niais ni des lâches pour avoir peur de Trimalchion : on sait quel était à Rome le pouvoir des maîtres sur leurs esclaves, sur lesquels ils avaient droit de vie et de mort. Ces mots, *in rutæ folium conjicere*, qui se trouvent reproduits plus loin, chapitre LVIII : *nec sursum, nec deorsum cresco, nisi dominum tuum in rutæ folium non conjeci*, signifient, forcer quelqu'un à occuper le moins d'espace possible ; le réduire à rien ; l'obliger à se fourrer dans un trou de souris ; le rendre plat comme une punaise. Or, comme il n'y a guère que la crainte du châtiment qui puisse inspirer à des esclaves une semblable terreur, j'ai préféré le mot *bacillo*, une houssine, à *baceli*, qui n'offre aucun sens.

## CHAP. XXXVIII.

Page 152, ligne 3. *Lac gallinaceum.* Proverbe rapporté par Érasme, pour marquer quelque chose de rare ou qui ne se trouve point. Strabon, livre XIV, dit que le terroir des Samiens est si fertile, qu'on dit vulgairement qu'il rapporte même du lait de poule.

Page 152, ligne 5. *Arietes a Tarento emendos.* Le territoire de Tarente était célèbre pour ses bons vins et ses bonnes laines. Martial dit, livre XIII :

> Nobilis et lanis, et felix vitibus Aulon :
> Det pretiosa tibi vellera, vina mihi.

Aulon est une colline fertile en vins et en troupeaux aux environs de Tarente. On trouve aussi dans Horace, liv. II, *Ode* 6, l'éloge des laines de Tarente :

> Unde si Parcæ prohibent iniquæ,
> Dulce pellitis ovibus Galesi
> Flumen, et regnata petam Laconi
> Rura Phalantho.

Varron (*de Re rustica*, liv. II) dit que les brebis de Tarente avaient de si bonne laine, qu'on les couvrait de peaux, afin que leur toison ne se gâtât pas ; c'est pour cela qu'on les appelait *oves pellitæ.*

Ligne 6. *Mel atticum.* C'est-à-dire le miel du mont Hymète, près d'Athènes. On voit dans un grand nombre d'auteurs combien le miel d'Attique était estimé des anciens. Martial, livre XIII :

> Hoc tibi Thesei populatrix misit Hymetti
> Pallados a silvis nobile nectar, apis.

Ligne 9. *Semen boletorum.* De la graine de champignons ou de morilles. Ainsi Trimalchion voulait faire venir de l'Inde de la graine de champignons, quoique ces cryptogames n'en produisent point. Cela peint admirablement bien la démence d'un de ces riches ignorans, qui se figurent qu'avec de l'or on peut tout se procurer, comme *le Financier* de La Fontaine, qui se plaignait

> Que les soins de la Providence
> N'eussent point au marché fait vendre le dormir,
> Comme le manger et le boire.

Du reste, les anciens n'ont jamais regardé les champignons, *fungi*, les morilles, *boleti*, les agarics et toutes les productions de cette espèce, que comme des excroissances produites par la fermentation des corps en putréfaction; mais l'opinion des naturalistes les plus célèbres de nos jours, range les champignons parmi les plantes véritables. Il est vrai qu'ils sont dénués de feuilles et de la plupart des organes qu'on observe dans les autres plantes, et qu'ils n'ont point de fleurs sensibles à la simple vue; mais la nature semble y avoir suppléé, en leur donnant des poussières, soit dispersées à leur extérieur, soit renfermées dans leur substance, et que le microscope fait apercevoir distinctement. Leur organisation ne permet pas de douter qu'ils n'appartiennent au règne végétal.

Ceux qui soutiennent le système opposé, rangent le champignon dans la classe des polypiers ou des ruchers d'insectes infiniment petits: ils pensent qu'il n'est qu'un madrépore terrestre, et que les modernes ont commis à son égard la même erreur que les anciens à l'égard des coraux et des madrépores, qu'ils regardaient comme des plantes. Nous ne balançons pas, toutefois, à nous ranger à l'avis des botanistes auxquels les champignons paraissent de véritables plantes, quoiqu'on n'ait pas encore levé entièrement le voile que la nature a jeté sur les organes divers de ces végétaux.

Voilà une bien longue note à propos des champignons; mais elle trouve naturellement sa place dans un commentaire sur le Festin de Trimalchion: on sait d'ailleurs que les anciens en faisaient un très-grand cas (*Voyez* NONNUS, *de Re cibaria*, livre 1, chapitre 27); Néron les appelait *le mets des dieux*: il est vrai qu'il leur devait l'empire: voici comment. Agrippine, craignant que l'empereur Claude, son époux, ne désignât Britannicus pour son successeur, au détriment de Néron, comme il en avait plusieurs fois manifesté l'intention, l'empoisonna avec un plat de morilles dont ce prince était très-friand: peut-être aussi était-ce par ironie que Néron appelait les morilles *le mets des dieux*, parce qu'en faisant périr Claude, elles l'avaient élevé au rang des immortels.

Page 152, ligne 10. *Ex onagro*. L'onagre est une espèce d'âne sauvage, comme l'indique son nom tiré du grec ὄνος âne, ἄγριος sauvage. On le trouvait principalement en Phrygie et en Lycaonie. Pline (liv. VIII, chap. 44) en parle ainsi : *Mula autem, ex equa et onagra mansuefacta, velox in cursu, duritia eximia pedum, verum strigoso corpore, indomito animo. Sed generator, onagro et asina genitus, omnes antecellit.* Les riches faisaient de cet animal un objet de luxe, comme nous le prouve la lettre de Cicéron à Atticus, liv. VI : *nec deerant onagri*, dit-il en parlant du voyage fastueux de Védius Pollion.

Page 152, ligne 13. *Collibertos ejus.* Nous voyons par là qu'à l'exception d'un très-petit nombre de personnes, telles qu'Acylte, Encolpe, Agamemnon, tous les autres convives de Trimalchion n'étaient que des affranchis.

Ligne 14. *Valde succosi sunt.* — *Succosus* signifie ici, *gras, potelés, bien nourris.* On pourrait cependant l'expliquer aussi par : *ils ont la bourse bien grasse, bien garnie.* Comme on dit *exsugere aliquem*, faire une saignée à la bourse d'autrui. *Corpus succi plenum, succi plena oratio*, par opposition à *aridus*, qui signifie *pauvre, indigent.* C'est dans ce dernier sens qu'il faut interpréter l'*arida restis* de Martial, liv. IV, épigramme 70 :

> Nihil Ammiano præter aridam restem
> Moriens reliquit ultimis pater ceris.

Ligne 14. *In imo imus recumbit.* Nous avons dit précédemment que, chez les Romains, la place la plus honorable à table était celle du milieu, et que trois convives prenaient ordinairement place sur le même lit : celui qui occupait le haut du lit s'appelait *summus*, celui du milieu *medius*, et celui qui occupait le bas du lit *imus. Imus in imo* veut donc dire ici *le dernier du dernier lit*, ou le convive placé le dernier au bas bout de la table.

Ligne 15. *Sua octingenta possidet.* Il faut sous-entendre *sestertia* (il s'agit ici du grand sesterce qui en valait mille petits), huit cents grands sesterces, c'est-à-dire environ cent soixante-huit mille francs de notre monnaie, en évaluant le grand sesterce à deux cent dix francs, ou le petit sesterce à vingt-un centimes : mais c'est une évaluation sur laquelle les commentateurs ne sont pas d'accord. M. Alfred de Wailly, dans son Dictionnaire, l'estime à vingt-un centimes; quelques auteurs, comme Agricola et ceux qui l'ont suivi, ne le portent qu'à six liards ou dix-huit deniers. Budée et plusieurs après lui pensent que sa valeur était de deux sous; d'autres savans et jurisconsultes disent que le petit sesterce qui, dans le principe valait deux sous et demi, s'éleva dans la suite jusqu'à quatre sous. *Voyez* la dernière loi du Code *de Donationibus*, et Cujas, au livre XIX de ses observations, chap. 31. Au milieu de ce conflit d'opinions sur la véritable valeur du sesterce, nous croyons devoir offrir à nos lecteurs, sur la manière de supputer les monnaies romaines, quelques détails que nous empruntons aux *Élémens de Numismatique* de M. Dumersan, ouvrage qui fait partie de la *Bibliothèque populaire*, publiée par M. Ajasson de Grandsagne :

« Chez les Romains, les premières monnaies fabriquées furent celles de cuivre. La première unité monétaire fut une valeur nommée *as*, qui était représentée par une monnaie effective portant ce nom, et qui était également l'unité des mesures de pesanteur. L'*as* était aussi nommé en conséquence *libella*, *libra*, *pondo*. L'*as*-monnaie, comme l'*as*-poids, se divisait en douze onces et en fractions d'once, dont je ne donne pas ici les noms, parce qu'étant les mêmes que les noms adoptés pour les fractions monétaires effectives, ils seront rappelés ci-après. Le poids de l'*as*-monnaie fut successivement réduit. Les notions qui nous restent sur ces réductions, quoique fort détaillées, ne sont pas assez claires ni surtout assez en harmonie avec les monnaies elles-mêmes, pour que l'on puisse établir, à cet égard, un système bien positif et fixer une échelle bien démontrée de ces diminutions successives, quoique cela ait été tenté par divers écrivains. Le premier *as*-monnaie, que l'on nomme l'*as libralis*, parce qu'il pesait en effet les douze onces de l'*as*-poids, paraît avoir duré depuis l'établissement du monnayage à Rome sous Servius Tullius (en admettant ce dernier fait comme constant), jusqu'au temps de la première guerre punique, qui commença en l'année 264 avant J.-C. (490 de Rome).

Ce fut cinq ans avant cette époque, c'est-à-dire en l'an 269 avant J.-C. (485 de Rome), que, suivant l'opinion la plus généralement admise, la monnaie d'argent fut introduite à Rome.

Il fut établi trois pièces d'argent différentes : 1° le *denarius*, valant dix *as* (alors *as libralis* de douze onces-poids), ainsi nommé à cause de sa valeur même, de *denis assibus* ou *dena æris*; 2° le *quinarius*, valant cinq *as*; 3° le *sestertius*, valant deux *as* et demi.

A cette époque, l'unité monétaire changea; l'*as*, qui se trouva d'une valeur successivement moins importante, cessa de servir à nombrer les sommes. Le *sesterce* devint l'unité monétaire, probablement parce que cette monnaie effective était l'intermédiaire des trois espèces établies.

Mais il est nécessaire de démontrer ici les divers modes dont les Romains se servaient pour désigner les sommes en sesterces.

1°. *Sestertius*, au masculin singulier, indiquait une pièce d'un sesterce. Pour désigner un nombre quelconque de ces pièces, on mettait, avec le nombre, le pluriel masculin *sestertii*; *centum sestertii*, cent pièces d'un sesterce.

2°. *Sestertium*, au neutre singulier, signifiait *mille sestertii*, mille pièces d'un sesterce; son pluriel *sestertia*, avec un nombre, marquait autant de mille pièces d'un sesterce que ce nombre contient d'unités. Ainsi, *decem sestertia* équivalait à *decem millia sestertiorum*, dix mille pièces d'un sesterce.

3°. Si l'on employait *sestertiûm*, avec les adverbes *decies*, *vicies*, *centies*, *millies*, etc., on sous-entendait *centies millies*, cent mille; ainsi, *decies sestertiûm* signifiait *decies centies millies sestertiorum*, dix fois cent mille ou un million de sesterces; *centies sestertiûm* était *centies centies millies sestertiorum*, cent fois cent mille ou dix millions de sesterces. (Extrait du *Manuel de Numismatique* de M. Hennin.)

Monnaie de compte. Les détails que l'on vient de lire sur les deux unités monétaires successives des Romains, font connaître également quelle fut la monnaie de compte à Rome. Il est probable que l'on compta par *as*, ensuite par *sesterces*.

Monnaies effectives. Nous avons vu que les premières monnaies frappées à Rome, furent celles de *cuivre*, puis celles d'*argent*, et enfin celles d'*or*. Il fut établi deux pièces d'or différentes : 1° le *denier d'or*, 2° une pièce valant la moitié de celle-ci, et à laquelle on a donné le nom de *quinaire d'or*.

NOTES. 319

Le rapport de l'or à l'argent est plus facile à constater chez les Romains que chez les Grecs. Nous trouvons dans les monnaies mêmes un renseignement très-important, qui doit nous servir de guide, quoiqu'il ne se rapporte qu'à une seule époque. Trois monnaies d'or fort rares, qui ont été très-probablement frappées dans la Campanie, sous l'autorité romaine, pendant la république, peuvent être considérées comme émises vers le temps où les monnaies d'or de coin romain commencèrent à être frappées. Ces trois monnaies portent les annotations suivantes :

LX (soixante sesterces).
XXXX (quarante sesterces).
XX (vingt sesterces).

D'après les examens que l'on a faits des poids de ces pièces, avec autant d'exactitude que la chose est possible pour des monnaies fort rares, et dont il existe peu d'épreuves, on a trouvé les résultats suivans, qui ne doivent être considérés toutefois que comme des approximations, n'étant pas exactement d'accord entre eux.

Pièce de soixante sesterces (qui devait peser trois *scrupules* de la livre romaine). . . . . . . . . . . . . . . . . . . . . 64 grains.

Pièce de quarante sesterces (qui devait peser deux *scrupules* de la livre romaine). . . . . . . . . . . . . . . . . . . . . 43 grains.

Pièce de vingt sesterces (qui devait peser un *scrupule* de la livre romaine). . . . . . . . . . . . . . . . . . . . . 21 grains 1/3.

A cette époque, l'or n'existait qu'en petite quantité ; il devint successivement moins rare : on a cherché à fixer les diverses époques auxquelles le rapport de ce métal avec l'argent fut progressivement réduit. Les détails sur ce sujet sont trop nombreux et trop compliqués pour que nous puissions les exposer ici.

Outre ces deux natures de monnaies (*denier* et *quinaire d'or*), quelques pièces d'or de plus grands modules se trouvent sous les empereurs ; il en existe même des bas temps de dimensions fort grandes. Il est probable que ces pièces, nommées communément *médaillons d'or latins*, n'étaient pas des monnaies.

MONNAIES D'ARGENT. Il fut établi trois monnaies effectives d'argent.

1°. Le *denarius* valant dix *as* (alors *as libralis* ou douze onces); il valut seize *as*, à dater de la loi *Papiria*;

2°. Le *quinarius* valant cinq *as*, et plus tard huit *as*;

3°. Le *sestertius* valant deux *as* et demi, puis quatre *as*.

Le *sestertius*, ainsi qu'il a été dit, devint, à cette époque, l'unité monétaire en remplacement de l'as.

Les monnaies d'argent romaines, ainsi que celles des Grecs, nous offrent des indications qui fournissent les moyens de connaître leurs valeurs légales et leurs dénominations.

Plusieurs pièces de ce métal, frappées sous la république (pièces de familles), portent les indications que voici :

*Denarius*. . . . . . . . . . . . . X ou XVI.
*Quinarius*. . . . . . . . . . . . V ou Q.
*Sestertius*. . . . . . . . . . . . . IIS ou HS.

La marque X sur le denier, et celle XVI sur la même monnaie, sont relatives aux deux valeurs successives du denier, qui fut d'abord de dix et ensuite de seize *as*. Observons que la marque X se trouve aussi sur les *decussis*, ou pièces de dix *as* en bronze.

La marque V sur le *quinarius* indique la valeur première de cette monnaie, cinq *as*; la lettre Q est l'initiale de ce nom (Quinarius).

La marque IIS, *sestertius*, indique la valeur première de cette monnaie, deux *as*, plus un *semi* ou demi-*as*.

La marque HS est la même, à la réserve que les deux barres, marquant les deux unités, sont unies par un trait.

Au moyen de ces indications, le denier romain et ses divisions sont bien connus.

Les pièces d'argent de coin romain, de modules plus grands que le denier, nommées communément *médaillons d'argent latins*, n'étaient probablement pas des monnaies.

MONNAIES DE CUIVRE. Les monnaies effectives de *cuivre*, établies à cette époque, furent les suivantes :

L'*as*, unité monétaire primitive. La pesanteur de l'*as*-monnaie, étant la même que celle de la *livre-poids*, pesant 12 onces poids, et valant 12 onces monnaie. Dix *as* valaient alors un *denier* d'argent. Depuis la loi Papiria, seize *as* valurent un *denier* d'argent.

Ses multiples : *dupondius* (deux *as*); *tripondius* (trois *as*); *quadrussis* (quatre *as*); *decussis* (dix *as* ou un denier).

Ses parties : *semi* (moitié de l'*as* ou six onces); *quincunx* (cinq onces); *triens* (tiers de l'*as* ou quatre onces); *sextans* (sixième de l'*as* ou deux onces); *uncia* (douzième de l'*as* ou une once).

Le *quincussis* (cinq *as* ou un quinaire), et les *deunx* (onze onces); *dextans* (dix onces); *dodrans* (neuf onces); *bes* (huit onces); *septunx* (sept onces), étaient des fractions monétaires qui ont été quelquefois citées, mais qui n'ont pas existé en monnaies effectives.

Quelques-unes de ces monnaies portent des marques ou légendes, d'après lesquelles on a pu établir le système de leurs valeurs légales et de leurs dénominations. Voici les marques :

| | | | |
|---|---|---|---|
| *Decussis* valant | 10 *as*, marqué de X. | | |
| *Quadrussis* | 4 | | |
| *Tripondius* | 3 | III. | |
| *Dupondius* | 2 | II. | |
| *As* | 12 onces, | I. | |
| *Semi* | 6 | S ou | . . . . . |
| *Quincunx* | 5 | | . . . . |
| *Triens* | 4 | | . . . . |
| *Quadrans* | 3 | | . . . |
| *Sextans* | 2 | | . . |
| *Uncia* | 1 | | |

Le module et le poids, et conséquemment la valeur métallique de l'*as*, furent successivement réduits à Rome jusqu'à l'époque des empereurs : alors la monnaie de cuivre se trouvant fixée à une valeur basse, en raison de son poids, cette valeur conserva plus de fixité qu'elle n'en avait eu précédemment.

Dans les bas temps, les modules et les valeurs furent changés, comme il a été déjà dit à l'article des monnaies d'argent.

Sous les empereurs, et principalement dans les premiers temps de l'empire, il fut frappé un assez grand nombre de pièces de bronze, de diamètre plus étendu que les pièces ordinaires. Ces pièces, que l'on nomme communément *médaillons latins de bronze*, n'étaient probablement pas des monnaies. »

Page 152, ligne 18. *Incuboni pileum rapuisset*. Les anciens croyaient que les trésors cachés dans la terre étaient gardés par des esprits ou lutins qu'ils nommaient *incubones*, c'est-à-dire *thesauro incubantes*, comme l'explique Pomponius Sabinus, à propos de ce vers du II<sup>e</sup> livre des *Géorgiques* :

Condit opes alius, defossoque incubat auro.

Ils croyaient en outre que ces lutins portaient de petits chapeaux, et que celui qui était assez heureux ou assez adroit pour ravir à un incube son chapeau, devenait maître de lui, et pouvait le forcer à découvrir le trésor qu'il gardait. Dans le prologue de l'*Aulularia* de Plaute, un de ces lutins dit qu'il garde depuis long-temps dans la maison un trésor caché, qui lui a été confié par l'aïeul du maître.

Ligne 19. *Est tamen sub alapa*. Quand on donnait solennellement la liberté aux esclaves, le magistrat commis à cet office donnait un soufflet au nouvel affranchi. Ce soufflet était le symbole de l'entrée en liberté; mais cette liberté n'était pas toujours sans restrictions. Celui qui la recevait hors de la présence du magistrat n'était ni citoyen ni tout-à-fait libre; il n'avait que la liberté nommée *latine*, qui lui donnait la faculté de vivre en personne libre ; il pouvait se livrer au commerce et faire des contrats entre vifs, mais il mourait sans pouvoir disposer de sa fortune. Cependant, de cette liberté imparfaite, il pouvait parvenir à une liberté plus complète et aux droits de citoyen, par la manumission solennelle devant le magistrat, appelée *vindicta*, avec les *circumductiones et alapæ solemnes*, comme on le voit dans le Code *de Emancipatione libertorum*, livre dernier, et dans le jurisconsulte Ulpien, *in Fragmentis titul*. 3. On voit par là que ces mots, *est tamen sub alapa*, s'appliquent à un de ces affranchis qui ne jouissaient pas d'une liberté complète, mais qui pouvaient cependant acheter des biens, comme ce Pompée Diogène dont Pétrone parle ici. A cette coutume se rapporte évidemment ce passage de la 16<sup>e</sup> épître du livre VII de Pline le Jeune : *Si voles vindicta liberare, quos proxime inter amicos manumisisti, nihil est quod verearis.* Ces affranchis qui ne jouissaient que de la liberté latine, pouvaient être rappelés en esclavage, selon Tacite (*Annales,* livre XIII, chapitre 27): *Ut relinqueretur pœnitentiæ aut novo beneficio locus, vindicta patronus non liberaverat, velut vinculo servitutis attinebantur.*

Page 154, ligne 1. *Itaque proxime cum hoc titulo proscripsit.* — *Titulus,* une affiche, un écriteau, comme dans la lettre 27 du livre VII de Pline : *Venit Ahenas philosophus Athenodorus : legit titulum, etc.* — *Proscripsit* est pris ici dans un sens absolu, et signifie *mettre en vente.*

Ligne 4. *Ex kalendis juliis.* Les calendes de juillet étaient le terme ordinaire des locations à Rome. Suétone dit, dans la *Vie de Tibère,* chap. XXXV : *Senatori latum clavum ademit, quum cognovisset sub kalendis juliis demigrasse in hortos, quo vilius post diem ædes in urbe conduceret.* Cela s'observe aussi parmi les modernes, où le loyer des maisons est moins élevé lorsque l'époque la plus favorable pour les louer est passée. Le loyer des maisons de ville se payait au mois de juillet, et celui des biens de campagne au mois de mars, époque ordinairement fixée pour l'entrée en jouissance.

Ligne 4. *Cœnaculum locat.* — *Cœnaculum,* le plus haut étage d'une maison qu'on ne louait qu'au petit peuple ; un grenier, un galetas où l'on montait par des escaliers qui donnaient sur la voie publique. Les riches occupaient des maisons entières. Martial dit à ce propos, livre I, épigramme 109 :

> Est tibi, sitque precor, multos crescatque per annos
> Pulchra quidem, verum Transtiberina domus.
> At mea Vipsanas spectant cœnacula laurus:
> Factus in hac ego sum jam regione senex.

Et Suétone, dans la *Vie de Vitellius,* chap. VII : *Satis constat, exituro viaticum defuisse, tanta egestate rei familiaris, ut, uxore et liberis, quos Romæ relinquebat, meritorio cœnaculo abditis, domum in reliquam partem anni ablocaret.* Dans ce passage, *meritorium cœnaculum* signifie une chambre d'auberge, une chambre garnie.

Ligne 6. *Qui libertini loco jacet.* Deux questions se présentent ici : Quelle était cette place à table, spécialement occupée par les affranchis? Quelle différence existait entre *libertus* et *libertinus?* Commençons par répondre à la dernière de ces deux questions :

1°. *Libertinus* a plusieurs significations : tantôt il désigne le fils d'un affranchi ; tantôt un de ces affranchis qui avaient reçu du magistrat le soufflet solennel, et jouissaient de tous les droits civils, comme nous avons vu plus haut; tantôt enfin un homme qui, après avoir été fait libre, était sans patron, ou à qui on avait remis les droits de patronage, ce que l'on voit en plusieurs endroits du *Droit romain*. Ces *libertini* étaient distingués des *liberti;* et, dans l'ordre des affranchis, le chef était toujours pris parmi eux.

2°. *Libertini locus,* selon Nodot, signifie la place de l'affranchi de César. « Il y avait, dit ce traducteur, aux festins publics des places marquées pour les affranchis de l'empereur : ces gens étaient fort considérés, parce qu'ils entraient dans les secrets de l'état, et avaient une grande autorité dans les provinces, où on les envoyait souvent pour des affaires importantes, de même que dans les colonies romaines. La place qu'ils occupaient à table s'appelait *locus libertinus,* à l'imitation du *locus consularis,* qui était, à Rome, la place occupée par le consul, et *locus prætorius,* dans les provinces, la place occupée par le préteur. » Tout cela est vrai, mais, selon nous, ne trouve pas ici son application : pourquoi y aurait-il eu à la table de Trimalchion une place destinée à l'affranchi de César? je n'en vois pas la raison. J'aime mieux, avec Lavaur, traduire *locus libertini* par *la place destinée aux affranchis de première classe,* libertini.

Page 154, ligne 8. *Male vacillavit,* veut dire un homme dont le crédit est chancelant, dont les effets n'ont plus cours sur la place. C'est ainsi que Cicéron, en parlant de Catilina, dit : *Partim male gerendo negotio, partim etiam sumptibus in vetere ære alieno vacillavit.*

Ligne 10. *Liberti scelerati, qui omnia ad se fecerunt.* Pétrone parle ici de ces affranchis grecs, fourbes, adroits, insinuans, fripons fieffés, qui finissaient par dépouiller jusqu'au dernier sou les hommes assez faibles ou assez sots pour se laisser prendre à leurs perfides adulations. Juvénal, dans sa troisième satyre, en fait un portrait qui servira d'explication à ce passage ; nous empruntons la traduction de M. Courtaud Diverneresse, professeur au collège Louis-le-Grand :

« Ils partent, l'un de la Haute-Sicyone, l'autre d'Amydon, celui-ci d'Andros, celui-là de Samos, cet autre de Tralles ou d'Alabande ; ils s'acheminent vers les Esquilies ou le mont Viminal, tout prêts à pénétrer au sein des maisons puissantes dont ils méditent la conquête. Ils ont un génie ardent, une audace effrénée, le débit plus prompt et plus rapide que celui d'Isée. Voyons, que penses-tu de ce Grec ? c'est l'homme universel ; il est grammairien, rhéteur, géomètre, peintre, baigneur, augure, danseur de corde, médecin, magicien : il sait tout. Tu l'ordonnes ? un Grec affamé va monter au ciel. Au fait, il n'était ni Maure, ni Sarmate, ni Thrace, celui qui endossa des ailes ; il était né au sein d'Athènes.

« Et je ne fuirai pas leur pourpre insolente ! ce Grec signera avant moi ! il sera, dans un festin, plus honorablement placé, celui qui débarqua dans Rome sur le même vaisseau qui nous apporte des figues et des pruneaux ! N'est-ce donc rien, que d'avoir dans notre enfance respiré l'air du mont Aventin, savouré l'olive des Sabins ? Ajoutez que, flatteurs adroits, ces gens vantent d'un sot, la conversation ; d'un ami difforme, la beauté ; comparant la longue encolure d'un étique au cou nerveux d'Hercule, qui soulève de terre le redoutable Antée. Ils se pâment aux accens d'un maigre filet de voix, plus aigu que le cri du coq qui couvre sa femelle.

« Nous aussi, nous pouvons flatter ; mais le Grec seul persuade. Peut-on mieux jouer une Thaïs, une matrone, ou Doris sortant nue du sein de l'onde ? Vous diriez une femme véritable, et non un comédien. Du reste, ce talent merveilleux n'est point particulier à Antiochus, à Demetrius, à Stratocle et au lascif Hémus ; c'est le talent de la nation. Le Grec naît comédien : tu ris, il rit plus fort ; s'il voit couler les larmes d'un ami, il sanglotte, mais sans s'affliger réellement. En hiver, tu demandes un peu de feu, il endosse un manteau ; tu dis — J'ai chaud, — il sue. »

Page 154, ligne 11. *Quum olla male fervet.... amici de medio.* —

*Quand la marmite est renversée, adieu les amis!* Horace exprime la même idée, ode 5 du livre 1ᵉʳ :

>................. Diffugiunt cadis
>   Cum fæce siccatis amici.

Page 154, ligne 15. *Apros gausapatos.* Littéralement, des *sangliers en capote velue*, c'est-à-dire encore couverts de leur peau, pour montrer qu'on les servait tout entiers ; ce qu'on ne voyait que sur les tables somptueuses. Juvénal, satire I, s'élève avec sa verve ordinaire contre ce luxe monstrueux :

>........... Quanta est gula, quæ sibi totos
>   Ponit apros!

P. Servilius Rufus fut le premier, au témoignage de Pline (livre VIII, chapitre 51), qui fit servir sur sa table un sanglier tout entier.

Ligne 22. *Auctionem faciet.—Auctio,* vente à l'encan ; du verbe *augere*, enchérir, d'où *auctor,* le dernier enchérisseur. Ces mots ont passé du latin dans la langue anglaise : *auction,* un encan, une enchère ; *auctioner,* un crieur d'encan, un huissier priseur.

## CHAP. XXXIX.

Page 156, ligne 4. *Sermonibus publicatis*, signifie ici une conversation générale, par opposition aux entretiens particuliers et à voix basse. C'est l'effet ordinaire du vin, que les convives commencent, dès qu'ils sont ivres, à parler à haute voix et souvent tous à la fois.

Ligne 4. *Is ergo reclinatus in cubitum.* C'était un air dégagé et sans façon, fort opposé à la bienséance et à la politesse, comme on dit parmi nous : *mettre les coudes sur la table.* Un homme qui savait vivre se tenait droit de la ceinture en haut, sans être trop penché en avant sur la table, ni couché en arrière ou sur le côté.

Ligne 5. *Vinum oportet suave faciatis.* Lavaur interprète ainsi ce passage : « C'est, dit-il, pour vanter la force de son vin, qu'il exhorte ses convives à le mêler. Ces vins si vieux étaient trop forts, et le vin de Falerne était toujours un peu rude ; on le mêlait avec du vin plus doux, pour le rendre plus agréable. Horace, satire 5 du livre 1er, dit qu'on y mêlait du vin de Chio :

> .................. Ac sermo lingua concinnus utraque
> Suavior, ut Chio nota si commista Falerni est.

Aussi l'on disait simplement *miscere*, mêler, pour donner à boire. »

N'en déplaise à Lavaur, je crois que tel n'est pas le sens de ces mots, *vinum suave facere*, et je préfère l'interprétation de Sheffer : *Sermonibus et jocis velut condimento vinum mediocre corrige*. C'est ainsi que Martial, épigramme 79 du livre v, dit : *Vinum tu facies bonum bibendo*. Nous avons, je crois, en français un proverbe qui répond à cette idée : *Morceaux caquetés sont promptement digérés*. Ce qui rappelle l'*Histoire de madame de Maintenon*, qui, n'étant encore que la femme du pauvre poète Scarron, suppléait par des histoires aux plats qui manquaient sur sa table. Du reste, c'est par un raffinement d'ostentation que Trimalchion suppose que ses vins, qui étaient des meilleurs crus, avaient besoin, pour paraître bons, d'être assaisonnés par le charme de la conversation.

Page 156, ligne 8. *Sic notus Ulyxes*. Trimalchion vient de faire un mauvais quolibet, en disant à ses convives de boire assez pour mettre à la nage les poissons qu'ils ont mangés, *pisces natare oportet*. Le voici maintenant qui fait de l'érudition : *Sic notus Ulyxes ?* par allusion à ces vers du IIe livre de l'*Énéide* :

> ................ Aut ulla putatis
> Dona carere dolis Danaum ? sic notus Ulyxes ?

Ligne 8. *Oportet etiam inter cœnandum philologiam nosse*. De plus fort en plus fort ! voici notre Amphitryon qui s'élève à la philologie, et dieu sait quelle philologie ! Nous allons bientôt le voir tomber de balourdise en balourdise.

Ligne 11. *Sic ille fericulus lucem a me habebit, proximi*. Voici un des passages les plus obscurs et les plus controversés de cette satire. Burmann imprime : *Sicut ille fericulus statim ei dabit paradigma*. Lavaur et Nodot : *Sicut ille, melleam habeo praxim*. Ce que Nodot traduit ainsi en français : *Comme lui* (mon patron), *je goûte la douceur de posséder tout ce que je souhaite;* et Lavaur : *Je connais, aussi bien que lui, tout par une douce expérience.* Je me suis en vain torturé l'esprit pour trouver quelque rapport entre cette leçon et ce qui précède ou ce qui suit, je n'ai pu y parvenir. Dans le doute, j'ai préféré l'hypothèse proposée par le savant Heinsius : *Sicut ille fericulus lucem a me habebit proxime*, en substituant seulement à *proxime* le mot *proximi* pris dans le sens d'*amis intimes*. Cependant le mot *proxime* peut être aussi justifié par l'explication du fameux *surtout* qui suit immédiatement.

Page 156, ligne 12. *Cœlus hic.* Au lieu de *cœlum;* c'est de cette forme masculine anciennement employée par Ennius, Varron et beaucoup d'autres, que vient le pluriel *cœli, cœlorum.* Cependant quelques commentateurs, tels que Columna, sur un passage d'Ennius, et Servius sur le V<sup>e</sup> livre de l'*Énéide*, prétendent que *cœlus* a une signification fort distincte de celle de *cœlum*. Selon eux, *Cœlus* est le dieu père de Saturne, et *cœlum*, le ciel, séjour des Immortels. Mais cette distinction me paraît dénuée de fondement, puisqu'on trouve dans ce même Ennius, *cœlus profundus;* ce qui ne peut évidemment se prendre que pour le *ciel.*

Ligne 13. *In totidem se figuras convertit.* Nous ne nous arrêterons pas sur l'explication astronomique, ou plutôt astrologique de ce globe céleste inventé par le cuisinier de Trimalchion. Il serait en effet impossible d'expliquer toutes les absurdités que Pétrone met à dessein dans la bouche de cet ignorant présomptueux. Nous nous bornerons à donner quelques notes sur le sens des mots les plus difficiles.

Ligne 16. *Cornu acutum.* C'est-à-dire des gens à se bien défendre, et qu'il ne fait pas bon attaquer, comme l'on dit, *tollere cornua, cornu ferire.* Ainsi Horace, *Ode* 21 du livre III, pour dire que le vin donne des forces et du courage :

 Viresque et addis cornua pauperi.

Ligne 17. *Arietilli* ou *arietini*. Je crois que par ce mot l'auteur ou plutôt Trimalchion veut exprimer le défaut ordinaire à ceux qui fréquentent les écoles et qui, dans leurs discussions savantes, montrent un entêtement qu'il compare à celui des béliers.

Ligne 17. *Laudamus urbanitatem mathematici.* Le sens de *ma-*

*thematicus* est ici *astrologue*, parce qu'en effet la plupart des mathématiciens se livraient à l'étude de l'*astrologie*.

Page 156, ligne 21. *Utrosque parietes linunt*. Allusion à un proverbe grec: Δύο τοίχους ἀλείφουσι, qui veut dire *Enduire la muraille des deux côtés*. Ce proverbe est susceptible de deux sens; on peut l'appliquer à ceux qui se ménagent adroitement l'amitié des deux partis, dans une querelle, un procès, une guerre civile: comme nous disons *Ménager la chèvre et le chou;* mais il est aussi susceptible d'un sens obscène, que j'ai adopté comme plus conforme aux mœurs de Trimalchion.

Page 158, ligne 1. *Ne genesim meam premerem*. Trimalchion avait fait mettre une simple couronne sur le signe du Cancer, comme nous l'avons vu précédemment, pour ne pas défigurer son horoscope par quelque mets ignoble, mais au contraire pour en relever la noblesse.

Ligne 1. *Cataphagœ*. Les grands mangeurs. C'est avec raison que notre astrologue les place sous le signe du Lion. Le lion était regardé par les anciens comme le plus vorace des animaux; nous en voyons une preuve dans le *Livre des Juges*, chap. XIV, verset 14, où Samson propose cette énigme aux habitans de Thamnatha: *La nourriture est sortie de celui qui mangeait, et la douceur est sortie du fort*. Or, il est dit dans les versets précédens, que Samson avait trouvé un rayon de miel dans la gueule d'un lion qu'il avait tué. L'antiquité païenne fait aussi un grand mangeur de son Hercule, évidemment copié sur Samson, et rapporte que les Argonautes, du nombre desquels il était, furent obligés de le laisser dans une île, parce qu'il dévorait toutes leurs provisions.

Ligne 8. *Cucurbitœ*. Des têtes de citrouille. Ce n'est pas d'aujourd'hui qu'on a donné ce nom aux têtes vides et sans cervelle. Juvénal dit, satyre XIV:

> Quum facias pejora senex, vacuumque cerebro
> Jampridem caput hoc ventosa cucurbita quærat.

Ligne 8. *Obsonatores, et rhetores*. Pétrone revient ici avec complaisance sur cette comparaison des rhéteurs et des cuisiniers, que nous avons déjà vue au commencement de cette satyre. Platon dans son *Gorgias*, dialogue sur la rhétorique, fait voir qu'il existe une grande analogie entre ces deux professions, qui ont également pour but de gaguer les hommes en flattant leur goût ou leurs oreilles: *Ejusdem studii particula, cujus summam caputque appello adulationem.*

Page 158, ligne 9. *Semper aliquid mali facit, ut homines aut nascantur, aut pereant.* Cela rappelle une sentence de Théognis, que l'on trouve dans Stobée: *Optimum non nasci, aut natum quam citissime mori.*

Ligne 12. *Terra mater...... quasi ovum corrotundata.* On portait à Rome, dans les cérémonies sacrées de Cérès et dans celles de Bacchus, un œuf qui représentait la terre par sa forme ronde, parce qu'il renferme, comme elle, le principe de la vie. *Voyez* MACROBE, *Saturnales*, chapitre dernier.

## CHAP. XL.

Page 160, ligne 2. *Sophos universi clamamus.* Quand les Romains voulaient louer quelqu'un comme fort habile, ils l'appelaient *sophos*, du grec σοφός, sage, nom donné au jurisconsulte Sempronius, dans la loi 2, § 37, Digest. *de Origine juris*; ou bien ils criaient *sophos!* σοφῶς, *belle, bene, sapienter.* Martial, liv. VI, épigramme 48:

> Quod tam grande *sophos* clamat tibi turba togata,
> Non tu, Pomponi, cœna diserta tua est.

— *Sublatis manibus ad camaram.* — *Camara vulgo camera*, du grec καμάρα, *voûte*; c'est-à-dire *levant les mains vers le plafond.* De *camera* nous avons fait notre mot *chambre*.

Ligne 3. *Juramus, Hipparchum Aratumque comparandos illi homines non fuisse.* Hipparque était un astronome de Nicée, dont Pline fait un grand éloge, et qui a écrit de beaux traités contre Platon, sur la lune et les étoiles: on lui attribue la première invention des instrumens pour mesurer le cours des astres. Aratus est un autre astronome qui a écrit un poëme des *Phénomènes* que Cicéron a traduit en vers. Ovide dit en parlant de lui:

> Cum sole et luna semper Aratus erit.

Et saint Paul lui-même rapporte son témoignage, en citant un passage où Aratus a dit de Dieu : *In quo vivimus, movemur et sumus*. (*Voyez* le chap. XVII des *Actes des Apôtres*.) Je ne puis d'ailleurs comprendre pour quelle raison Encolpe, que Pétrone nous représente comme un homme instruit dans tout le cours de cet ouvrage, et qui nous en a donné la preuve, dès les premiers chapitres, par son beau morceau contre les déclamateurs, place ici Hipparque avant Aratus, lorsque personne n'ignore que ce dernier fut antérieur à Hipparque, qui commenta son poëme des *Phénomènes*. Cela me porterait à croire que ces mots *Hipparchum Aratumque*, etc., ont été ajoutés en marge du manuscrit par quelque scholiaste qui n'était pas fort sur la chronologie.

Page 160, ligne 9. *Et ecce canes laconici... discurrere cœperunt.* Les chiens de Laconie étaient fort estimés pour la chasse. Il y a apparence que c'est pour cette raison qu'Ovide donne le nom de *Lacon* à un des chiens d'Actéon, au livre III des *Métamorphoses* :

> Prævalidusque Lacon................

On trouve aussi l'éloge de cette espèce de chiens dans Horace, ode 6 du livre V :

> Nam qualis aut Molossus, aut fulvus Lacon.

On les appelait aussi chiens de Sparte, *spartiani*, et ils étaient recherchés avec les molosses, les crétois et les bretons, comme les meilleurs pour la chasse de la grande bête, parce qu'ils avaient la menée belle, et qu'ils étaient faciles à dresser. *Voyez* SÉNÈQUE, *Hippolyte*, vers 34 :

> Et Spartanos (genus est audax
> Avidumque feræ) nodo cautus
> Propiore liga;

et CLAUDIEN, *Louanges de Stilichon*, vers 300 :

> Hirsutæque fremunt Cressæ tenuesque Lacænæ.

Ligne 13. *Altera caryotis, altera thebaicis repleta.* Ces dattes, nommées par les Grecs καρυωτίδες, croissent en Syrie et en Judée, et surtout dans le territoire de Jéricho : elles sont jaunes et noires, grosses, rondes comme des pommes, et très-douces. Quant aux autres, appelées *thebaicæ*, elles se trouvent dans les déserts de la Thébaïde, voisins du Grand-Caire en Égypte, qu'habitaient anciennement ces fameux anachorètes qui ne vivaient que de ce fruit. Ces dernières sont blanches et petites, mais fort nourrissantes. Pline compte quarante-neuf espèces de dattes ; et comme ce fruit croît dans les forêts, on en avait suspendu des corbeilles aux défenses du sanglier, en guise des glands dont il se nourrit, pour les distribuer aux convives, comme nous le verrons bientôt.

Page 160, ligne 16. *Apophoreta fuerunt.*—*Apophoreta*, du grec ἀποφέρειν, emporter. C'est ainsi qu'on appelait les mets dont on faisait présent aux conviés pour emporter chez eux. Nous verrons plus loin, au chapitre LX : *Dum hæc apophoreta jubemur sumere.*

Ligne 19. *Alicula subornatus polymita.* Il s'agit ici d'une espèce de pèlerine ou de manteau court qui couvrait seulement les épaules, et devait ressembler beaucoup aux ailes des oiseaux, lorsqu'il était agité par le vent ; ce qui fait dire à Velius Longus : *Aliculam æstimant dictam, quod alas nobis injecta contineat.* Pétrone l'appelle ici *polymita*, du grec πολύμιτον, tissu de fils de plusieurs couleurs : formé de πολύ, plusieurs, et μίτος, fil. Cette espèce de vêtement, selon Ulpien, n'était portée que par les enfans ; mais il convenait également bien aux chasseurs et à tous ceux qui s'exposaient aux intempéries de l'air, parce qu'il préservait du froid le cou et les oreilles ; aussi voyons-nous dans Martial, livre XII, épigramme 83 :

> Brumæ diebus, feriisque Saturni
> Mittebat Umber aliculam mihi pauper.

Ligne 21. *Parati aucupes cum arundinibus fuerunt.* Valerius Flaccus décrit parfaitement bien cette chasse avec des roseaux enduits de glu, livre VI, v. 260 :

> Qualem populeæ fidentem nexibus umbræ
> Si quis avem summi deducat ab acre rami,
> Ante manu tacita cui plurima crevit arundo;
> Illa dolis viscoque super correpta sequaci
> Implorat ramos, atque irrita concitat alas.

## CHAP. XLI.

Page 162, ligne 7. *Postquam itaque omnes bucolesias consumsi.* Les textes de Lavaur et de Nodot, au lieu de *bucolesias*, portent *batologias*, qui n'offre aucun sens. *Bucolesia* vient du grec βουκολεῖν, tromper, et veut dire ici de vaines pensées, de fausses conjectures : on trouve dans Lucien ἐλπίδι ματαίᾳ βυκολέμενοι, « trompés par une vaine espérance. »

Ligne 10. *Quum heri summam cœnam vindicasset.* Le jugement par lequel on déclarait un esclave libre s'appelait *vindiciæ* ou *vindicta*. Ce mot, selon quelques auteurs, vient du nom de *Vindicius*, esclave qui, au rapport de Tite-Live, livre II, ayant découvert la conjuration de la jeunesse romaine pour rétablir Tarquin le Superbe, reçut la liberté pour récompense : d'où la manière de donner la liberté la plus parfaite, avec l'autorité des magistrats, fut appelée *manumissio vindicta*. — *Vindicare* veut dire, intenter l'action pour demander d'être mis en liberté.

Ligne 16. *Modo Bromium, interdum Lyœum, Eviumque confessus.* Ces trois noms désignent le même dieu, Bacchus. *Bromius*, ou βρόμιος, vient de ϐρόμος, qui veut dire bruit, à cause du bruit que font les buveurs et du tumulte qui régnait dans les *Bacchanales*, ou fêtes de Bacchus. *Lyœus* ou Λυαῖος vient de λύη, pour λύα, dissension, sédition, combat ; résultats ordinaires de l'ivrognerie, ou plutôt de λύω, délier, parce que le vin dissipe le chagrin et délie la langue. *Evius* ou Εὔιος vient de εὐοῖ pour εὖ οἶ, *bien lui soit !* cri des bacchantes dans les fêtes de Bacchus, dont les Latins ont fait *evohe*. On l'appelait aussi *Liber*, parce qu'il délivre des soucis, ou plutôt parce que le vin rend l'homme *libre* tant que durent ses effets. *Dionysius*, de Διός, génitif de Ζεύς, Jupiter, et Νῦσα, Nyse, ville de l'Inde occidentale, sur le Cophès, au pied du mont *Méros* ou *Mérus*, où régnait Bacchus, et d'où il sortit pour faire ses conquêtes dans les Indes : ce qui, selon Quinte-Curce, a donné lieu à la fable qu'il était sorti de la cuisse de Jupiter, parce que Μηρός veut dire *cuisse*. On lui prête encore plusieurs autres noms qui donnent lieu de croire avec Bochart, dans sa *Géographie sacrée*, que la plupart avaient été tirés des anciens noms du vrai Dieu. M. Huet, le Père Thomassin, d'après Eusèbe, et plusieurs autres prouvent que le Bacchus des païens est copié d'après Moïse.

Page 162, ligne 19. *Dionyse... liber esto!* C'est un jeu de mots dont la note précédente indique facilement le double sens, qu'il est impossible de rendre clairement en français. Trimalchion y revient encore quelques lignes plus loin, lorsqu'il dit aux convives: *Non negabitis me habere Liberum patrem.* Les anciens donnaient le nom de *Pater* à presque tous les dieux, et celui de *Mater* aux déesses, comme le prouve le nom de Jupiter, composé de Ζεύς et de πατήρ, ou, selon d'autres étymologistes, de *Juvans Pater*; on trouve partout, dans les poètes, le nom de *Mater* donné à Junon, à Cérès, etc. Nous rappellerons, à propos de ces divers noms donnés à Bacchus, qu'Antoine eut la fantaisie, en traversant la Grèce, de se faire appeler *Liber* ou *Bacchus*; il prit le costume de ce dieu, et, comme lui, monté sur un char traîné par des tigres, il se fit accompagner d'hommes et de femmes vêtus en satyres et en bacchantes. Les Athéniens allèrent à sa rencontre en l'invoquant comme Bacchus; et, pour se moquer de lui, lui offrirent en mariage la déesse Minerve, protectrice de leur ville. Antoine prit fort bien la plaisanterie; mais, pour les payer de la même monnaie, il accepta la fiancée qu'ils lui offraient, et leur fit payer mille talens pour sa dot.

Page 164, ligne 1. *Puer detraxit pileum.* Les esclaves mettaient des bonnets, quand on les affranchissait, parce qu'ils avaient la tête rasée; et c'est de là que le bonnet est devenu l'emblême de la liberté. Nous voyons dans Tite-Live, *ad pileum servos vocare*, donner la liberté aux esclaves. Les Français, sous les premières races, furent nommés *pileati*, du moment qu'ils eurent recouvré la liberté dont les Romains les avaient privés.

Ligne 7. *Quum* Patrem *acina poposcisset.* Dans ce membre de phrase, nous avons substitué *patrem* au mot *pateram* qu'on lit dans presque toutes les éditions de Pétrone, d'après l'ingénieuse conjecture de Burmann, qui l'explique en ces termes: *Puerum Bacchi specie, quem* Liberum Patrem *per jocum Trimalchio dixerat, compellat hic unus e conviris, et poscit ut sibi* acina *daret, id est* uvas *quas in calathisco gerebat.* Lege ergo : « *Itaque primus quum,* PATER, ACINA *poposcisset,* » *id est clamasset,* PATER BACCHE, DA ACINA.— *Acina,* pluriel d'*acinum,* signifie communément *pépins de raisin ;* mais il se prend aussi pour les baies ou grains de tous les fruits à grappes, comme le prouve ce passage de Suétone (*Vie d'Auguste,* chap. LXXVI) : *Se panis unciam cum paucis uvæ duracinæ acinis comedisse.* Cicéron s'en sert dans le sens de pépin (*de Senectute,* cap. XV) : *Quæ ex fici tantulo grano, aut ex acino vinaceo, aut ex ceterum frugum ac stirpium minutissimis seminibus tantos truncos ramosque procreat.* Cependant *acina* doit s'entendre ici de raisins conservés, ou venus en serre chaude ; car on était alors en hiver, et, quelques lignes plus loin, un des convives se plaint du froid. On voit dans Columelle, livre XII, chap. 43, avec quels soins on conservait des raisins pendant l'hiver pour la table des riches.

Page 164, ligne 10. *Sic nondum frigus habuimus, nec nos balneus calfecit.* La plupart des éditions portent *et mundum* ou *et multum frigus habuimus, vix me balneus calfecit;* ce que Lavaur traduit : *Nous avons eu bien froid, à peine ai-je pu m'échauffer dans le bain;* mais cela ne se lie en aucune manière à l'ensemble de la phrase, tandis que la leçon que je propose offre une transition naturelle de l'un à l'autre : *Ainsi donc rien de plus sage que de passer directement du lit à la table. On n'a pas encore eu le temps de se refroidir, et l'on n'a pas besoin d'un bain pour se réchauffer : du reste, une boisson chaude est la meilleure des fourrures.* Le latin dit *calda potio vestiarius est :* « Une boisson chaude est un marchand d'habits, » c'est-à-dire, « nous met un habit sur le corps. » Le mot de *fourrure* rend parfaitement cette audacieuse hyperbole de Pétrone.

Ligne 11. *Stamniatas duxi.*— *Stamniatas,* de στάμνος ou στάμνιον, vase, amphore, large coupe. Les Latins en auront formé le diminutif *stamina,* d'où vient probablement notre mot *estaminet.*

## CHAP. XLII.

Page 164, ligne 16. *Baliscus enim fullo est. Aqua dentes habet,* etc. Seleucus, continuant à développer la pensée du préopinant, s'emporte contre l'usage trop fréquent des bains : il dit que le baigneur est un véritable foulon, et que l'eau a des dents qui nous rongent, *aqua dentes habet*. C'est dans ce sens qu'Hippocrate, livre VI, dit : ὕδωρ ἔοῤῥον, l'eau dévorante. L'habitude de se baigner s'était accrue à Rome avec le luxe. Sénèque, épître 86, liv. XIII, remarque que Scipion l'Africain ne se baignait pas tous les jours ; plusieurs même s'en abstenaient comme d'un usage malsain. Le poète Antiphanes maudissait les bains, comme notre Seleucus :

In rem malam aufer balnea,

parce qu'ils lui avaient si fort brûlé la peau, qu'il en était tout écorché. Et Hermippus, dans *Athénée*, livre I, dit qu'un homme de bien ne doit ni s'enivrer, ni se baigner dans des bains chauds.

Page 166, ligne 1. *Homo bellus*. Cette épithète *bellus* est parfaitement placée dans la bouche de celui qui parle, et nous apprend l'usage que l'on doit faire de ce mot, qu'on applique souvent mal-à-propos, et qui ne peut convenir à un personnage de quelque importance. Il se prenait tantôt en bonne, tantôt en mauvaise part. Martial raille plusieurs personnes qui, de son temps, abusaient de ce mot, dont il détermine le véritable sens dans les épigrammes 7 du livre II et 63 du livre III, où il dit : « Un joli homme sait et fait joliment une foule de jolies petites bagatelles inutiles ; et tout son mérite se borne là ; bien différent en cela d'un honnête homme, etc. » Aussi, dans le passage qui nous occupe, Seleucus, après avoir dit que Chrysante était un homme aimable, un joli homme, ajoute et *tam bonus*, comme pour corriger la faiblesse du premier éloge.

Ligne 2. *Animam ebulliit*. Il a rendu l'âme. Sénèque emploie ces mots dans le même sens, dans son *Apokolokyntosis*, ou apothéose comique de Claude :

Et ille quidem animam ebulliit.

Et Perse, satyre II, v. 9 :

.......................... O si
Ebullit patrui præclarum funus!

Nous verrons plus loin, chapitre LXII, *pœne animam ebullivi*, et l'on trouve dans *l'Ane d'or* d'Apulée, livre I<sup>er</sup> : *Quum ille, impetu teli præsecata gula, vocem, imo stridorem incertum, per vulnus effunderet, et spiritum rebulliret.*

Page 166, ligne 9. *Malus fatus.* Voici encore un exemple du genre masculin substitué au genre neutre, plus ordinairement usité. Nous avons vu précédemment *cœlus hic; malus fatus* se rencontre dans plusieurs inscriptions anciennes, entre autres dans celle-ci, du *forum Trajanum*, rapportée par Gruterus :

FRUCTUM. ALIUM. MERITORUM. SUOR.
REPORTARE. FATUS. MALUS. NEGAVIT.

Et dans cette autre qu'on lisait sur un monument, près de la porte Collatine :

VIRGINEM. ERIPUIT. FATUS. MALUS.

Nous avons vu *vinus* dans le chapitre précédent du *Satyricon* : *Vinus mihi in cerebrum abiit*; on trouve encore dans le même Gruterus : HUNC MONUMENTUM, EUM SEPULCHRUM, CORNUS, pour *cornu*, et une foule d'autres masculins peu usités.

*Medicus enim nihil aliud est quam animi consolatio.* Cet axiôme de Pétrone, quoique placé dans la bouche d'un fou, est admirable. En effet, le médecin doit commencer sa cure par consoler son patient, par guérir son esprit toujours affecté par la maladie. C'est ce que négligent trop de docteurs dont l'aspect triste, la figure sévère, le ton brusque et tranchant, sont plus propres à intimider le malade qu'à lui donner le courage dont il a besoin.

Ligne 10. *Elatus est, convivali lecto, stragulis bonis.* Quelques-uns lisent *vitali lecto*; en effet c'était la fantaisie de quelques personnes, d'être enterrées avec les objets qu'elles avaient le plus affectionnés pendant leur vie; aussi lit-on dans une ancienne inscription rapportée par Brissonius : MORTUUM. ME. QUOQUE. FUNERARI. JUSSI. REBUS. LUGUBRIS. QUAS. VIVUS. PARAVI. LECTO. STRAGULIS. FORENSIS. POENULA. NIGRIS. OMNIBUS. Cependant je crois qu'il faut lire ici *convivali lecto*, comme dans ce passage de Tacite, *Annales*, livre XIV, chapitre 9 : *Agrippinam crematam convivali lecto, et vilibus exequiis.*

Page 166, ligne 11. *Planctus est optime: manumisit aliquot; etiamsi maligne illum ploravit uxor.* Je pense qu'il faut placer ces mots, *manumisit aliquot*, entre parenthèses, de manière qu'en écartant cette phrase incidente le sens de la phrase principale soit celui-ci : « Il a été bien regretté, quoique sa femme ait fait à peine semblant de verser quelques fausses larmes. ». Ce membre de phrase, *manumisit aliquot*, sous-entendu *servos*, peut servir à expliquer pourquoi sa femme montra si peu de regret de sa mort. C'est qu'en affranchissant ces esclaves, il l'avait dépouillée d'une partie de son patrimoine. Les anciens avaient porté si loin cette coutume de donner, à l'article de la mort, la liberté à plusieurs de leurs esclaves, qu'on fut obligé d'en régler le nombre, et d'arrêter en ce point la libéralité des mourans par la loi *Fusia Caninia*, rendue sous le règne d'Auguste.

## CHAP. XLIII.

Page 168, ligne 1. *Quadrantem de stercore mordicus tollere.* — *Quadrans* était le quart de l'as romain, c'est-à-dire trois deniers. Perse dit dans le même sens, satire V :

In luto fixum possit transcendere nummum.

Ligne 3. *solida centum.* Sous-entendu *sestertia*, c'est-à-dire cent grands sesterces ou cent mille petits sesterces ; *solida* signifie que c'était une somme *intacte*, sur laquelle il ne devait rien. Ce mot est souvent pris en ce sens, quand il s'agit de comptes ou d'affaires d'intérêt, comme *solida proprietas, solidum legatum.* Ovide, dans son poëme sur *les Cosmétiques*, vers 60, dit *solidum as.* Ce vers d'Horace, livre I, *Ode* I,

Nec partem *solido* demere de die,

peut servir à l'intelligence de ce passage. Sénèque dit aussi, dans le même sens, épître LXXXIV : *Hodiernus dies* SOLIDUS *est. Nemo ex illo quidquam mihi eripuit.*

Ligne 5. *Qui linguam caninam comedi.* Scheffer s'imagine à tort qu'il est question ici de cette herbe qu'on appelle *cynoglosse*, ou langue de chien, plante borraginée, narcotique et anodine, qui n'a nullement la vertu de rendre les gens hardis à parler. *Linguam caninam* est plutôt, selon moi, une allusion à l'effronterie si connue des *cyniques*. C'est ainsi que Quintilien dit *canina eloquentia*, style mordant. Dans Homère, Achille irrité appelle Agamemnon *œil de chien*, et la fable rapporte qu'Hécube, captive, fut changée en chien, et le lieu de sa sépulture, près d'Abydos, fut appelé le *tombeau de la chienne*, parce que, comme cet animal, Hécube *aboyait* continuellement contre les Grecs. Cependant *lingua canina* ne doit pas se prendre ici en mauvaise part, car Philéros ne dirait pas du mal de lui-même; mais dans le même sens que, chez nous, un *saint Jean bouche d'or*, un homme franc, qui ne déguise en rien sa pensée.

Page 168, ligne 6. *Discordia, non homo.* La discorde incarnée, la discorde en personne. Nous verrons plus loin *piper, non homo*, comme nous disons en français : « Ce n'est pas du sang qu'il a dans les veines, c'est du salpêtre. »

Ligne 7. *Inter initia malum passum ambulavit.* Voici un passage horriblement défiguré par les divers éditeurs de Pétrone : les uns impriment : *malam parum pilavit*, que Lavaur traduit : « il n'avait guère de quoi faire jouer les mâchoires; » et Nodot : « il ne marchait pas la tête levée; » d'autres, *malam parram pilavit* : or, *parra* est une espèce de corneille, un oiseau de mauvais augure comme le prouve ce passage d'Horace, livre III, Ode 27 :

> Impias parræ recinentis omen
> Ducar......

*Pilare*, signifie dans Martial *épiler, arracher le poil*, et par extension *plumer*. Ainsi le sens de ces mots, *malam parram pilavit*, serait : « il a plumé un oiseau de mauvais augure; » ce qui ne se rapporte en aucune manière à ce qui suit : *recorrexit costas illius prima vindemia*. J'ai préféré la leçon de Burmann : *malum passum ambulavit*, « il n'était pas bien solide sur ses jambes; il n'avait pas beaucoup de crédit, » dans le même sens que *male vacillavit*, que nous avons vu précédemment, chap. XXXVIII.

Ligne 18. *In manu illius plumbum aurum fiebat.* Le plomb était regardé par les anciens comme le métal le plus vil. On trouve dans Martial : *plumbeos quadrantes* ; et dans Plaute : *plumbeus nummus*, fausse monnaie ; c'est ainsi que Racine dit, dans la prophétie de Joad (*Athalie*) :

Comment en un plomb vil l'or pur s'est-il changé ?

Page 168, ligne 21. *Corneolus fuit.* C'est-à-dire ferme et net comme la corne : ainsi l'on dit *cornescere*, devenir ferme comme la corne. Perse, satire I :

.......... Neque enim mihi cornea fibra est.

« Je ne suis pas dur et insensible. » Les Romains se servaient du mot *cornu*, comme nous du mot *fer*, pour exprimer la dureté ; ils disaient *sanitas corneola*, une santé de fer. Nous verrons plus loin, dans Pétrone : *rigidum ut cornu*, dur comme le fer.

Ligne 22. *Noveram hominem olim molitorem.* Au lieu de ce mot *molitorem*, Nodot et Lavaur impriment *olearium*, « je l'avais connu autrefois marchand d'huile. » Or, je le demande, quel rapport y a-t-il entre ce prétendu marchand d'huile et ce qui suit : *et adhuc salax erat*, « et c'était encore un libertin fieffé ? » comme si les marchands d'huile étaient plus libertins que les autres hommes. *Molitorem* doit se prendre ici dans le sens de *molere*, que nous avons vu plus haut, chapitre XXIII : *Super inguina mea diu multumque frustra moluit.* « Il s'efforça long-temps, mais en vain, de m'exciter au plaisir. » C'est ainsi que Suétone dit *molitrix*, femme entreprenante ; à moins que l'on ne lise *mulierarium*, passionné pour le sexe.

Ligne 23. *Non, me Hercules ! illum puto in domo canem reliquisse.* Sous-entendu *intactam*. Manière grossière de parler, pour dire qu'il ne respectait rien chez lui, ni l'âge ni le sexe. Peut-être serait-il plus rationnel de lire *anum*.

Ligne 25. *Hoc enim solum secum tulit.* Allusion à l'épitaphe si connue de Sardanapale, rapportée par Cicéron, livre V des *Tusculanes* :

Hæc habeo, quæ edi, quæque exsaturata libido
Hausit, at illa jacent multa et præclara relicta.

## CHAP. XLIV.

Page 170, ligne 7. *Serva me, servabo te.* Cela répond au proverbe *Manus manum lavat*, ou à notre dicton : « Passe-moi la casse, je te passerai le séné. »

Ligne 11. *Sic arva siccitas perurebat, ut illis Jupiter iratus esset.* Voici un de ces passages qui ont mis en défaut la sagacité de tous les commentateurs. Les uns impriment : *Sed larvas sic istas periti aptabant, ut illis*, etc., ce que Nodot traduit : « Mais ils ont si bien accommodé leurs magistrats, qu'ils les ont rendus comme des spectres qui ont ressenti le courroux du ciel; » et Lavaur : « Ils accommodaient si bien ces visages, qu'ils leur faisaient sentir le courroux du ciel. » Cette double interprétation n'offre, on le voit, aucun sens raisonnable. Heinsius, au lieu de *perite aptabant*, conjecturait *percolaphabant*, et lisait ainsi la phrase : *Ut larvas, sic istos (ædiles) percolaphabant*, « Ils souffletaient ces édiles comme des masques de théâtre. » Peu satisfait de toutes ces hypothèses, j'ai cherché dans l'ensemble du chapitre le véritable sens de ce passage. J'ai vu que Ganymède disait plus haut, *siccitas perseverat*; plus loin, je trouve *similia Siciliæ interioris*, c'est-à-dire, « la Sicile éprouvait une sécheresse semblable : » alors en changeant *larvas* en *arva*, *sic istos* en *siccitas*; et à *perite aptabant* substituant *perurebat*, je suis arrivé, avec ces légers changemens, à un sens raisonnable, où la liaison des idées est conservée. *Similia Siciliæ interioris, arva siccitas perurebat, ut illis*, etc. « La Sicile intérieure éprouvait la même disette, la sécheresse avait brûlé les moissons de cette contrée, qu'on eût dite en butte au courroux de Jupiter. »

Ligne 13. *Ad arcum veterem.* Il s'agit ici d'un vieil arc de triomphe tombé en ruine, ou d'un ancien aquéduc, par opposition à un autre plus récemment construit; c'est ainsi que Juvénal dit, satire III :

Substitit ad veteres arcus, portamque Capenam.

Ligne 16. *Cum quo audacter posses in tenebris micare.* Expression proverbiale chez les anciens pour désigner un homme de bien. « Vous auriez pu sans crainte jouer à la mourre avec lui dans les ténèbres. ». La mourre est un jeu qui consiste à lever autant de doigts que l'indique celui qui commande ; il exige une grande vivacité dans l'exécution, et en même temps celui qui commande a besoin de ses yeux pour voir si on lui présente le nombre de doigts indiqué. Mais Ganymède dit ici que Safinius était de si bonne foi, qu'on pouvait jouer à ce jeu avec lui au milieu des ténèbres, sans crainte qu'il accusât faux. Ce jeu est très-ancien, Cicéron en parle presque dans les mêmes termes que Pétrone : *Dignus est quicum in tenebris mices;* et liv. III, chap. 3 des *Offices : Nullum erit certamen ; sed quasi forte, aut micando victus, alteri cedat alter.* Calpurnius en fait mention dans sa 2ᵉ églogue :

> Et nunc alternos magis ut distinguere cantus
> Possitis, ter quisque manus jactate micantes.
> Nec mora, discernunt digitis : prior incipit Idas.

Saint Augustin rapporte aussi ce proverbe, livre VIII, chap. 5 de *Trin. : Nam ubi id volumus facile habemus, ut alia omittam, vel micando digitis tribus. Porro cum quo micas in tenebris, ei liberum est, si velit, fallere.* Ce jeu est encore fort en usage aujourd'hui en Italie et en Hollande parmi le menu peuple, qui joue à la mourre dans les rues avec des éclats de voix surprenans.

Page 170, ligne 20. *Nescio quid asiatici habuisse.* Ce Ganymède qui parle ici était probablement originaire d'Asie, et il profite de cette occasion pour vanter l'inépuisable faconde des orateurs de son pays. Les Asiatiques passaient à Rome pour de grands diseurs de riens sonores, comme le prouve ce passage du chapitre II de notre auteur : *Nuper ventosa isthæc et enormis loquacitas Athenas ex Asia commigravit.* Or, en Asie on exerçait les chanteurs, les comédiens et toutes sortes d'acteurs, à ne point suer ni cracher pendant qu'ils étaient en scène. C'est à cette coutume que Ganymède fait allusion ; et ce qu'il trouve surtout d'admirable dans Safinius, c'est qu'on ne le voyait jamais ni suer ni cracher lorsqu'il parlait au barreau.

Page 172, ligne 7. *Ædilem trium caunearum.* C'est-à-dire un homme de rien. Plaute dit dans son *Pœnulus : Hominem trioboli.* — *Cauneæ,* en grec χαυνίαι, étaient des figures que l'on tirait d'une petite ville de Carie appelée *Caune*. (*Voyez* COLUMELLE, liv. X, à la fin.) « Lorsque Crassus, dit Cicéron, *de Divinatione*, liv. II, embarquait son armée à Brindes, un vendeur de figues criait sur le port : *Cauneas! Cauneas!* ce qui fut regardé comme un présage de la défaite et de la mort de Crassus, comme si cet homme eût crié: *Cave ne eas!*

Page 172, ligne 10. *Si nos coleos haberemus.* Manière de parler grossière et encore en usage parmi la plus basse classe du peuple. Perse, satire I, dit, dans le même sens :

>......... Si testiculi vena ulla paterni
>Viveret in nobis........

Ligne 11. *Domi leones, foras vulpes.* C'est un proverbe contre ceux qui font les braves chez eux, et en l'absence de ceux contre qui ils parlent, et qui tremblent en leur présence. Aristophane dit, en parlant des Lacédémoniens qui avaient été battus en Asie : Οἴκοι λέοντες, ἐν μάχῃ δ'ἀλώπεκες. Tertullien, dans le livre *de Corona militis* : *Novi et pastores eorum, in pace leones, in prœlio cervos;* et Plutarque, *Vie de Sylla* : Οἴκοι λέοντες, ἐν ὑπαίθρῳ δ'ἀλώπεκες.

Ligne 12. *Jam pannos meos comedi.* Mot à mot : « J'ai déjà mangé mes nippes. » *Comedi pannos,* expression toute française et qui est ici d'une grande énergie. *Comedere* est très-souvent employé dans ce sens par les meilleurs auteurs : *Patrimonium comedere,* « manger son patrimoine, » Juvénal (satire I, v. 123); *Nummos suos comedere,* « manger son argent, » Cicéron (*ad Atticum*, lib. VI, *Epist.* 1).

Ligne 18. *Antea stolatæ ibant, nudis pedibus, etc. — Stolatæ,* de *stola,* robe traînante que les dames romaines portaient dans les cérémonies religieuses; de *stola,* nous avons fait le mot français *étole.* Les anciens assistaient pieds nus aux fêtes et sacrifices pour obtenir de la pluie, d'où on appelait ces fêtes *nudipedalia* : cet usage venait originairement de Judée, où les rois célébraient pieds nus les solennités religieuses, comme le dit Juvénal :

>Observant ubi festa mero pede sabbata reges;

peut-être parce que Moïse, avant d'approcher du buisson ardent, reçut du ciel l'ordre d'ôter sa chaussure.

Page 172, ligne 20. *Urceatim pluebat.* Comme nous disons en français, *il pleut à seaux.* On a toujours eu recours au ciel pour les choses qui ne dépendent point du pouvoir de l'homme. Ainsi Horace dit, livre II, *Épît.* 1 :

  Cœlestes implorat aquas docta prece blandus ;

et Virgile, *Géorgiques,* livre I, vers 157 :

  .............. Votisque vocaveris imbrem.

Le Jupiter dont Pétrone parle ici n'est pas le *Jupiter Omnipotens,* mais *Jupiter Pluvius,* Jupiter Pluvieux, ou qui donne la pluie.

Ligne 22. *Dii pedes lanatos habent.* C'est un proverbe dont Macrobe explique ainsi l'origine, *Saturnales,* liv. I, ch. 5 : *Apollodorus Saturnum alligari ait per annum laneo vinculo, et solvi ad diem sibi festum, id est mense hoc decembri, atque inde proverbium ductum, deos laneos pedes habere.* Oubliant ensuite l'origine de ce proverbe, on l'employa pour signifier que les dieux sont lents à venir au secours des mortels. C'est ainsi qu'Horace, ode 2 du livre III, dit :

  Raro antecedentem scelestum
   Deseruit pede pœna claudo.

*Pede claudo* répond exactement au *pedes lanatos* de Pétrone.

## CHAP. XLV.

Page 174, ligne 2. *Echion centonarius.* La plupart des éditions portent *centenarius;* on appelait ainsi les affranchis qui avaient cent mille petits sesterces de rente ; mais j'ai préféré m'en tenir au manuscrit de Trau, qui porte *centonarius,* qui signifie ravaudeur, chiffonnier, marchand de haillons. Les discours que va tenir Échion, par exemple son allusion *au paysan qui avait perdu un porc bigarré,* me semblent convenir parfaitement à un homme de cette profession. Cependant on donnait aussi le nom de *centonarii* à ceux qui fournissaient dans les villes et dans les camps les objets propres à éteindre les incendies ; dans ce dernier sens, Échion serait une espèce de pompier. Ceux qui adoptent *cenienarius* allèguent, pour motif, que notre homme paraît très-content de son sort, comme le prouvent ces mots: *Non, me Hercules! patria melior dici posset;... non debemus delicati esse : ubique medius cœlus est... Tu, si aliubi fueris, dices, hic porcos coctos ambulare, etc.;* mais l'expérience prouve que les hommes les plus pauvres ne sont pas toujours ceux qui se plaignent le plus de leur condition.

Page 174, ligne 10. *Familia non lanistitia, sed plurimi liberti.* Les maîtres qui instruisaient les gladiateurs portaient le nom de *lanistœ;* ils achetaient des esclaves ou prenaient des enfans trouvés qu'ils élevaient pour cette profession. On appelait une troupe de ces gladiateurs *familia lanistitia,* c'est-à-dire *cui lanista prœerat.* Auguste les chassa de Rome, au rapport de Suétone, dans la vie de cet empereur, chap. XLII; Sénèque en parle aussi, *de Beneficiis.* Les Romains en vinrent à un tel excès de cruauté au sujet des combats de gladiateurs, qu'outre les esclaves sans nombre qu'ils faisaient égorger dans ces affreux spectacles, ils y engageaient encore des affranchis et des citoyens qui jouissaient d'une pleine liberté. Suétone, dans la *Vie de Néron,* dit que ce prince poussa encore plus loin la barbarie, et qu'il fit paraître dans un amphithéâtre qu'il fit bâtir exprès, non pas des gladiateurs ordinaires, ni même des affranchis, mais des chevaliers et des sénateurs romains, au nombre de mille ; et que, non content de cela, il en contraignit quelques-uns des plus considérables à combattre contre les bêtes féroces : il y fit même combattre des femmes. Caligula égala et surpassa même la cruauté de Néron. Claude, l'imbécile époux de Messaline, ayant vu avec un extrême plaisir deux gladiateurs se tuer l'un l'autre en même temps, se fit apporter leurs épées pour en faire deux couteaux de table! *Voyez* le même SUÉTONE, *Vies de Caligula* et *de Claude.*

Ligne 13. *Non est mixcix.* J'ignore quel est le sens et l'étymologie de ce mot ; peut-être faudrait-il écrire *mittix* de *mittere,* c'est-à-dire *missionem dare gladiatoribus; non est mittix,* il n'est point homme à ménager ses esclaves, il veut qu'on se batte sans quartier, *sine fuga, ut amphitheatrum videat carnarium in medio,* pour que les spectateurs jouissent d'un véritable carnage au milieu du Cirque; *ferrum optimum daturus est*, il donnera aux gladiateurs du fer bien trempé, et non pas de ces épées au tranchant émoussé comme celles dont on se sert au théâtre. Peut-être faut-il lire simplement *mitis*, au lieu de *mixcix* ou *mitlix*.

Page 176, ligne 1. *Mulierem essedariam*. Juste-Lipse, dans ses *Saturnales*, traite amplement de ces espèces d'amazones qui montaient des chars armés en guerre. *Essedaria* de *esseda*, chariot dont se servaient les Gaulois et les Bretons, et qui avait été inventé chez les Belges.

*Qui deprehensus est, quum dominam suam delectaretur.* — *Deprehensus* est le terme propre pour dire, surpris en adultère. Horace, satire 2 du livre I:

Deprendi miserum est.......

Par la loi *Julia*, de l'empereur Auguste, la peine de ce crime n'était que l'exil. Cependant, sous ce même prince et sous ses successeurs, les adultères furent souvent condamnés à mort par plusieurs décrets particuliers, jusqu'à ce que, par les constitutions générales de l'empereur Théodose et ensuite de Justinien, les peines contre tous les adultères fussent rendues capitales. Outre cela, il avait été permis de tout temps au mari qui surprenait un coupable en flagrant délit de le tuer, si c'était un esclave, comme celui dont parle Pétrone.

Ligne 3. *Glyco autem, sestertiarius homo, dispensatorem ad bestias dedit.* — *Sestertiarius homo*, un homme de quatre sous, un homme de rien. Pour comprendre ce passage, il faut bien faire attention à ces mots *ad bestias dedit*. Cela ne veut pas dire que Glycon *a fait jeter aux bêtes son trésorier*, comme je l'ai traduit par erreur, d'après mes devanciers; mais simplement qu'*il l'a condamné aux bêtes*. Ce Glycon, cet homme de rien, n'ayant probablement ni bêtes féroces, ni amphithéâtre pour faire exécuter sa condamnation, a donné, peut-être même vendu cet esclave à Titus, pour que celui-ci le fît déchirer par les bêtes dans le spectacle de gladiateurs qu'il est sur le point d'offrir au public. Ce qui prouve que la sentence n'est pas encore exécutée, c'est qu'Échion ajoute: *Ridebis populi rixam inter zelotypos, et amasiunculos.* « Vous rirez de voir les spectateurs prendre parti les uns pour le mari jaloux, les autres pour le galant favorisé. » Ce mot *ridebis* indique clairement que le supplice n'a pas encore eu lieu. C'est ainsi que nous voyons dans le Martyre de sainte Perpétue : *Quia sciebam me ad bestias datam esse, mirabar quod non mitterentur mihi bestiæ*. Dans ce passage, *datam esse ad bestias* ne signifie pas *jetée aux bêtes*, mais *condamnée aux bêtes*, et a le même sens que *pronunciare ad bestias* que nous trouvons dans Tertullien, *de Resurrectione carnis*; de même, *dare ad remum*, dans Suétone, condamner aux galères.

Page 176, ligne 6. *Magis illa matella digna fuit, quam taurus jactaret.* — *Matella*, un pot-de-nuit, c'est-à-dire une femme impudique ; *quam taurus jactaret*, qu'un taureau la fît sauter en l'air. C'était le supplice des adultères. Nodot prétend « qu'on les exposait ainsi à la fureur des cornes d'un taureau pour en avoir fait pousser sur le front de leurs maris. » Ce qu'il y a de certain, c'est que, pour entretenir les taureaux dans cet exercice, on plaçait, dans les amphithéâtres, de gros rouleaux de bois qu'ils ramassaient avec leurs cornes et qu'ils lançaient en l'air avec une grande vigueur. Martial, épigramme 21, *sur les Spectacles de Domitien* :

Namque gravem gemino cornu sic excutit ursum,
Jactat ut impositas taurus in astra pilas.

Nous trouvons encore dans le Martyre de sainte Perpétue : *Puellis ferocissimam vaccam præparavit: prior Perpetua jactata est*; et Rufin dit, dans son Histoire ecclésiastique : *Quum a tauro ferociter instigata fuisset, innumeris ictibus lacessita, et toto arenæ ambitu jactata, nihil læditur.*

Ligne 10. *Colubra restem non parit*. Une couleuvre n'engendre pas une corde. C'est un proverbe qui a le même sens que cet autre qu'on trouve dans un ancien poëte :

E vipera rursum vipera nascitur.

C'est l'équivalent de celui-ci : *Bon chien chasse de race*.

Ligne 18. *Jam meliores bestiarios vidi occidi de lucerna*. Voici encore un passage honteusement défiguré par l'ignorance des copistes. Lavaur et Nodot lisent : *Jam meliores bustuarios vidi. Ad-*

*dixit de lucerna pedites ;* et traduisent : « J'en ai vu (des gladiateurs) qui valaient mieux combattre sur les tombeaux, à des funérailles. Il y ajouta un combat de gens à pied, qui se fit aux flambeaux. » Je ne m'arrêterai pas à discuter s'il faut lire ici *bustuarii* ou *bestiarii* : il importe peu au sens général de la phrase que ces gladiateurs soient de ceux qu'on faisait combattre près des bûchers, *bustuarii* de *bustum* ; ou des bestiaires, *bestiarii*, destinés à combattre contre les bêtes dans les spectacles publics : dans l'un comme dans l'autre cas, on prenait pour ces deux sortes de combats les gladiateurs les moins vigoureux et les moins habiles, ceux qui avaient le moins de prix. Mais que signifient ces mots : *addixit de lucerna pedites ?* Je ne pense pas que ce fût l'usage des anciens de faire combattre à cheval ces gladiateurs de mince aloi (*bestiarii* ou *bustuarii*). Pourquoi donc leur opposer des combattans à pied, *pedites ?* Cela me paraît d'autant moins fondé, que le texte de Burmann et toutes les meilleures éditions portent *equites*. On conçoit du moins que Norbanus ait voulu terminer son spectacle par un combat de gens à cheval ; mais ce qui suit prouve encore la fausseté de cette hypothèse : *Alter gurdus, atta, alter loripes : tertiarius.... qui habuit nervia præcisa.* S'ils étaient à cheval, comment Échion a-t-il pu remarquer que « l'un était si engourdi, qu'il ne pouvait pas se traîner ; que l'autre avait les pieds tortus, et un troisième les nerfs des jarrets coupés ? » Mécontent de toutes ces leçons, qui n'offrent aucun sens raisonnable, voici celle que je propose : *Jam meliores bestiarios vidi occidi de lucerna ;* « J'ai vu des gladiateurs plus redoutables périr en combattant contre les bêtes à la clarté des flambeaux. » *De lucerna* pour *ad lucernam*, comme dans Tite-Live, livre IX, chap. 44, *de tertia vigilia*, pour *ad tertiam vigiliam*, et ces mots si fréquens dans les auteurs latins, *de nocte, de die.* Au lieu de *equites*, je lis *et quidem*, que je joins au membre de phrase suivant : *et quidem putares eos gallos gallinaceos.* Ainsi, avec le léger changement de *occidit* en *occidi* et de *equites* en *et quidem*, je parviens à un ensemble de phrase qui a de la suite et de la vraisemblance ; tandis que Lavaur et Nodot, de leur autorité privée, substituent *addixit* à *occidi* et *pedites* à *equites*, au mépris des manuscrits et surtout du bon sens.

Page 176, ligne 20. *Tertiarius mortuus pro mortuo.* Les anciens, à un gladiateur vaincu, en substituaient jusqu'à trois l'un après l'autre, pour combattre contre le vainqueur; on les appelait *subdititii* ou *supposititii* ou *tertiarii*; en grec ἔφεδροι. Ici Pétrone dit que le gladiateur qu'on substitua à un autre, qui venait de mourir, était lui-même un *mort*, un cadavre, *mortuus pro mortuo*, car il avait les nerfs coupés, *nervia præcisa*. Caracalla, au rapport de Dion dans la *Vie* de cet empereur, prenait un si grand plaisir à voir répandre le sang des gladiateurs, qu'il en obligea un, nommé *Baton*, à combattre dans un même jour contre trois autres successivement, jusqu'à ce qu'il l'eût fait tuer, après quoi il lui fit faire des obsèques magnifiques.

Page 176, ligne 23. *Ad summam, omnes postea secti sunt*. La loi des gladiateurs les contraignant à combattre jusqu'à la mort, ceux qui n'avaient pas de cœur, après un combat d'un moment, se blessaient eux-mêmes et se coupaient quelquefois un bras pour émouvoir la compassion des spectateurs et obtenir qu'on leur sauvât la vie. C'est là le sens de *secti sunt :* « Ils se firent quelques blessures pour terminer le combat. » Juvénal, dans sa deuxième satire, dit en parlant d'un de ces poltrons :

........ Sergiolus jam radere guttur
Cœperat ; et secto requiem sperare lacerto.

## CHAP. XLVI.

Page 178, ligne 12. *Cicaro meus*. C'est un terme de tendresse, comme nous disons en français, *mon poupon, mon poulet*. Horace, *Sat.* 3 du livre II, en parlant d'un enfant, l'appelle *catellus*. *Cicaro* vient du grec κικκός, un coq, ou plutôt de συκαρίς ou συκαλίς, becfigue; il répond au *pullus* des Latins, un poulet, un poussin : *Antiqui puerum quem quis amabat, pullum ejus esse dicebant.* FESTUS, *de Verborum significatione*. D'où Quintus Fabius, ayant été frappé de la foudre à la cuisse, fut appelé *pullus Jovis*. Ce qui prouve encore que *Cicaro* n'est pas ici un nom propre, mais un surnom d'amitié, c'est que Trimalchion s'en sert dans la suite de cette satire, chapitre LXXI, pour désigner son fils, ou du moins un enfant qu'il affectionnait beaucoup : *Ad dexteram pones statuam Fortunatæ meæ et catellam cingulo alligatam et Ci-caronem meum.* Selon Heinsius et Burmann, *Cicaro* serait mis ici, par corruption, pour *Cicero*, nom que les anciens donnaient à tous les enfans qui annonçaient de grandes dispositions, comme nous dirions d'un enfant borné : *Ce n'est pas un Voltaire.* Quintilien, livre X, dit en parlant de Cicéron : *Apud posteros id consequutus est, ut Cicero non jam hominis nomen, sed eloquentiæ habeatur.* Peut-être est-ce là l'origine du nom de *Cicerone* que l'on donne, en Italie, à ceux qui se louent aux étrangers pour leur montrer et leur expliquer les antiquités de cette contrée.

Page 180, ligne 12. *Libra rubricata.* Pour *libros rubricatos* ; barbarisme grossier, qui indique assez l'ignorance de celui qui parle. C'est ainsi que l'on appelait les livres de droit, parce que les titres en étaient écrits en lettres rouges, ce qui leur fit donner le nom de *rubriques*. Perse, satire V, dit, en parlant d'un livre renfermant les réponses d'un célèbre jurisconsulte :

Excepto, si quid Mazuri rubrica vetavit.

Ce mot est passé de la jurisprudence dans le langage ordinaire, pour signifier des ruses, des finesses, des détours. C'est aussi un terme de journalisme, pour indiquer le lieu d'où vient une nouvelle.

Ligne 15. *Destinavi illum artificium aut tonsorium doceri, aut præconem, aut certe causidicum.* Admirez la progression dans laquelle cet affranchi place les diverses professions auxquelles son fils peut prétendre, s'il apprend bien le droit : *J'ai résolu,* dit-il, *de lui faire apprendre quelque profession utile, comme celle de barbier, de crieur public, ou tout au moins d'avocat.* Et ce n'est pas sans raison qu'il place en première ligne le métier de barbier ; car, sous Néron et ses successeurs, on vit souvent les premières charges de la cour occupées par des gens qui avaient été barbiers ou baigneurs. Ce qui motive encore son estime particulière pour les barbiers, c'est qu'on en vit plusieurs qui l'emportaient en crédit et en richesses sur tous les patriciens, comme celui dont parle Juvénal, satire I :

Patricios omnes opibus quum provocet unus
Quo tondente gravis juveni mihi barba sonabat.

Il juge, en outre, que faire de son fils un barbier ou un crieur public, c'est plus que d'en faire un avocat. Il avait vu sans doute plus de gens de cette sorte, que d'avocats, faire fortune à la cour. Ainsi, le même Juvénal dit, satire VII, que si l'empereur ne relevait pas la fortune et l'espérance des poètes, les plus célèbres allaient se faire ou baigneurs, ou boulangers, ou crieurs publics :

> ........ Quum jam celebres notique poetæ,
> Balneolum Gabiis, Romæ conducere furnos
> Tentarent ; nec fœdum alii, nec turpe putarent
> Præcones fieri.

Martial, livre V, épigramme 56, donnant des conseils à un de ses amis sur l'éducation de son fils, lui recommande de l'éloigner de l'étude de l'éloquence, de la poésie, du droit et de toutes les sciences ; et il ajoute : « Veut-il apprendre quelque chose d'utile, qu'il se fasse musicien ou joueur d'instrumens :

> Fac, discat citharœdus, aut choraules ;

ou, s'il n'a pas assez d'esprit pour ces arts, faites-le crieur public ou architecte. » Et livre VI, épigramme 8, il raconte qu'un vieillard avait refusé sa fille à deux préteurs, quatre tribuns, sept avocats et dix poètes,

> Prætores duos, quatuor tribuni,
> Septem causidici, decem poetæ ;

pour la donner à un crieur public.

## CHAP. XLVII.

Page 184, ligne 7. *Petauristarios.* Il paraît, d'après ce passage, que les anciens étaient parvenus à dresser des porcs à différens exercices de voltige et à faire des tours d'adresse, ce qui est prodigieux, vu la lourdeur et le peu d'intelligence de ces animaux. *Petauristarii*, de πετάω, voler.

Ligne 11. *Vitulos, aeno coctos.* On servait sur la table des veaux, des porcs, des sangliers tout entiers. Érasme rapporte le proverbe : *Solidos e clibano boves;* et le poète comique Antiphane, au rapport d'Athénée, livre IV, dit, dans sa pièce intitulée *Pélops: Nos pères faisaient rôtir un bœuf entier, un mouton, un cerf. On dit même,* ajoute-t-il, *qu'un cuisinier (ce qui est monstrueux) fit rôtir, et servit au grand roi* (le roi des Perses), *un chameau tout entier!*

Page 184, ligne 14. *Ex quota decuria es?* Chaque corps de métier avait, chez les anciens, ses chefs, qu'on appelait décurions, et chacun d'eux avait plusieurs ouvriers et artisans dans sa décurie, c'est-à-dire sous sa direction. Ces décuries étaient plus ou moins honorables, selon la profession ou l'emploi de ceux dont elles étaient composées; ce qui était cause qu'on tirait quelquefois un homme d'une décurie pour le placer dans une autre plus distinguée, pour récompenser son mérite; et quelquefois aussi qu'on le faisait descendre dans une décurie inférieure pour le punir. *Ex quota decuria es?* Ces paroles sont pleines de vanité et d'ostentation: par là Trimalchion indique qu'il avait tant d'esclaves, qu'il était obligé de les distinguer par décuries. Or, les Romains avaient trois sortes de valets: les principaux se nommaient *atrienses*, et ils servaient dans le palais; *viatores* étaient les valets de pieds, qu'on envoyait de côté et d'autre, et qu'on appelait aussi *cursores;* les moins estimés étaient les *villici,* ou valets de basse-cour.

## CHAP. XLVIII.

Page 186, ligne 6. *Dicitur confine esse Tarracinensibus et Tarentinis.* La première de ces villes est dans la campagne de Rome, et la seconde aux extrémités du royaume de Naples. Ce passage suffirait seul pour prouver que ce n'est pas Néron que Pétrone a eu en vue sous le nom de Trimalchion: cet empereur n'était pas sans doute un érudit, mais il n'était pas non plus d'une ignorance assez grossière pour commettre d'aussi lourdes bévues. Il est donc beaucoup plus probable que notre auteur a voulu peindre ici Tigellin, cet homme sorti de la lie du peuple, qui, à force de bassesses et d'intrigues, parvint à supplanter Pétrone dans la faveur de Néron, et bientôt après à le perdre.

## CHAP. L.

Page 192, ligne 6. *Quum Ilium captum est, Annibal, homo vafer, etc.* Cette histoire, ou plutôt ce conte de Trimalchion sur l'origine de l'airain de Corinthe, est parfaitement conforme à son éducation, et offre un trait d'excellent comique. Personne n'ignore combien Annibal fut postérieur à la guerre de Troie. Ce fut l'an de Rome 608, cinquante-sept ans après qu'Annibal eut quitté l'Italie, que les Romains prirent Corinthe et la livrèrent aux flammes. On prétend que du mélange des métaux qui se fondirent dans l'embrasement de cette ville, se forma le bronze de Corinthe.

## CHAP. LI.

Page 192, ligne 17. *Fuit tamen faber, qui fecit phialam vitream, quæ non frangebatur.* Parmi les découvertes que nous devons aux anciens, il en est peu de plus utiles pour les commodités et les agrémens de la vie, que l'invention du verre. Cette découverte est due au hasard, et remonte à mille ans environ avant l'ère chrétienne. Pline dit que des marchands de nitre, qui traversaient la Phénicie, s'étant arrêtés sur les bords du fleuve Bélos, pour y faire cuire leur nourriture, mirent, à défaut de pierres, des morceaux de nitre pour soutenir leurs vases; et que ce nitre, mêlé avec le sable, se fondit à la chaleur du feu, et forma une liqueur claire et transparente, qui, s'étant figée, donna la première idée de la façon du verre.

Il est d'autant plus étonnant que les anciens n'aient pas connu plus tôt l'art de rendre le verre propre à transmettre la lumière dans leurs maisons, et à conserver la représentation des objets, en appliquant l'étain derrière les glaces, que les progrès de la découverte du verre furent chez eux portés fort loin. En effet, quels beaux ouvrages n'ont-ils pas faits avec cette matière? Quoi de plus superbe, par exemple, que ces colonnes de verre d'une hauteur et d'une grosseur prodigieuses, qui décoraient le temple de l'île d'Aradus? Mais le plus fameux ouvrage en verre est le théâtre que Scaurus fit construire pendant qu'il était édile : ce théâtre avait trois étages ornés de trois cent soixante colonnes. Le premier étage était tout de marbre ; le deuxième, tout incrusté de verre en mosaïque, ornement jusqu'alors inconnu, et qui n'a jamais été imité depuis ; le troisième était de bois doré. Les colonnes du premier étage avaient trente-huit pieds de hauteur ; trois mille statues de bronze, placées entre les piliers, rendaient ce théâtre le plus noble et le plus somptueux que l'on ait jamais vu.

Quant à l'histoire racontée par Trimalchion au sujet du verre malléable, elle ne mérite aucune croyance. C'était un conte déjà usé chez les anciens, et dont les hommes instruits se moquaient. Cependant il paraît qu'on y croyait encore du temps de Pline l'Ancien, qui place cette invention sous le règne de Tibère. *Voyez* livre XXXVI, chapitre 26, où il assure qu'on se contenta de ruiner la boutique et les instrumens de l'ouvrier. D'autres auteurs, comme Dion, livre LVII, et Isidore, livre XVI, chapitre 15, prétendent qu'on fit mourir l'inventeur.

Nous avons, dans notre texte, rapporté cette historiette comme on la lit dans le manuscrit de Trau, imprimé pour la première fois à Padoue en 1664 ; mais nous croyons devoir joindre ici cette même histoire, avec plus de détails, telle que la donne Jean de Sarisbéry, *in Polycratio*, livre IV, chapitre 5. Nous empruntons, pour ce fragment, la version de M. Durand, afin de donner à nos lecteurs un spécimen de sa manière de traduire Pétrone, assez élégante peut-être, mais infidèle, prolixe et paraphrasée :

| | |
|---|---|
| Faber fuit qui vitrea vasa fecit tenacitatis tantæ, ut non magis quam aurea aut argentea frangerentur. Quum ergo phialam hujusmodi de vitro purissimo, et solo ut putabat dignam Cæsare, fabricasset ; cum munere suo, Cæsarem adiens, admissus est. Laudata est species muneris, commendata manus artificis, acceptata devotio donantis. Faber, ut admirationem intuentium verteret in stuporem, et sibi plenius gratiam conciliaret imperatoris ; petitam de manu Cæsaris phialam re- | Un artiste eut autrefois le secret de donner au verre la consistance de l'or et de l'argent. Un jour il achève un vase de cette matière, et le trouve, en sortant de ses mains, si brillant et si pur, qu'il le croit digne de l'empereur seul. Il va le lui offrir. César en fait l'éloge, avoue que c'est un chef-d'œuvre, et le reçoit avec joie. Non content d'être admiré, l'artiste a l'ambition de prétendre à un succès plus éclatant ; et, pour achever d'étonner les spectateurs, d'exalter la bienveillance du |

cepit, eamque validius projecit in pavimentum tanto impetu, ut nec solidissima et constantissima æris materia maneret illæsa. Cæsar autem ad hæc non magis stupuit quam expavit. At ille de terra sustulit phialam ; quæ quidem non fracta erat, sed collisa, ac si æris substantia vitri speciem induisset. Deinde martellum de sinu proferens, vitrum correxit aptissime ; et, tanquam collisum vas æneum, crebris ictibus reparavit. Quo facto, se cœlum Jovis tenere arbitratus est, eo quod familiaritatem Cæsaris et admirationem omnium se promeruisse credebat. Sed secus accidit. Quæsivit enim Cæsar, an alius sciret hanc condituram vitrorum. Quod quum negaret faber, eum decollari præcepit imperator; dicens: Quia si hoc artificium innolesceret, aurum et argentum vilescerent quasi lutum.

prince, il lui redemande le vase, et le jette à terre de toutes ses forces. Un tel choc eût endommagé le métal le plus susceptible de résistance. César est saisi de crainte, et croit le vase en mille pièces; mais il eût été d'airain, qu'il n'aurait pas reçu d'atteintes plus légères, et quelques coups de marteaux suffirent pour lui rendre l'égalité de ses proportions, faiblement altérées dans quelques endroits. L'artiste rayonnait de joie : il voyait le ciel ouvert; il se flattait que le peuple allait le révérer comme un dieu, et que César ne pouvait se dispenser de l'honorer de son estime et de son amitié ; mais il calculait mal : « Possédez-vous seul ce secret ? lui demanda César. — Il n'est connu que de moi, répondit l'artiste. — En ce cas, qu'on l'enterre avec vous, répliqua l'empereur. » Et il ordonna à l'instant de lui couper la tête. Il voulait que l'or et l'argent fussent toujours préférés, et ne doutait pas que ces deux métaux ne perdissent leur valeur, si le secret de l'artiste devenait public.

## CHAP. LII.

Page 194, ligne 9. *Quemadmodum Cassandra occidit filios suos.* Cette histoire de Cassandre qui tue ses enfans, et de Niobé enfermée dans le cheval de Troie, est une nouvelle preuve de l'ignorance de Trimalchion, qui, voulant expliquer à ses convives les sujets ciselés sur ses amphores d'argent, brouille, confond les faits et les époques. Qu'est-ce encore que ces combats d'Herméros et de Pétracte ? Je pense que notre Midas veut parler du combat d'Hector et de Patrocle. On voit tous les jours des gens sans éducation commettre de pareilles bévues, lorsqu'ils veulent faire preuve d'érudition. Ce serait donc peine perdue que de chercher à expliquer sérieusement les discours de cet ivrogne.

Page 196, ligne 5. *Credite mihi, cordacem nemo melius ducit.* La cordace, danse lascive des Grecs. Athénée, livres IX et XIV, dit qu'il n'y avait que des personnes sans pudeur qui osassent la danser: elle était probablement du genre des *boleros* espagnols et de la *chahut* de nos guinguettes. Meursius, dans son *Orchestrum*, prodigue l'érudition sur cette danse, et cite une multitude de passages empruntés d'auteurs grecs et latins qui en ont parlé ; mais nous n'avons pu faire aucun usage des lambeaux qu'il entasse sans choix et sans ordre, malgré l'extrême envie que nous avions d'offrir à nos lecteurs une description détaillée de cette danse.

Quoi qu'il en soit, elle devait être d'une indécence rare, puisque Trimalchion veut en amuser l'ivresse de ses convives et la sienne ; et nous croyons pouvoir, sans nous tromper, la ranger dans la classe des danses obscènes. Les Grecs en firent leurs délices, et les Romains l'adoptèrent avec une espèce de fureur, lorsqu'ils eurent pris les mœurs, les arts et les vices de la Grèce.

C'est probablement la cordace qui donna aux Romains l'idée de la danse nuptiale qui offrait la peinture la plus dissolue de toutes les actions secrètes du mariage. La licence de cet exercice fut poussée si loin sous le règne de Tibère, que le sénat fut forcé de chasser de Rome, par un décret solennel, tous les danseurs et tous les maîtres de danse ; mais le mal était trop grand lorsqu'on y appliqua ce remède extrême, et la défense ne servit qu'à rendre ce plaisir plus piquant. Qui le croirait ? la jeunesse romaine prit la place des danseurs à gage qu'on avait chassés. Le peuple imita la noblesse, et les sénateurs eux-mêmes n'eurent pas honte de se livrer à cet indigne exercice. Il n'y eut plus de distinction sur ce point entre les plus grands noms et la plus vile canaille de Rome. Enfin l'empereur Domitien, qui n'était rien moins que délicat sur les mœurs, se vit obligé d'exclure du sénat des pères conscripts qui s'étaient avilis au point d'exécuter en public ces sortes de danses.

Cette frénésie de danser était bien éloignée de la modestie des mœurs romaines du temps de Cicéron, qui, dans l'oraison *pro Murena*, dit que l'on ne pouvait faire à un homme une injure plus grave que de l'appeler danseur : *Un homme*, ajoute-t-il, *ne peut danser, s'il n'est ivre ou fou.*

Page 196, ligne 7. *Syrum histrionem exhibebat.* Ce Syrus était probablement quelque bouffon célèbre du temps de Pétrone; car nous ne pensons pas qu'il veuille parler ici de Publius Syrus, poète qui composait des comédies de caractères, et qui, d'ailleurs, était un homme grave.

## CHAP. LIII.

Page 198, ligne 9. *Saltuariorum testamenta.*—*Saltuarii*, ceux qui étaient chargés de la garde des forêts et des fruits.

Ligne 10. *Trimalchio cum elogio exheredabatur.* Tel était le malheur de ces temps-là, que les empereurs cassaient souvent les testamens des particuliers pour s'emparer de leurs biens. Dès-lors, ceux qui voulaient en conserver une partie à leur famille étaient obligés de faire un legs considérable à l'empereur pour l'intéresser à maintenir leurs dispositions testamentaires. Quelques-uns s'en excusaient dans leurs testamens, et y expliquaient les raisons qu'ils avaient de ne rien laisser à l'empereur. C'est le sens du mot *elogium*; qui, dans le droit, se prend ordinairement en mauvaise part, et s'applique aux motifs qu'on alléguait pour exhéréder quelqu'un. Ainsi saint Augustin (*in Sermone de vita et moribus clericorum*) dit: *Ambos exheredavit, illum cum laude, istum cum elogio.*

Ligne 22. *Malui illos atellam facere.* Les farces atellanes étaient ainsi nommées, parce qu'elles avaient pris naissance dans Atella, ville de la Campanie, entre Naples et Capoue. Elles étaient ordinairement comiques, mais n'excluaient pas cependant tout sujet noble ou sérieux. C'était quelquefois des pastorales héroïques, telles que celle dont parle Suétone dans la vie de Domitien, et qui roulait sur les amours de Pâris et d'Œnone. Quelquefois aussi c'était un mélange bizarre de tragique et de comique. Les acteurs de ces pièces se nommaient *atellans* ou *exodiaires*. On leur donnait ce dernier nom, dit un ancien scoliaste de Juvénal, parce qu'ils ne jouaient qu'à la fin des jeux, afin d'effacer, par les ris et la joie, l'impression contraire des tragédies. On pourrait, dit Vossius, appeler ces pièces *comédies satyriques*, car elles étaient le plus ordinairement pleines de plaisanteries et de bons mots, comme les comédies grecques ; mais elles n'étaient pas, comme celles-ci, représentées par des acteurs habillés en satyres. Le même auteur distingue les atellanes des mimes, en ce que ces dernières étaient des farces obscènes, et que les atellanes, long-temps après leur admission dans Rome, conservaient à tel point les règles de la décence, que les jeunes gens de la première qualité se chargeaient seuls de les jouer. Aussi, lorsqu'ils en eurent, dans la suite des temps, abandonné la représentation à des acteurs gagés, ceux-ci ne furent pas traités avec le même mépris que les acteurs des autres jeux scéniques. « Les atellans, dit Valère Maxime, n'étaient pas notés d'infamie ; ils ne perdaient pas les droits de suffrage dans les assemblées publiques, ni le privilège de servir dans les armées, aux mêmes conditions que les autres citoyens. »

Ces pièces, à mesure que la corruption des mœurs augmenta, perdirent leur caractère de décence et de gaîté, pour n'offrir que des scènes également offensantes pour le goût et la pudeur. Elles n'avaient déjà plus, au temps de Cicéron, qui s'en plaint dans une lettre à Pétus, leur pureté originelle, et devenaient insensiblement ce qu'elles furent dans la suite, des chaires de pestilence, comme parle un ancien traducteur de l'éloquent Chrysostome, et des écoles publiques de prostitution ; aussi firent-elles les délices des empereurs les plus dissolus. Le jeu d'un atellan fit tant plaisir à Héliogabale, qu'il lui valut la charge de préfet du prétoire, une des premières de l'empire.

Il paraît cependant que les atellanes ne dégénérèrent jamais au ton de licence extrême où parvinrent les mimes et quelques autres jeux scéniques : « Quelle est, s'écrie le célèbre évêque d'Hippone, quelle est cette mère Flore que ses adorateurs ne peuvent honorer, dans les jeux qu'on lui a consacrés, que par des turpitudes et des obscénités sans exemple ? Quelle est cette impudique divinité, dont on ne se concilie la faveur qu'en étalant sur un théâtre les vivantes images des plus sales et des plus honteuses pratiques de la débauche et de la prostitution ? »

Outre le libertinage effréné des paroles, si l'on en croit Lactance, le peuple obligeait ordinairement les femmes qui jouaient les mimes, de se montrer toutes nues sur le théâtre, de s'y livrer à tous les mouvemens désordonnés de la licence la plus lascive, et d'y demeurer jusqu'à ce que les yeux des spectateurs fussent rassasiés de cet étrange spectacle. Jusqu'alors, du moins, tout était simulé ; mais Héliogabale, dit Lampride, contraignit les mimes à lui procurer le plaisir de la réalité, et l'on vit sur les théâtres de Rome de véritables adultères.

Les acteurs des atellanes portaient un masque, et se permettaient sous ce déguisement, même contre les empereurs, des libertés presque incroyables. Sous Néron, l'un d'eux, nommé Datus, chanta un air qui commençait par ces mots : *Bonjour, mon père, bonjour, ma mère*, et qui finissait par ceux-ci : *Vous irez bientôt chez Pluton*. Par le geste d'un homme qui boit, il désigna la mort de Claude ; par celui d'une personne qui nage, la mort d'Agrippine ; et par un mouvement circulaire de la main, il indiqua la perte méditée du sénat. Datus ne fut qu'exilé : sous Néron !.....

Page 198, ligne 23. *Jussi latine cantare*. Cicéron, dans l'oraison *pro Murena*, parlant contre les jurisconsultes qui avaient introduit des formules singulières pour agir en jugement, afin qu'on ne pût se passer d'eux, dit, qu'après avoir fait la demande selon la formule réglée par eux, il n'y avait qu'eux qui sussent la forme des réponses ; et il ajoute : *Transit idem jurisconsultus tibicinis latini modo* : ce qu'on appelle en français : Faire le prêtre Martin, chanter la messe d'un côté de l'autel, et puis passer de l'autre côté pour la répondre. C'était la manière des vieux Latins, encore grossiers et peu civilisés, qui, dans leurs spectacles, n'avaient qu'un seul joueur de flûte qui réglait la voix et le geste de tous les acteurs, allant successivement de l'un à l'autre. Horace donne une idée de la simplicité de cette vieille musique, *Art poétique*, vers 202 :

> Tibia non, ut nunc, orichalco vincta, tubæque
> Æmula, sed tenuis, simplexque foramine pauco
> Aspirare, et adesse choris erat utilis, atque
> Nondum spissa nimis complere sedilia flatu.

Quo sane populus numerabilis, utpote parvus,
Et frugi, castusque, verecundusque coïbat.

## CHAP. LIV.

Page 200, ligne 6. *Alienum mortuum plorare.* Allusion au métier de ces femmes qu'on louait pour pleurer aux funérailles. Lucilius, satyre XXII, dit à ce sujet: *Conductæ flent alieno in funere;* Stace, livre V des *Silves*, vers 245 : *Non sua funera plorant;* et Sénèque, *de Clementia*, livre X, chapitre 6 : *Qui a sapiente exigit ut lamentationem exigat et in alienis funeribus gemitus.*

## CHAP. LV.

Page 202, ligne 13. *Summa carminis penes Marsum Thracem commorata est.* Quelques critiques veulent que ce Marsus soit le poète de ce nom auquel Martial attribue un poëme sur les Amazones, et dont les ouvrages n'existent plus, à l'exception du quatrain suivant sur la mort de Tibulle, dont il était contemporain, et qui mourut apparemment peu de jours après Virgile :

> Te quoque Virgilio comitem non æqua, Tibulle,
> Mors juvenem campos misit in Elysios,
> Ne foret, aut Elegis molles qui fleret amores,
> Aut caneret forti regia bella manu.

D'autres critiques ont substitué Mopsus, poète tragique, à Marsus. Mais, dit Burmann, on ne voit nulle part que ni l'un ni l'autre soient nés dans la Thrace. D'ailleurs, il est vraisemblable que les convives de Trimalchion, beaux-esprits, qui affectaient la grécomanie, qui faisaient à l'envi parade de leur érudition, ont imaginé de citer plutôt quelque poète ancien de la Grèce, qu'un poète latin moderne ; et comme l'intention de Pétrone était de les tourner en ridicule, et de mettre dans tout son jour la bêtise de ces fanfarons de science, il n'est pas étonnant qu'ils aient nommé précisément le plus mauvais. J'aime donc mieux croire, ajoute Burmann, que les copistes, pour abréger le mot, ont écrit *Morsum* pour *Morsimum*. Morsimus était effectivement un poète tragique, que Suidas représente comme le plus méprisable des Pradons de la Grèce, et dont Aristophane se moque dans sa comédie *des Grenouilles*.

Page 202, ligne 15. *Quid putes inter Ciceronem, et Publium interesse*. Publius Syrus, ainsi nommé parce qu'il était né en Syrie, fut conduit comme esclave à Rome, y acquit dans la suite beaucoup de célébrité par ses comédies, qui lui valurent l'estime et la protection de Jules-César. Decius Laberius, qui excellait dans ce genre, appelé *mimique* par les anciens, venait de mourir. Publius, qui avait été quelque temps son rival, lui succéda, et obtint des succès plus éclatans encore que son prédécesseur. Quelques anciens ont mis les pièces de ce mimographe au dessus de tout ce que les poètes tragiques et comiques avaient produit de meilleur. Jules-César en faisait un cas infini ; et, après lui, Cassius Severus et Sénèque le Philosophe en jugèrent très-favorablement.

Néanmoins ses pièces n'eurent pas le même succès dans tous les temps : l'empereur Claude en raffolait ; mais, à cette époque, le peuple jadis roi ne partageait pas l'engouement du prince, et frondait au théâtre l'admiration de l'auguste protecteur. Claude prit le parti d'user de rigueur ; et, tandis que Messaline remplissait Rome et l'univers du scandale de ses débauches, plus soigneux de la gloire de Publius que de l'honneur du lit impérial, il ordonnait au censeur de prendre les précautions nécessaires pour forcer les Romains à rire aux comédies de son poète favori.

Quoi qu'il en soit, Cicéron, très-bon juge en littérature, ou n'aimait pas le genre de Publius, ou méprisait ses talens ; car il écrit à l'un de ses amis, qu'il a su se faire assez de violence pour assister sans ennui, pendant les jeux célébrés par César, aux pièces de Publius et de Laberius. Mais, pensât-on différemment sur le compte de ce poète, le parallèle que fait Trimalchion n'en paraîtra sûrement pas moins absurde au lecteur sensé ; car l'auteur des *Offices*, des *Tusculanes*, et de tant d'autres ouvrages sérieux et sublimes, ne peut avoir aucun trait de ressemblance avec un poète comique, quelles que soient les saillies aimables et spirituelles que celui-ci ait semées dans ses pièces.

Page 202, ligne 18. *Luxuriæ victa Martis marcent mœnia.* Il ne sera pas inutile d'offrir ici, comme objet de comparaison, la traduction de ces vers par Lavaur :

> Un nouveau luxe rend Rome méconnaissable.
> Caché dans ta maison et nourri pour ta table,
> D'un plumage doré le paon se pare en vain.
> Un chapon te déplaît, s'il n'est pas africain.
> Née ailleurs, la cigogne, aujourd'hui ton hôtesse,
> Couve au fond de ton pot une vaine mollesse.
> Pourquoi, bravant la mort, parcourir tant de mers ?
> N'est-ce point pour orner de leurs trésors divers
> Une femme qui souille une couche étrangère ?
> Quel prix qu'un bijoux coûte, il faut briller et plaire.
> Quel bijoux brille et plaît autant que la vertu ?
> Mais non ; il fait beau voir que d'un léger tissu,
> D'un nuage de lin une femme vêtue,
> Ose, aux yeux du public, se montrer toute nue.

Qui pourrait reconnaître dans ces lignes dénuées de poésie, la grâce et l'énergie de Pétrone ? Nous ne parlons pas de la traduction de Nodot, digne en tout point d'être comparée à celles que l'on doit à la plume infatigable de l'abbé de Marolles. En veut-on un exemple ? Voici comment Nodot imite, ou plutôt défigure ce même passage :

> Où Mars régnait jadis, règne aujourd'hui l'excès :
> On engraisse le paon pour te servir de mets ;
> Tes habits sont tissus de sa plume dorée ;
> La poule numidique est par toi dévorée
>     Avec le chapon gras,
> Et la cigogne aussi se fait voir dans tes plats, etc.

Nous n'avons pas la force de poursuivre. Quant à M. Durand, le dernier traducteur du *Satyricon*, ses vers sont plus élégans ; mais ils n'offrent qu'une imitation très-vague, ou plutôt une paraphrase de ceux de Pétrone.

Page 204, ligne 2. *Ciconia etiam grata, peregrina, hospita.*

Avant le règne d'Auguste, on ne s'était pas encore avisé de manger des cigognes ; d'où Horace dit, satyre 2 du livre II ;

> Tutus erat rhombus, tutoque ciconia nido,
> Donec vos auctor docuit prætorius.

Ce fut un certain Acinius Rufus qui, le premier, fit servir des cigognes sur sa table, et les mit à la mode ; et comme ensuite il brigua la préture qui lui fut refusée, on fit à ce propos une chanson dont voici le sens : *Si ce galant Rufus, qui apprête si bien les cigognes, n'a pas eu les suffrages en sa faveur, c'est que le peuple a voulu venger la mort de ces oiseaux.* Les cigognes, d'ailleurs, n'étaient pas bonnes à manger : leur rareté en faisait tout le prix.

Page 204, ligne 10. *Quo Carchedonios optas ignes lapideos.* La chalcédoine est une petite pierre fragile, d'une couleur changeante comme les plumes d'un paon, ou la gorge d'un pigeon. Elle n'est pas d'un grand prix (PLINE, livre III, chap. 5). Elle prend son nom d'une montagne située près de la ville de Chalcédoine, d'où l'on tirait ces pierres précieuses. On donnait aussi ce nom, dit Pline, chapitre 37 du même livre, aux escarboucles qui venaient de Carthage, dont le nom phénicien est *carchedon*.

Ligne 12. *Æquum est, induere nuptam ventum textilem.* Sénèque, *de Beneficiis*, lib. VII, dit : « Je vois des vêtemens de soie, si l'on peut appeler vêtemens ces étoffes qui ne mettent à couvert ni le corps ni la pudeur, et avec lesquelles une femme ne peut dire, sans mentir, qu'elle n'est pas nue. C'est ce qu'on va chercher à grands frais chez des nations inconnues, afin que nos femmes fassent voir au public tout ce qu'elles peuvent faire voir en particulier à leurs galans. » Il n'est pas nécessaire de faire sentir le rapport qui existe entre le passage de Sénèque et les vers de Pétrone :

> Æquum est, induere nuptam ventum textilem,
> Palam prostare nudam in nebula linea.

Varron appelle ces habits *vitreas togas*, des robes de verre. Saint Jérôme, écrivant à Léta sur l'éducation de sa fille, veut qu'elle porte des habits qui la garantissent du froid, et qui ne la laissent pas nue en la couvrant: *Non quibus vestita corpora nudentur.* Horace, satyre 2 du livre I:

> ............ Cois tibi pæne videre est,
> Ut nudam........

*Coæ vestes* étaient des habits d'une gaze très-fine qu'on faisait dans l'île de Cos, où il y avait une grande quantité de vers à soie (PLINE, liv. II, chap. 23).

## CHAP. LVI.

Page 206, ligne 4. *Puerque, super hoc positus officium, apophoreta recitavit.* Les Romains, pendant les Saturnales et lorsqu'ils donnaient des festins, faisaient des espèces de loteries où l'on tirait des billets qui contenaient toutes sortes de choses dont le maître de la maison faisait présent aux convives. Pour rendre ces loteries plus divertissantes, au lieu de billets blancs, comme dans les nôtres, on y mettait des sentences extravagantes ou des choses de nulle valeur, pour se moquer de ceux à qui ces billets tombaient en partage. Suétone, dans la *Vie d'Auguste*, chapitre 75, en donne des exemples: « Aux Saturnales, dit-il, et même en d'autres occasions où il voulait se divertir, cet empereur faisait des loteries où il mettait des habits magnifiques, de l'or, de l'argent, quelquefois des médailles; puis des éponges, des pelles à feu, des pincettes, des tuniques de poil de chèvre, et des lots encore plus bizarres. »

Le même historien dit que Néron faisait en particulier de semblables loteries, et que dans les fêtes qu'il célébra *pro æternitate imperii*, pour l'éternelle durée de l'empire, il en ouvrit de publiques, où il fut, selon sa coutume dans ces sortes d'occasions, généreux et prodigue à l'excès. Il faisait jeter au peuple mille billets par jour, dont quelques-uns renfermaient des lots assez considérables pour faire tout d'un coup la fortune de ceux entre les mains desquels ils tombaient. Louis XIV donna quelquefois le même divertissement à sa cour; mais la dignité naturelle du prince n'y admettait que des accessoires convenables à la majesté du trône.

Page 206, ligne 5. *Argentum sceleratum!* L'argent est appelé ici *sceleratum*, c'est-à-dire : *causa omnium scelerum.*

........Quid non mortalia pectora cogis
Auri sacra fames?

a dit Virgile. On donnait à Rome le nom de *sceleratus*, non-seulement aux personnes qui commettaient des crimes, mais aux choses inanimées. C'est ainsi qu'on appelait *porte Scélérate*, la porte Carmentale, par où étaient sortis les trois cent six Fabiens qui furent tous tués par les Étruriens ; et *rue Scélérate*, celle dans laquelle la femme de Tarquin fit passer son char sur le corps de son père.

Ligne 7. *Seriphia, et contumelia!* Il y a dans ce passage une foule de jeux de mots et de mauvaises plaisanteries dont le sens est souvent inintelligible. Cependant nous avons quelquefois réussi à les comprendre : tel est, par exemple, le rapport de son, intraduisible en français, qui existe entre *contumelia*, des outrages, et *contus cum malo*, un croc et une pomme ; le rapport de forme entre *porri*, des porreaux, et *flagellum*, un fouet ; entre *canalem* et *pedalem*, un canal et une mesure d'un pied, et *lepus* et *solea*, un lièvre et une pantoufle. Mais entre les mots *murænam* et *litteram*, et *murem cum rana alligatum et fascem betæ*, le jeu de mots est encore plus facile à saisir : *muræna*, en effet, renferme, à une lettre près, *mus* et *rana*. Pour comprendre l'analogie qui existe entre *litteram* et *betæ*, il faut se rappeler que *beta, β*, est la seconde lettre de l'alphabet grec. Ces niaiseries sont bien dignes de Trimalchion et de ses convives.

## CHAP. LVIII.

Page 214, ligne 3. *Nisi, si me judicas annulos buxeos curare, quos amicæ tuæ involasti.* D'abord on ne porta qu'un seul anneau, puis un à chaque doigt, enfin un à chaque phalange de chaque doigt. Peu à peu le luxe s'augmenta au point qu'on eut des anneaux pour chaque semaine. On eut aussi des anneaux d'hiver et des anneaux d'été. « Peut-on, s'écrie Juvénal, se refuser à la satyre, lorsqu'on voit un échappé des bourbiers d'Égypte, un Crispinus, autrefois esclave dans Canope, rejeter nonchalamment sur ses épaules la pourpre tyrienne ; et, les doigts en sueur, agiter dans l'air ses bagues d'été, trop délicat pour supporter des anneaux plus pesans? » Lampride remarque que personne, à cet égard, ne porta le luxe aussi loin qu'Héliogabale, qui ne mit jamais deux fois le même anneau.

L'histoire nous montre les anneaux en usage chez tous les peuples dès la plus haute antiquité. Les Sabins se servaient de l'anneau dès le temps de Romulus. Il y a apparence que ces peuples furent les premiers qui reçurent cet usage des Grecs. Des Sabins il passa aux Romains. Pline ne saurait nous apprendre lequel des rois de Rome l'a adopté le premier. Ce qui est certain, c'est que les statues de Numa et de Servius Tullius furent les premières où l'on en trouva des marques. Les Romains se contentèrent long-temps d'anneaux de fer, et Pline assure que Marius fut le premier qui en porta un d'or, dans son troisième consulat, l'an de Rome 650. Le même auteur dit qu'on porta les anneaux d'abord au quatrième doigt de la main, ensuite au second, ou index, puis au petit doigt, et enfin à tous les doigts, excepté celui du milieu.

Les Romains avaient trois différentes sortes d'anneaux : la première servait à distinguer les conditions et les qualités. Pline assure que, d'abord, il n'était pas permis aux sénateurs de porter un anneau d'or, à moins qu'ils n'eussent été ambassadeurs dans quelque cour étrangère ; qu'il ne leur était pas même permis de le porter en public, excepté dans les fêtes ou cérémonies nationales ; et que le reste du temps ils portaient un anneau de fer. Ceux qui avaient eu les honneurs du triomphe étaient assujétis à la même loi, qui cessa probablement d'être en vigueur depuis que Marius avait osé s'en affranchir. Le peuple portait des anneaux d'argent, et les esclaves des anneaux de fer. Cependant l'anneau d'or fut quelquefois permis au peuple, et Sévère accorda à ses soldats la liberté de le porter. Auguste donna la même permission aux affranchis. Néron fit, à la vérité, dans la suite, un règlement contraire ; mais on cessa bientôt de l'observer.

Les anneaux de la deuxième espèce étaient ceux qu'on appelait anneaux de noces ou d'épousailles, *annuli sponsalitii*. Les anneaux de la troisième espèce étaient destinés à servir de sceaux, *annuli chirographi*. Tous ces anneaux étaient, ou d'un seul et unique métal, ou de plusieurs métaux mêlés, ou de deux métaux distingués. Avant qu'on eût commencé à orner les anneaux de pierres précieuses, et lorsque la gravure se faisait encore sur le métal même, chacun portait l'anneau à sa fantaisie, ou de la manière que nous avons précédemment indiquée. Mais quand on enchâssa des pierres dans les anneaux, on ne les porta plus qu'à la main gauche, et l'on se rendait ridicule lorsqu'on les mettait à la main droite.

Page 214, ligne 4. *Occuponem propitium*. — *Occuponem*, Mercure, du mot grec ὠκύπους, *pedibus celer*, parce que ce dieu avait des ailes aux talons. Mercure était à la fois le dieu des marchands et des voleurs, et c'est sans doute à ce double titre que le convive de Trimalchion l'invoque ici.

Ligne 6. *Hoc ferrum fidem habere*. — *Hoc ferrum*, cet anneau de fer, par opposition à *annulos buxeos*, que nous avons vus plus haut. Cet anneau de fer indique assez que celui qui parle ici est un esclave, ou tout au plus un affranchi. Cet anneau était sans doute de ceux qu'on appelait *chirographi*, et qui servaient de sceaux, et il explique le sens de ces mots : *Jam scies, hoc ferrum fidem habere*; « Tu verras si cet anneau de fer (*sous-entendu* que j'imprime sur les obligations que je contracte) a quelque crédit. »

Ligne 8. *Nisi te, toga ubique perversa, fuero persecutus*. Nous trouvons l'explication de ce *toga perversa* dans Sénèque (*de Ira,* lib. I., cap. 16.) : *Et si perversa magistratui vestis induenda, et convocanda classico concio est, procedam in tribunal, non furens, non infestus; sed vultu legis*. D'où l'on apprend que les magistrats romains, lorsqu'ils devaient prononcer quelque condamnation capitale, quittaient leur robe ordinaire de magistrats, ou la tournaient à l'envers, ou en prenaient une autre d'une couleur sombre et lugubre, pour montrer qu'ils ne condamnaient qu'à regret un homme à mort. Ainsi, ce changement de robe était le symbole d'un jugement capital.

Ligne 10. *Mufrius nos magister*. Nodot et Lavaur lisent :

*Mustum non magister*, qu'ils traduisent par : « C'est un écolier, et non pas un maître. » Je ne sais pas où ces messieurs ont trouvé *mustum* dans le sens d'écolier ; mais il me semble que ce passage est beaucoup plus intelligible dans la leçon que j'ai adoptée : *Mufrius nos magister (didicimus enim), docebat magister : Sunt vestra salva,* etc. Mufrius, notre maître (car nous aussi, nous avons étudié), Mufrius nous disait : « Votre devoir est-il fini ? etc. »

Page 214, ligne 12. *Haud numera mapalia.* Ce sont les cabanes des bergers, ou les échoppes du menu peuple. On appelait ainsi les huttes des Numides : *Ædificia Numidarum agrestium quæ mapalia vocant* (SALLUSTE, *Jugurtha*), du mot punique *ma-pale*, cabane de laboureur. Martial, livre X, épigr. 20 :

. . . . . . . . . Sicci Gætula mapalia Pœni.

## CHAP. LIX.

Page 216, ligne 4. *Scordalias de medio.* Dans Aristophane (*les Chevaliers*), σκορδίζειν signifie fâcher, offenser quelqu'un, d'où l'on a fait le mot latin *scordalia*, injure ; et Sénèque, épîtres 56 et 83, dit d'un homme hargneux, emporté, querelleur : *Et nimius erat in vino, et scordalus.*

Ligne 8. *Et Homeristas speremus.* On appelait homéristes ou rhapsodes des gens qui faisaient profession de réciter, d'expliquer même et de chanter les vers d'Homère. Platon s'en moque dans un de ses dialogues ; et Diomède en parle ainsi dans son livre III : *Rhapsodi, quod partes Homerici carminis in theatralibus circulis cum baculo, id est virga, pronunciabant, qui ab eodem Homero dicti sunt Homeristæ.* C'est ainsi qu'Aulu-Gelle, liv. XVIII, chap. 5, appelle *Ennianistæ* ceux qui lisaient au peuple, dans les théâtres, les vers d'Ennius.

Ligne 14. *Diomedes et Ganymedes duo fratres fuerunt.* Trimalchion fait encore ici un récit de la même force que l'histoire de Cassandre et l'origine de l'airain de Corinthe. Nous ne nous arrêterons pas à relever toutes les erreurs grossières que l'auteur s'est plu à rassembler dans ce passage, pour mettre dans tout son jour l'ignorance de Trimalchion.

Page 216, ligne 22. *In lance decumana.* On trouve souvent dans les auteurs *decumanus* employé dans le sens de *grand*, par allusion à ces mots, *decumana porta castrorum*, la porte Décumane, la plus grande de celles qui étaient placées aux quatre côtés du camp. On l'appelait ainsi parce qu'elle était à l'endroit où campaient les dixièmes cohortes : c'était la plus éloignée des ennemis, à l'opposite de la porte Prétorienne, qui était de leur côté. *Voyez*, à ce sujet, César et Tacite.

## CHAP. LX.

Page 218, ligne 4. *Repente lacunaria sonare cœperunt.* Les Romains étaient si somptueux dans leurs festins, que les lambris de leurs salles à manger se changeaient quelquefois à chaque service, soit en tournant sur eux-mêmes, soit en s'entr'ouvrant. Sénèque, épître 91, livre XIV : *Qui versatilia cœnationum laquearia ita coagmentat, ut subinde alia facies atque alia succedat, et toties tecta quoties fercula mutentur, etc.* Suétone, dans la *Vie de Néron*, chapitre XXXI, décrit de semblables lambris pratiqués dans le palais de cet empereur, et d'où l'on répandait sur les convives des fleurs et des parfums.

Ligne 11. *Coronæ aureæ, cum alabastris unguenti, pendebant.* Athénée, livre XV, nous apprend qu'on apportait pour chacun des convives des couronnes et des parfums avant de servir le fruit : les Grecs les faisaient descendre du plafond à l'aide d'une machine. Le poète Alexis raconte que l'on vit paraître dans les banquets des colombes frottées d'essences qu'elles répandaient, en volant, sur la table et sur les convives. Horace, *odes* 4 et 38 du livre I$^{er}$, demande des couronnes de myrte à l'esclave qui lui verse à boire : il est aussi question, au chapitre XXVIII d'Isaïe, de ces couronnes dont les buveurs se paraient à la fin des repas, et lorsque le vin les faisait chanceler. Presque toutes ces habitudes de luxe avaient passé des Assyriens aux Grecs, soit par les Égyptiens, soit par les Phéniciens, et s'étaient transmises des Grecs aux Romains. Les couronnes ordinaires des festins étaient de fleurs ou de myrte ; mais celles que Trimalchion fait donner à ses convives sont d'or, ou tout au moins dorées, pour montrer la richesse et la magnificence du maître de la maison.

Page 218, ligne 15. *Priapus, a pistore factus.* Comme Priape était le dieu des jardins, il était tout naturel qu'il présidât au dessert. Les pâtissiers faisaient pour ce service des figures de Priape qui, dans le devant de leur robe, car tel est le véritable sens de ces mots *sinu satis amplo*, offraient aux convives toutes sortes de fruits et de raisins, *omnis generis poma et uvas sustinebat*. Ces Priapes étaient de pâte cuite, et on pouvait les manger, comme le dit Martial dans une épigramme du livre XIV:

Si vis esse satur, nostrum potes esse Priapum.

Ligne 20. *Cœperunt effundere crocum.* Sénèque, dans l'épître 91 du livre XIV, rapporte que l'on faisait jaillir du safran dans les salles de festin par des tuyaux cachés. On s'en servait surtout dans les fêtes sacrées, et on en parfumait les coussins sur lesquels on posait les statues des dieux.

Page 220, ligne 8. *Unum Cerdonem, alterum Felicionem, tertium Lucronem.* Ce sont des noms de divinités, comme celles que saint Augustin tourne en ridicule au commencement de son ouvrage intitulé *la Cité de Dieu*. Les anciens avaient fini par établir une divinité spéciale pour chaque action et pour chaque objet. — *Cerdonem*, de κέρδος, signifie gain, lucre, profit, d'où l'on tire l'étymologie du vieux mot français *guerdon*, qui veut dire la récompense ou le profit de quelque travail ou service. Polémon, ancien et célèbre historien, écrit, au rapport d'Athénée, liv. V, que les habitans de Sparte adoraient un dieu qu'ils appelaient Κέρδον. Juvénal appelle *Cerdones* des artisans, des *gagne-petit*, satyre IV, avant-dernier vers. — *Felicionem* de *felix*, le dieu du bonheur. — *Lucronem* de *lucrum*, le dieu du gain; le même probablement que Cerdon: ce n'était pas trop de deux divinités de cette nature pour un homme qui avait fait sa fortune par des gains qui n'étaient probablement pas très-légitimes. Arnobe, livre IV, contre les Gentils, leur reproche des dieux qu'ils adoraient sous le même nom, *Lucrios deos*, qui présidaient aux gains même les plus déshonnêtes et les plus injustes.

Ligne 10. *Veram imaginem ipsius Trimalchionis.* Ces images

étaient de cire : elles représentaient la personne jusqu'à la ceinture, ce que nous appelons un *buste*, c'est pourquoi les Romains les nommaient *thoracœ*, du grec θώραξ, poitrine. Les anciens étaient très-curieux d'avoir leur image reproduite de cette manière : ils les plaçaient dans des armoires, et se les transmettaient de père en fils. L'usage était encore de les porter toutes, selon leur rang, dans les funérailles.

## CHAP. LXI.

Page 222, ligne 8. *Basioballum*. Hibride du latin *basius*, baiser, et du grec βάλλω, jeter. Nodot imprime *Basiballum*, et explique ainsi ce mot : *Basiballum, compositum à* βάσις, un appui, et βάλλω, je mets, j'insinue. *Hoc est in quod insinuatur basis naturœ humanœ.*

Ligne 13. *Per scutum, per ocream excogitavi.* — *Scutum*, comme on sait, est un bouclier ; *ocrea* est une armure de jambes, un cuissard ; *per scutum et ocream excogitare,* « chercher par tous les moyens possibles, par monts et par vaux. »

Ligne 15. *In angustiis amici apparent.* — *In angustiis* pour *in rebus angustis*. Cicéron, *in Lœlio : Amicus certus in re incerta cernitur.*

## CHAP. LXII.

Page 222, ligne 17. *Capuœ exierat*. Ainsi portent les manuscrits : cette tournure n'est pas sans exemple ; c'est un hellénisme.

*Ad scruta scita expedienda.* — *Scita* pour *pulchra, vulgatis meliora, adhuc elegantia.* Aulu-Gelle, livre XIII, chapitre 14, rapporte deux vers de Lucilius, qui expliquent parfaitement bien le mot *scruta*, des nippes, des guenilles :

> Quidni ? et scruta quidem ut vendat, scrutariu' laudat,
> Præfractam strigilem, soleam improbu' dimidiatam.

« Quoi donc ? un fripier ne vante-t-il pas ses guenilles pour les vendre, une étrille rompue, une sandale dont il manque la moitié ? »

Ligne 20. *Apoculamus nos circa gallicinia.* — *Apoculamus* du grec ἀποκυλίω, mouvoir une chose de sa place en la roulant. D'autres lisent *apocalemus nos* et le font dériver de ἀποκαλέω qu'ils expliquent ainsi : *me avoco, discessum mihi impero*.

Page 222, ligne 21. *Venimus inter monumenta*. Les tombeaux étaient toujours hors des villes, comme l'indique et l'ordonne la constitution des empereurs Dioclétien et Maximien : *Mortuorum reliquias, ne sanctum municipiorum jus spolietur, intra civitatem condi jampridem vetitum est*. ( *In* 4 *mortuorum*, 12 *Cod. de relig. et sumptib. funer.*)

Page 224, ligne 1. *Homo meus cœpit ad stellas facere.* Sous-entendu *verba* ou *incantamenta*. Peut-être au lieu de *facere* serait-il mieux de lire *jacere*, comme dans ce vers d'Ovide :

> Ad stellas aliquis talia verba jacit.

Ligne 4. *Mihi, en, anima in naso esse*. Les marques des passions et des agitations violentes se font voir sur le visage et particulièrement au nez où le sang et la bile montent. Virgile, dans le livre III des *Géorgiques*, en parlant d'un cheval :

> Collectumque fremit volvens sub naribus ignem.

Et Sosie, dans Plaute :

> .........Vetus adagium fames et mora
> Bilem in nasum conciunt.

Anacréon emploie cette expression proverbiale dans son ode VII :

> Κραδία δὲ ῥινὸς ἄχρις
> Ἀνέβαινε, κἂν ἀπέσβην.

Ligne 12. *Et, mota vi tota*. Nodot et Lavaur lisent *matavitatau*, mot baroque, forgé du grec et du latin, et l'expliquent ainsi : selon Nodot, il vient de μα, pour ἐμά, τὰ, *vita* et ταῦ, dix-neuvième lettre de l'alphabet grec ; comme s'il disait : *De mea vita agitur*, «il s'agit de ma vie.» Pour expliquer cette étymologie, qui n'est pas très-claire, il ajoute que, lorsque les soldats tiraient un billet dans les jugemens militaires, celui qui amenait un ταῦ avait la vie sauve, parce que le ταῦ était la marque de la vie, et le θῆτα celle de la mort, comme étant la première du mot θάνατος ou de θνήσκω. Nous en trouvons, dit-il, la preuve dans Ezéchiel, chap. IX, verset 4 : « Et le Seigneur lui dit : Passez au travers de la ville, au milieu de Jérusalem, et marquez un *tau* sur le front des hommes qui gémissent, et qui sont dans la douleur à cause de toutes les abominations qui se font au milieu d'elle. » Et verset 6 : « Tuez tout sans qu'aucun échappe, vieillards, jeunes hommes, etc... mais n'approchez d'aucun de ceux sur le front desquels vous verrez le *tau* écrit. » — Selon Lavaur, *matavitatau* est formé de deux mots grecs, μάταιος, vain, inutile, et de ίαττατaί ou ταταί! exclamation d'un homme qui se plaint, comme on le voit dans la comédie des *Nuées*, où Aristophane fait dire à un certain Streptiades : ἰαττατaί! ἰαττατaί! « hélas! hélas! » La réunion de ces deux mots, μάταιος et ταταί, exprime l'état d'un homme qui se lamente en vain, seulement ce mot est un peu changé dans sa forme; au lieu de dire *mataitatai*, Nicéros dit *matavitatau*. Ce qui n'empêche pas que ma remarque subsiste, dirait Dacier.

Page 222, ligne 22. *Tanquam caupo compilatus.* Comme un marchand qu'on aurait détroussé en chemin. Dans l'*Aulularia* de Plaute, le vieil avare, entendant quelque bruit dans sa maison, et s'imaginant qu'on lui enlève son trésor, s'écrie :

...... Num nam ego compilor miser? hei mihi,
Perii Hercule! aurum rapitur!

Page 226, ligne 1. *Intellexi illum versipellem esse.* Les Latins nommaient *varios* et *versipelles* ceux qui, comme Protée, changeaient de forme quand il leur plaisait. Plaute, dans *Amphitryon*, dit en parlant de Jupiter, tantôt taureau, tantôt cygne, tantôt corbeau :

Ita versipellem se facit quando lubet.

Ce mot répond à peu près à notre *loup-garou* et au *lycanthrope* des Grecs. Pline dit à ce sujet, livre VIII, chap. 22 : *Homines in lupos verti, rursumque restitui sibi, falsum esse, confidenter existimare debemus. Unde tamen ista vulgo infixa sit fama in tantum, ut in maledictis versipelles habeat, indicabitur.*

## CHAP. LXIII.

Page 226, ligne 10. *Asinus in tegulis.* C'est une expression proverbiale, pour dire une chose surprenante et incroyable. Julius Capitolinus, dans la *Vie de Pertinax*, raconte : *Equus pullus, ea hora qua natus est, in tegulas adscendit, atque ibi brevi commoratus, decidens expiravit;* et Tite-Live, livre XXXVIII : *Boves duos domitos, in carinis per scalas pervenisse in tegulas œdificii, proditum memoriæ est.* On voit dans Valère-Maxime, liv. IX, chap. 1 : *Ostrea reperire in tegulis.*

Ligne 11. *Nam a puero vitam chiam gessi.* « Car, dès mon enfance, j'ai toujours mené une vie voluptueuse. » *Vitam chiam*, ainsi appelée de Chio, une des îles de la mer Égée, renommée pour la mollesse de ses habitans. Athénée, livre 1, nous apprend que la vie voluptueuse de ce peuple était passée en proverbe, comme celle des Phéaciens, leurs voisins. Homère, dans l'*Odyssée*, Horace, *épître* 15 du livre I, et Junius dans ses proverbes, font mention de cette île, où les concerts d'instrumens, les danses et les festins étaient continuels.

Ligne 12. *Iphis nostri delicatus.* Les anciens appelaient *pueros delicatos*, ceux qui faisaient les délices de leur maître : *delicias domini* (VIRGILE, *Églogue* II). Une inscription, rapportée par Gruter, vient à l'appui de cette interprétation :

EVTVCHETI. PVERO.
DELICATO. B. M.
L. FVFIDIVS. SPORVS.
DOMINVS. FECIT.
BREVIS. VOLVPTAS.
FVIT.

Spartianus, dans la *Vie d'Adrien*, dit : *Corrupisse eum Trajani libertos, curasse delicatos, etc.*

Ligne 15. *Subito strigæ cœperunt.* — *Strigæ* ou *striges* étaient des oiseaux de nuit qui, disait-on, enlevaient les enfans au berceau et leur suçaient le sang : c'est cette espèce de grande chauve-souris que nous appelons *vampire*. Ovide explique ainsi l'origine de leur nom au livre VI des *Fastes* :

Nocte volant, puerosque petunt nutricis egentes,
..........................................
Est illis strigibus nomen, sed nominis hujus
Causa, quod horrenda stridere nocte solent.

On a ensuite donné ce nom aux sorcières, parce qu'elles choisissent la nuit pour faire leurs maléfices. Robert Southey, dans une de ses ballades, fait parler ainsi *la Sorcière de Berkeley* :

I have suck'd the breath of sleeping babes.
The fiends have been my slaves ;
I have 'nointed myself with infants' fat,
And feasted on rifled graves.

« J'ai sucé le souffle des nouveau-nés pendant leur sommeil ; les démons ont été mes esclaves ; je me suis parfumée de la graisse des enfans, et je me suis régalée de la chair des cadavres sur les tombeaux profanés. »

Apulée, dans *l'Ane d'or*, livre I, parle amplement de ces sorcières, et dit qu'elles sont surtout friandes de chair humaine. Les lois saliques ordonnent que « si une sorcière a mangé un homme, et qu'elle en soit convaincue, elle paiera 200 écus, » ce qui était une grande somme pour ce temps-là. C'est pour cette raison qu'on gardait anciennement les corps morts avec tant de soin.

Page 228, ligne 1. *Salvum sit, quod tango*. C'est une formule de prière pour écarter un fâcheux évènement. Le narrateur vient de dire que le Cappadocien perça de son épée une sorcière dans l'endroit qu'il indique sur son propre corps ou sur celui d'un de ses voisins de table, comme le marquent ces mots, *hoc loco* ; et, pour effacer la fâcheuse impression de son récit, ou la crainte superstitieuse que le geste qu'il vient de faire a pu faire naître soit dans son esprit, soit dans celui du convive qu'il a touché, il ajoute : *Salvum sit, quod tango* ; « Que les dieux préservent d'un pareil accident l'endroit que je touche ! »

Ligne 5. *Illum tetigerat mala manus*. Une *mauvaise main*, c'est-à-dire une main de sorcière, qui pouvait jeter sur lui un mauvais sort. Plaute, dans *Amphitryon*, acte II, scène 1 : *Huic homini nescio quid est mali mala objectum manu.*

## CHAP. LXIV.

Page 228, ligne 17. *Osculatique mensam.* C'était encore une coutumes uperstitieuse des anciens, dont Pétrone se moque avec raison.

Ligne 19. *Lucernæ mihi plures videbantur ardere.* Ce sont les effets ordinaires de l'ivresse, que Juvénal décrit à peu près de même dans sa VIe satyre. Horace dit, du livre II, *sat.* I :

> Accessit fervor capiti numerusque lucernis.

Page 230, livre 4. *Heu! heu! abistis, dulces caricæ.* — *Caricæ*, du grec καρύκη, hachis ou assaisonnement avec des noix ou des marrons; mais on donnait aussi ce nom à une espèce de figues dont Pline parle livre XIII, chap. 5. La figue était, chez les anciens, l'emblème des douceurs de la vie; aussi avaient-ils coutume de s'envoyer mutuellement des figues sèches, le premier jour de l'an, pour se souhaiter toutes sortes de prospérités, comme Ovide l'explique au livre I, v. 87 de ses *Fastes* :

> Omen, ait, causa est, ut res sapor ille sequatur,
> Et peragat cœptum dulcis ut annus iter.

Ligne 9. *Unum Apelletem.* Apellète était un tragédien qui avait une très-belle voix; Caligula le fit déchirer à coups de verges pour avoir balancé à répondre lequel il trouvait le plus grand de Jupiter ou de lui; et tandis qu'il expirait sous les coups, ce prince, en l'entendant gémir, eut la férocité de dire qu'il lui trouvait la voix charmante en cet instant. *Voyez* Suétone, dans la Vie de cet empereur, chap. XXXIII.

Page 232, ligne 8. *Buccæ! buccæ! quot sunt hic?* C'est une espèce de jeu puéril que Lavaur décrit ainsi : « L'un monte à califourchon sur le dos de l'autre, il le frappe d'une main et lève quelques-uns des doigts de l'autre main, comme ceux qui jouent à la mourre; puis il demande à celui qui est sous lui combien de doigts il a levé; et continue à le frapper jusqu'à ce qu'il ait deviné. » Chaque pays a un mot particulier pour désigner le patient ; Trimalchion se sert ici du mot *buccæ* que Lavaur dérive de βόαξ ou βῶξ, bœuf marin. Peut-être au lieu de *buccæ* serait-il préférable de lire *bucco*, sot, imbécile ; reproche qui semblerait s'adresser à la lenteur d'esprit de celui qui ne peut pas deviner combien de doigts on lui présente.

Page 232, ligne 10. *Camellam grandem.* — *Camella* est une espèce de vase ou de coupe recourbée en forme de voûte, de *camero*, *id est*, *curvo*. Ovide, livre IV, v. 779 des *Fastes* :

> Tum licet, apposita, veluti cratere, camella,
> Lac niveum potes, purpureamque sapam.

*Jussit misceri.* — *Miscere*, dans les auteurs anciens, signifie quelquefois servir à boire, parce que ceux qui étaient chargés de ce soin mélangeaient ensemble différentes espèces de vins. Juvénal, satyre V, dit :

> ........ Nescit tot millibus emptus
> Pauperibus miscere puer.

« Un esclave acheté si cher ne sait pas verser à boire à des pauvres. »

## CHAP. LXV.

Page 232, ligne 15. *Insecutæ sunt matieæ.* Les *mattées* étaient un service composé de mets délicats, hachés et assaisonnés d'épiceries, enfin tel que notre auteur va les décrire ; ce mot est tiré du grec ματτύη, qui vient de μάττω, ou μάσσω, pétrir, hacher. Athénée, vers la fin de son livre XIV, enseigne la manière de faire les mattées ; sa prescription est digne de figurer dans le *Cuisinier-Royal* ou le *Cordon-Bleu* : « Hachez et mêlez ensemble, dit-il, une perdrix, des pigeons gras, des petits poulets gras, et arrosez le tout de vinaigre ou de verjus ; » et livre IV, il y ajoute des oisons, des tourterelles, des grives, des merles, des lièvres, des agneaux, des chevreaux. C'était une espèce de salmis, ou plutôt d'*olla podrida*, qu'on mettait ordinairement sur table avant le dernier service. Sénèque, épître LXXXXV, dit à ce sujet : *Piget esse singula, coguntur in unum sapores, in cœna fit*

*quod fieri debet saturo in ventre; exspecto jam ut manducata ponan-
tur:* « On ne se contente plus de manger les mets séparés, on rassemble tous les goûts en un seul; on fait à table ce qui doit se
faire dans l'estomac rassasié; on en viendra bientôt, j'espère, à
servir des viandes toutes mâchées. »

Page 232, ligne 20. *Triclinii valvas lictor percussit.* Les licteurs
portant des faisceaux surmontés de haches, signe de leur autorité,
marchaient devant les consuls, les proconsuls, les préteurs; mais
les petits magistrats de campagne, tels qu'Habinnas, n'avaient
aucun droit à cette distinction. C'est un signe de décadence chez
un peuple, lorsque les marques extérieures de l'autorité sont
ainsi usurpées par le premier venu : aussi cette satyre, à défaut
d'autres documens, suffirait-elle pour prouver qu'à l'époque où
écrivait Pétrone, les rangs étaient confondus, ou plutôt qu'il
n'y avait plus alors que deux classes dans la société; les gens
riches, dont la fortune, comme celle de Trimalchion, avait souvent été acquise par les voies les plus honteuses, et les pauvres
qui s'étaient faits les parasites et les flatteurs des riches. Lorsque
la république était florissante, personne n'aurait osé s'arroger
ainsi des honneurs qui ne lui étaient pas dus; et les tribuns du
peuple, dont l'autorité était bien autrement importante que celle
d'Habinnas, n'avaient que des *viatores* bien différens des licteurs,
comme nous l'apprenons de Tite-Live, livre II : *Ardens ira tri-
bunus viatorem mittit ad consulem, consul lictorem ad tribunum.* Au
lieu de *lictor*, le manuscrit de Trau porte *bitor*, de *bito, as,*
aller; peut-être faut-il lire *viator?*

*Amictusque veste alba.* La robe blanche que porte ici Habinnas
était sans doute celle qui convenait à sa dignité de sévir : il
paraît aussi que la robe blanche était regardée comme la plus
économique chez les Romains, puisqu'Horace, satyre 2 du
livre II, en revêt un avare, à qui sa ladrerie avait fait donner le
surnom de *chien :*

.................................... Avidienus,
Cui Canis ex vero ductum cognomen adhæret,
Quinquennes oleas est, et silvestria corna;
Ac, nisi mutatum, parcit defundere vinum, et
Cujus odorem olei nequeas perferre, licebit

Ille repotia, natales, aliosve dierum
Festos albatus celebret.

La robe blanche, *toga*, était l'habit ordinaire du peuple romain ; les Grecs l'appelaient λευκή. Les magistrats de province conservèrent la robe blanche, lorsque, sous les empereurs, on commença à la négliger, pour porter des couleurs plus éclatantes. Aussi Juvénal, pour marquer la pauvreté des petites villes d'Italie, dit que leurs premiers magistrats n'avaient que des robes blanches :

Pars magna Italiæ est, si verum admittimus, in qua
Nemo togam sumit, nisi mortuus.............
...................................................
Æquales habitus illic, similesque videbis
Orchestram et populum : clari velamen honoris
Sufficiunt tunicæ summis ædilibus albæ.

(*Sat.* III, v. 170.)

Page 234, ligne 2. *Nudos pedes in terram deferre*. On devait cet hommage aux premiers magistrats du pays, et surtout au préteur (qui rendait et faisait rendre la justice), de se lever sur ses pieds lorsqu'il entrait dans le lieu où l'on était ; et c'est ce qu'Encolpe se disposait à faire, prenant Habinnas pour le préteur, lorsqu'Agamemnon l'avertit de son erreur. Ce passage prouve d'ailleurs évidemment que les anciens se mettaient à table les pieds nus, comme nous l'avons dit précédemment. Quand ils passaient dans la salle du festin, ils prenaient des mules de chambre, qu'ils quittaient au bas des lits, et qu'ils reprenaient en se levant. Ainsi Horace, *satyre* 2 du livre II, dit que le maître de la maison, voulant se lever pour donner quelques ordres, demande ses pantoufles : *soleas poposcit*.

Ligne 15. *Scissa lautam novemdialem servo suo Misello faciebat*. On nommait *sacrum novemdiale*, le sacrifice que l'on faisait pour un mort, neuf jours après son décès, et qui était suivi d'un festin, auquel on invitait tous les amis du défunt. Cette solennité est indiquée dans la novelle 115 de Justinien, chapitre V, et dans saint Augustin, *Questions sur la Genèse*, où il se plaint que les chrétiens imitent cette coutume des païens, *quod apud Latinos novemdiale appellatur.* Les jeux de l'anniversaire de la mort d'Anchise se font au jour de la neuvaine, *Énéide*, livre V :

> Exspectata dies aderat, nonamque serena
> Auroram Phaethontis equi jam luce vehebant.

Dans l'*Iliade* (livre XXIV), Priam demande à Achille neuf jours pour pleurer Hector :

> Ἐννῆμαρ μέν κ' αὐτὸν ἐνὶ μεγάροις γοάοιμεν,
> Τῇ δεκάτῃ δέ κε θάπτοιμεν, δαίνυτό τε λαός.

« Nous pleurerons Hector dans nos maisons pendant neuf jours ; le dixième jour nous l'enterrerons, et le peuple célèbrera le repas funèbre. »

Ordinairement on gardait pendant sept jours le corps du défunt, on le brûlait le huitième jour, et le neuvième on l'ensevelissait.

Page 234, ligne 16. *Quem mortuum manumiserat.* C'était un caprice dont il est difficile de concevoir la raison, d'affranchir un esclave à l'article de sa mort, à moins que ce ne fût pour ne pas perdre le prix de sa liberté : c'est ce que les anciens appelaient *moribundum manumittere*, et non pas *mortuum*, comme le dit ici Pétrone, pour outrer la plaisanterie. Les jurisconsultes ont été plusieurs fois consultés, pour savoir si cet affranchissement était valable, et la loi dernière (*Digest. de manum. testam.*) dit positivement : *Quosdam scribere solitos, stichus, quum morietur, liber esto.*

Ligne 17. *Puto, cum vicesimariis magnam mantissam habet.* On appelait *vicesimariæ* l'impôt du vingtième de leur bien, que les esclaves payaient à leurs maîtres, au moment de leur affranchissement. — *Mantissa* est un surcroît, une augmentation, en grec ἐπίμετρον ; c'est proprement ce qu'on ajoute au dessus du poids ou de la mesure de ce qu'on vend. Lucilius, dans ses satyres, pour dire que quelques parties d'un discours valaient mieux que tout l'ensemble, dit proverbialement :

> .................. Mantissa obsonia vincit.

Ligne 19. *Coacti sumus dimidias potiones super ossicula ejus effundere.* C'était l'usage chez les anciens de verser du vin sur les bûchers et sur les tombeaux des morts ; ainsi aux funérailles de Misène, livre VI de l'*Énéide* :

> Postquam collapsi cineres, et flamma quievit,
> Relliquias vino et bibulam lavere favillam.

Selon Festus, on appelait ces libations *vinum respersum*. Le religieux Numa avait cependant défendu de répandre du vin sur les bûchers, par la loi *Postumia*, qui réglait les funérailles : *Vino rogum ne adspergito* (PLINE, liv. XIV, chap. 2).

## CHAP. LXVI.

Page 236, ligne 7. *Panem autopyrum de suo sibi.* C'est du pain bis, du pain de ménage, fait avec de la farine qui n'a pas été blutée, c'est-à-dire où on a laissé le son, du grec αὐτόπυρος. Celse, *de Re medica*, liv. II, chap. 17, en parle ainsi : *Ex tritico firmissima siligo, deinde simila, deinde, cui nihil ademptum est (quod* αὐτόπυρον *Græci vocant), infirmior est ex polline, infirmissimus cibarius panis*. Pline, livre XXII, chapitre 25, dit qu'on le faisait quelquefois fermenter : *Ad omnia autem hæc fermentatus, qui vocatur autopyros, utilior.* — *De suo sibi*, sous-entendu *pane*, ancienne façon de parler, pour dire de son propre pain, comme dans le dernier vers de la scène 8, acte V, des *Adelphes* de Térence :

> De suo sibi gladio hunc jugulo.

On trouve fréquemment cette tournure dans l'*Ane d'or* d'Apulée : livre I : *Domus infortunium novarum nuptiarum gaudiis a suis sibi parentibus hilare compellitur ;* un peu plus loin : *Cunctos in suis sibi domibus clausit ;* et livre VIII : *In suo sibi provoluta sanguine.*

Ligne 9. *Scriblita frigida*. Habinnas se moque ici de Scissa, quand il parle de la tarte froide qu'il a fait servir à ses convives : les tartes, chez les anciens, ne se servaient que chaudes, comme le prouve ce passage de Martial, *Épigrammes*, livre XIV :

> Circumlata diu mensis scriblita secundis,
> Urebat nimio sæva calore manus.

Ligne 23. *Et catillum concharum et par pelamidum.* Voici un passage que les copistes semblent avoir défiguré à plaisir, et que les traducteurs, faute de réflexion, n'ont pas compris. Nodot et Lavaur lisent : *Et catillum congiarium : pax Palamedes!* Ils traduisent : « Et tout cela fut servi dans ces sortes de grands plats qu'inventa Palamède, à qui les dieux fassent paix ! » Au milieu de cette longue énumération des mets servis sur la table de Scissa, que signifient ces grands plats, ou (comme le traduit Lavaur) cette tasse qui contient six setiers (*congiarius*), dont, au rapport du poète Eupolis, Palamède fut l'inventeur? N'est-il pas plus naturel de lire avec nous : *Catillum concharum et par pelamidum,* « un plat de coquillages et une couple de jeunes thons? » Qui ne voit au premier abord combien il existe de rapport entre ces mets et ceux qui précèdent, et ensuite combien facilement un copiste ignorant a pu écrire *pax*, au lieu de *par*, et *Palamedes*, au lieu de *pelamidum?* Quant à ce poisson, il en est question dans plusieurs auteurs, et entre autres dans Juvénal, satyre VII, v. 119 :

> Quod vocis pretium ? siccus petasunculus et vas
> Pelamidum.

Au rapport de Pline, on appelait *pelamides*, de jeunes thons qui n'avaient pas encore un an, et qu'on faisait confire dans le sel.

## CHAP. LXVII.

Page 238, ligne 23. *Habeo decem pondo armillam, ex millesimis Mercurii factam.* On déposait des dons et des offrandes au pied de ces statues de Mercure, qui étaient disposées de mille en mille sur les chemins, pour le soulagement et la réfection des voyageurs, comme le rapporte Suidas. De là, on appela proverbialement ἑρμαῖον et *mercuriale* toute sorte de gain qui se présentait sans être attendu, et sans savoir d'où il venait, comme les épaves, un trésor découvert, ou tout autre profit qu'on trouve sans le chercher. Selon Burmann, on pourrait encore entendre par *millesimæ Mercurii*, le millième de ses profits, que Trimalchion avait voués à Mercure, et dont, par une impiété et une avarice bien digne de cet affranchi, il avait fraudé ce dieu pour s'en faire faire les bracelets d'or de dix livres, dont il est ici question. Ces sortes de vœux étaient d'ailleurs assez communs chez les anciens : par exemple, les dîmes qu'ils vouaient ordinairement à Hercule, et les vingtièmes à Apollon, comme on le voit par cette inscription publiée par Jean Vignole, parmi plusieurs autres qu'il rapporte dans son explication de la colonne d'Antonin le Pieux :

M. MINDIOS. L. FI.
P. CONDETIOS. VA. FI.
ÆDILES. VICESMA (sic). PARTI.
APOLONES. DEDERI.

Page 240, ligne 2. *Capsellam detraxit aureolam, quam Felicionem appellabat.* Non contens de faire circuler dans les festins les images de leurs dieux familiers, tels que ceux que nous avons vus figurer précédemment dans le chapitre LX, et que l'esclave de Trimalchion appelait *Cerdon, Félicion,* et *Lucron*, les anciens portaient quelquefois, suspendues à leurs cous, et renfermées dans des boîtes d'or, des idoles en miniature, comme celle dont Pétrone parle ici. C'était de véritables amulettes, dans lesquels ils avaient souvent plus de foi et de confiance que dans les plus puissantes divinités. Martial, livre VIII, épigrame 80, parle d'une femme qui avait les mêmes dieux que Scintilla :

Nullos denique per deos deasque
Jurat Gallia, sed per uniones ;
Hos amplectitur, hos perosculatur,
Hos fratres vocat, hos vocat sorores.

Telle fut, chez les modernes, la religion de ce financier, qui s'étonnait qu'un homme de bon sens pût se coucher sans avoir un million de pierreries sous son chevet : c'était son idole, à lui, comme à Scintilla, son *Félicion*.

Ligne 6. *Excatarizasti me.* Du verbe grec ἐκκαταρρίζω, *je déracine* : « tu m'as déraciné, dit Habinnas, tu m'as ruiné de fond en comble, pour t'acheter cette babiole de verre » : *fabam vitream,* parce qu'elle avait la forme d'une fève.

## CHAP. LXVIII.

Page 242, ligne 3. *Ex lapide speculari pulverem tritum.* Cette poudre était faite avec de la pierre spéculaire, ainsi nommée à cause de sa transparence, et dont les Romains se servaient pour garnir leurs fenêtres, comme nous nous servons du verre. Elle était blanche, et se coupait par feuillets, qui servaient, outre l'usage ci-dessus indiqué, aux litières des dames, comme les glaces de nos carrosses : on en faisait aussi des ruches, afin de pouvoir y considérer le travail des abeilles. L'usage de ces pierres était si général, qu'il y avait des ouvriers dont la profession n'avait d'autre objet que celui de les travailler. Les savans sont partagés sur ce que c'était que cette pierre. M. de Valois penche à croire que c'est ce talc parfaitement blanc et transparent, dont il y a encore aujourd'hui une si grande quantité en Russie.

Outre la pierre spéculaire, les anciens en connaissaient une autre nommée *phangites,* qui ne cédait pas à la première en transparence. On la tirait de la Cappadoce : elle était blanche, et avait la dureté du marbre. L'usage en commença du temps de Néron, qui s'en servit pour construire le temple de la Fortune, renfermé dans l'enceinte immense de ce riche palais, qu'il appela la *Maison dorée.* Ces pierres répandaient une lumière si éclatante dans ce temple, qu'il semblait, selon l'expression de Pline, que le jour y était plutôt enfermé qu'introduit.

Nous n'avons pas de preuve que la pierre spéculaire ait été employée à faire des miroirs. Mais l'histoire nous apprend que Domitien, agité de frayeurs et dévoré d'inquiétudes, avait fait revêtir de carreaux de pierres phangites tous les murs de ses portiques, pour apercevoir, lorsqu'il s'y promenait, tout ce qui se faisait derrière lui, et pour se prémunir contre les dangers qui menaçaient sa vie.

Page 242, ligne 20. *Sive muliones volet, sive circulatores imitari.* On se servait de mulets dans le grand Cirque pour la célébration des jeux appelés *Consuales,* en l'honneur de *Consus,* le dieu du bon conseil, durant lesquels les Romains avaient enlevé les Sabines. Les muletiers qui conduisaient ces mulets dans le Cirque étaient instruits à faire des tours adroits et divertissans. — *Circulatores*, des bateleurs, des saltimbanques, ainsi nommés, soit parce qu'ils faisaient leurs tours de force dans les cirques, soit, comme le dit Nodot, *quia circumeunt per oppida et vicos.*

Page 244, ligne 1. *Sicut Venus, spectat.* C'est-à-dire « il louche comme Vénus. » Les anciens prétendaient que Vénus était louche. Ovide, livre II, vers 659, de l'*Art d'aimer* :

> Si qua straba est, Veneri similis, si rava, Minervæ.

Varron, livre VI : *Non hæc res de Venere paeta, strabam ἑτερόφθαλμον. Paeta* diffère de *straba*, et désigne une personne dont les yeux sont un peu de travers, mais chez laquelle ce défaut de la vue n'a rien de désagréable.

## CHAP. LXIX.

Page 244, ligne 6. *Agapa est.* Du grec ἀγάπη, amour; c'est comme si Scintilla disait : Ce sont vos amours, vos délices, vos inclinations : d'où les fêtes des premiers chrétiens s'appelaient agapes, parce que l'amour du prochain et la charité en étaient l'âme et le principe.

Ligne 8. *Adcognosco Cappadocem.* Les Cappadociens, les Ciliciens et les Crétois passaient pour des fourbes et des imposteurs, ce qui avait donné lieu à un proverbe fort connu, τρία κάππα κάκιστα, parce que le nom grec de chacun de ces peuples commence par un κάππα. Érasme rapporte ce proverbe. Juvénal, satyre VII, v. 13, dit que c'était parmi les Cappadociens, les Bithyniens et les Galates, que l'on prenait à Rome les faux témoins :

> Hoc satius, quam si dicas sub judice, Vidi,
> Quod non vidisti. Faciant equites Asiani
> Quanquam, et Cappadoces faciant, equitesque Bithyni,
> Altera quos nudo traducit Gallia talo.

Ligne 14. *Tace, lingua, dabo panem.* C'est un proverbe contre les oisifs, qui ont coutume de se livrer à la médisance, faute d'autre occupation.

Ligne 19. *Lacernatus.* — *Lacerna* était une espèce de casaque, de manteau orné de franges, si propre aux soldats, que pour les distinguer des gens de la ville on disait: *Illos lacernatos, nos togatos.* C'est ici le vêtement des muletiers du Cirque.

Page 246, ligne 7. *Quidquid videtis hic positum, de uno corpore est factum.* Les cuisiniers des anciens excellaient à dénaturer les substances, et à tromper le goût le plus exercé sur la saveur étrangère qu'ils savaient leur donner. Que l'art opère le prodige dont parle Pétrone en cet endroit, il n'y a peut-être pas lieu de s'en étonner: on conçoit, quelque étranger qu'on soit aux mystères de la cuisine des anciens, la possibilité de donner à une viande, à force de préparations, la forme, la couleur et le fumet d'une autre viande. Mais qu'on parvienne à faire des poissons avec des végétaux, ce résultat, si je ne me trompe, passe l'imagination. C'est pourtant ce qu'Athénée a l'air de conter de bonne foi: il rapporte qu'un cuisinier de Nicomède, roi de Bithynie, dans un voyage que ce prince fit en Scythie, et fort loin de la mer, entreprit de satisfaire l'envie qui vint à son maître de manger des harengs frais, et contrefit si bien, avec des légumes, la figure et le goût de ce poisson, que l'auguste voyageur, dupe de l'artifice, dit, en présence de toute sa cour, qu'il fallait convenir qu'un hareng frais était la meilleure chose du monde. C'était peut-être au moyen de ces sauces ou essences faites de poissons pilés dont nous avons parlé précédemment, qu'ils parvenaient à donner à ces végétaux le goût de la chair de poisson.

## CHAP. LXX.

Page 246, ligne 21. *Cultros norico ferro.* L'acier de Norique (Bavière) était très-recherché des anciens: on trouve sur plusieurs médailles *ferrum noricum*; et dans Horace, ode 16 du livre I:

...............Quas neque Noricus
Detersit ensis, nec mare naufragum ;

et dans Ovide, livre XIV, v. 712 des *Métamorphoses:*

Durior et ferro, quod Noricus excoquit ignis.

Pline fait mention du fer de Norique, livre XXXIV, chap. 14:
*Alicubi vena bonitatem hanc præstat, ut in Noricis.*

Page 248, ligne 18. *Permitto, inquit, Philargyre, et Carrio, etsi prasianus es famosus.* Les Romains donnaient le nom de *factions* aux différentes troupes ou quadrilles de combattans, *agitatorum*, qui couraient sur des chars dans les jeux du Cirque. Il y avait quatre principales factions, distinguées par autant de couleurs : *prasina*, la verte, *veneta*, la bleue, *rossata*, la rouge, et *albata*, la blanche. L'empereur Domitien en ajouta deux autres, la pourpre et la dorée : dénomination prise de l'étoffe ou de l'ornement des casaques qu'elles portaient. Mais ces deux dernières ne subsistèrent pas plus d'un siècle ; et le nombre des *factions* fut de nouveau réduit aux quatre anciennes. Chacune d'elles avait ses partisans déclarés à la cour et parmi le peuple. Caligula fut pour la faction verte, et Vitellius pour la bleue. La première avait aussi la faveur de Néron. Il résulta quelquefois de grands désordres de l'intérêt trop vif que les spectateurs prirent à leurs *factions*. Rozin, *des Antiquités romaines*, livre v, chapitre 5, rapporte, d'après Zonare, que, du temps de Justinien, il y eut à Constantinople une si grande émulation entre les partisans de la quadrille verte et ceux de la bleue, qu'ils en vinrent aux mains, et qu'il en resta près de quarante mille sur la place. Juvénal parle ainsi du bruit que la quadrille verte faisait à Rome :

Totam hodie Romam Circus capit, et fragor aurem
Percutit, eventum viridis quo colligo panni.

Cette sorte de spectacle faisait à table le sujet de toutes les conversations, selon Martial, livre x, épigramme 48 :

De veneto conviva meus, prasinoque loquatur.

Trimalchion était un partisan déclaré de la quadrille verte, car nous avons vu qu'il habillait de vert son portier ; la petite chienne de son mignon est entourée d'une bandelette verte ; Fortunata, sa femme, a une ceinture d'un vert foncé, Carrion, son esclave, *prasianus est famosus*, et son cuisinier veut se mettre de cette quadrille pour remporter le prix aux premières courses du Cirque.

## CHAP. LXXI.

Page 250, ligne 5. *Unum lactem biberunt.* Encore un exemple du masculin mis au lieu du neutre. On trouve dans Plaute (*les deux Bacchis*, acte v, scène 2): *Nec lactem, nec lanam ullam habent.* Peut-être aussi tous ces masculins *cœlus, lactem, vinus*, etc., ne sont-ils employés par notre auteur que pour montrer l'ignorance des personnages qu'il met en scène; comme on ferait dire parmi nous, à des gens sans éducation, *une belle incendie, un atmosphère brûlant, une belle épisode*.

Page 252, ligne 4. *In fronte pedes centum*, etc. Ainsi Horace dit, livre I, *satire* 8 :

> Mille pedes in fronte, trecentos cippus in agrum
> Hic dabat; heredes monumentum ne sequeretur.

Cette clause, *Hoc monumentum heredem non sequatur*, était toujours ajoutée aux inscriptions des tombeaux par ces cinq lettres, H. M. H. N. S. Il s'en trouve plusieurs dans la loi 38, §. *Julius, Dig. de leg.* 3. Julius avait ordonné par son testament que son héritier ne pourrait ni aliéner ni engager l'emplacement de son tombeau. Et Cujas, sur le titre du Code, *Quæ res pignori obligari possunt*, en rapporte une semblable, afin (y est-il ajouté) qu'il ne sorte pas de mon nom.

Ligne 12. *Ne in monumentum meum populus cacatum currat.* Il craignait sans doute que son monument ne fût traité comme celui de cet Égyptien et de cet Arabe dont parle Juvénal, sat. I, v. 129 :

> .................. Ausus habere
> Nescio quis titulos Ægyptius atque Arabarches;
> Cujus ad effigiem non tantum meiere fas est.

Chez les anciens, comme chez nous, les tombeaux étaient des lieux sacrés près desquels il était défendu de déposer aucune souillure. On en trouve des preuves nombreuses dans les inscriptions anciennes, par exemple dans celle-ci rapportée par Gruter :

> HOSPES. AD. HVNC. TVMVLVM.
> NE. MEIAS. OSSA. PRECANTVR.
> TECTA. HOMINIS.

Et cette autre, qu'on lit dans Mabillon, *Voyage en Italie* :

QVI. HIC. MIXERIT. AVT.
CACARIT. HABEAT.
DEOS. SVPEROS. ET.
INFEROS. IRATOS.

## CHAP. LXXII.

Page 254, ligne 22. *Sic calet, tanquam furnus.* Sénèque, épître LXXXVI, dit en parlant des bains : *Nam hoc quoque nobilissimi œdiles fungebantur officio, exigendi munditias et utilem ac salubrem temperaturam ; nam hanc, quæ nuper inventa est, similis incendio ; adeo quidem, ut convictum in aliquo flagitio servum vivum lavari oporteat. Nihil videtur mihi jam interesse, ardeat balneum, an caleat.* C'est à cette chaleur excessive des bains que se rapportent ces paroles d'Eumolpe à Ascylte, que nous trouvons dans ce chapitre, quelques lignes plus loin : *Ego enim, si videro balneum, statim exspirabo.*

Page 256, ligne 17. *Nemo unquam convivarum per eamdem januam emissus est : alia intrant, alia exeunt.* On trouve cet adage chez les sages de l'antiquité : *Portam ingredi nefas qua exieris ;* et dans Lucien, *Hippias* : Λουσαμένῳ ἔτεστί σοι μὴ τὴν διὰ τῶν αὐτῶν οἴκων αὖθις ἐπανιέναι. Le même Lucien dit, en parlant d'Alexandre malade à Babylone, que les Macédoniens entraient d'un côté dans la chambre où il était couché, et sortaient par le côté opposé ; et il ajoute : Ἐτετρύπητο γὰρ κατὰ τὸ ἀντίθυρον ἄλλη ἔξοδος.

## CHAP. LXXIII.

Page 258, ligne 5. *In qua Trimalchio nudus stabat.* C'était une infamie chez ces Romains, d'ailleurs si corrompus, que de se laisser voir nu dans un bain ; leur modestie ne souffrait pas qu'un père se baignât avec son fils, ni un beau-père avec son gendre ; et c'était un crime aux enfans que de voir leurs pères nus. Cette tradition pouvait leur être venue des Hébreux par les Grecs, depuis la malédiction de Cham, pour avoir montré la nudité de son père Noé. La nudité a toujours été défendue dans l'antiquité: aussi Hésiode, dans son poëme *des Œuvres et des Jours,* fait un précepte de n'être jamais découvert, même dans la plus grande obscurité de la nuit; par cette raison que les dieux le verraient, quand pas un homme ne pourrait le voir.

Page 258, ligne 10. *Et cœpit Menecratis cantica lacerare.* Il n'y avait que les gens de néant qui chantassent au bain. Théophraste nous le confirme, chapitre v : *Il n'appartient, dit-il, qu'à un homme grossier de chanter dans le bain.* Quant à ce Ménécrate dont Trimalchion écorche les chansons, c'était un poète grec qui faisait des pièces comiques et des chansons, et qui les chantait lui-même en s'accompagnant sur la harpe. Suétone, dans la *Vie de Néron,* chapitre XXX, dit que ce prince, transporté d'une passion frénétique pour les gens de cette profession, donna à Ménécrate de grands biens et les palais des plus illustres familles de Rome. Il y a dans Lucien un dialogue intitulé : *Néron entre Ménécrate et Musonius,* qui contient une déclamation très-spirituelle contre cet empereur chanteur, joueur de lyre et comédien.

Ligne 12. *Aut gingilismo ingenti clamore exsonabant.* — *Gingilismus,* du grec γιγγιλισμὸς, est le rire qu'on provoque en chatouillant quelqu'un.

Ligne 20. *Æneolos Priapiscotos.* On lit dans quelques éditions, *œneolos piscatores ;* mais comme ces mots n'offrent aucun sens raisonnable, nous avons préféré lire *Priapiscotos* avec Reinesius. *Priapiscotus,* du grec πριαπισκωτὸς, était probablement une petite figure de Priape, ou peut-être une représentation du *phallus,* ornement convenable pour la salle où Trimalchion et ses convives finissaient leur orgie.

Ligne 23. *Hodie servus meus barbatoriam fecit.* Les Romains célébraient comme un jour férié celui où ils se rasaient pour la première fois; et cette première barbe était toujours conservée avec un soin superstitieux comme nous l'avons vu chapitre XXIX de cette satyre: *Et pixis aurea non pusilla, in qua barbam ejus conditam esse dicebant.* Les jeunes gens de qualité ne manquaient pas de consacrer aux dieux leur première barbe. Les Grecs la consacraient à Hercule : ils appelaient cette fête οἰνιστήρια, du nom de la grande coupe dont ils se servaient dans cette solennité pour faire les libations (Athénée, livre II, chapitre 13). On faisait à Rome de grandes fêtes dans cette occasion, et les maîtres en faisaient la dépense pour les esclaves qu'ils aimaient, si bien que leurs cliens étaient obligés de leur faire des présens pour y contribuer. Juvénal, satyre III, vers 186, introduit un de ces cliens qui se plaint de ce surcroît de dépense :

> Ille metit barbam, crinem hic deponit amati;
> Plena domus libis venalibus. Accipe, et istud
> Fermentum tibi habe : præstare tributa clientes
> Cogimur, et cultis augere peculia servis.

## CHAP. LXXIV.

Page 260, ligne 3. *Vinum sub mensa jussit effundi.* C'était une coutume superstitieuse des anciens, de répandre du vin sous la table pour détourner un présage funeste; quelquefois même ils se servaient de l'eau pour cet usage, comme on le voit dans Pline, livre XXVIII, chapitre 2 : *Incendia inter epulas nominata aquis sub mensis profusis abominamur.* On peut encore y joindre ce passage d'Eusèbe, *Pamphile*, livre VII : *Quum aliquis vocatus fuerit ad cœnam gentilium, et perrexerit, necdum enim hoc prohibitum est, vinum autem viderit a cœnante in terram effundi et libari, et accenso blasphemio ab his, qui ea, quæ sunt domini, ingrate manducant, cœperint blasphemare in Deum, etc.*

Ligne 4. *Annulum trajecit in dexteram manum.* Autre superstition : elle ne s'appliquait pas ordinairement aux mauvais présages; mais, selon Pline, livre XVIII, chapitre 6, le bas-peuple était persuadé que c'était un moyen infaillible d'arrêter les sanglots : *Si annulum e sinistra in longissimum dexteræ digitum transferant, aut in aquam ferventem manus immergant.*

Page 262, ligne 15. *Ambubaia non meminit.* — Ambubaia était originairement un instrument de musique des Phéniciens dont il est fait mention dans Hesychius, Hérodote, et Aristote; ensuite on donna ce nom aux femmes qui jouaient de cet instrument; et comme leurs mœurs étaient dissolues, ce mot devint synonyme de courtisane, femme perdue. Suétone, *Vie de Néron*, chap. XXVII, dit : *Inter scortorum ambubaiarumque ministeria coenitabat.*

Page 264, ligne 3. *Ne mortuus quidem lites habeam.* Ces mots répondent à ce proverbe connu : *Qui non litigat, coelebs est*, « Quiconque n'a point de querelle est célibataire. » Aussi lisait-on à Rome cette inscription sur le tombeau de deux époux : *Siste viator, heu res mira ! hic vir et uxor non litigant.* Ce qui fait dire à Juvénal, satyre VI, vers 268 :

> Semper habet lites alternaque jurgia lectus,
> In quo nupta jacet : minimum dormitur in illo.

Et à Piron :

> Ci-gît ma femme : ah ! qu'elle est bien,
> Pour son repos et pour le mien !

Ligne 4. *Nolo me mortuum basiet.* C'était la coutume chez les anciens, aussitôt qu'un homme était mort, que sa femme, ses parens, ses amis vinssent le baiser pour marque de l'amitié qu'ils lui portaient. Trimalchion veut priver sa femme de cet avantage, pour la punir de l'injure qu'elle vient de lui faire. C'est dans le même esprit que l'on voit des pères, à l'article de la mort, refuser leur bénédiction à leurs enfans ingrats ou désobéissans.

## CHAP. LXXV.

Page 264, ligne 16. *Pretium sibi de diariis fecit.* Les esclaves qui avaient quelque emploi, et auxquels on donnait tant par jour pour leur entretien, économisaient sur leur nourriture pour avoir de quoi se racheter. Ainsi Sénèque, épître LXXXI, dit : *Peculium suum, quod comparaverunt ventre fraudato, pro capite numerant;* et Térence, *Phormion*, acte I, scène I :

> Quod ille unciatim vix demenso de suo
> Suum defraudans genium comparsit miser.

Ligne 19. *Me non facias ringentem.* — *Ringi*, c'est rechigner, tordre la bouche et le nez comme un homme irrité. Térence, dans la même comédie de *Phormion* :

...... Quum ille et cura et sumptu absumitur,
Dum tibi sit, quod placeat, ille ringitur; tu rideas.

Page 264, ligne 21. *Quod semel destinavi, clavo tabulari fixum est.* Je pense qu'au lieu de *tabulari*, il serait mieux de lire *trabali*, comme dans ce passage de Cicéron, discours VII, *contre Verrès* : *Ut hoc beneficium quemadmodum dicitur, trabali clavo figeret;* et dans Horace, livre I, *ode* 35 :

Te semper anteit sæva necessitas,
Clavos trabales, et cuneos manu
Gestans ahena, etc.

Page 266, ligne 10. *Nec turpe est, quod dominus jubet.* Trimalchion semble avoir emprunté cette excuse d'un discours de l'orateur Q. Harterius, qui, au rapport de Sénèque, défendant un affranchi qui était accusé d'être le giton de son maître, le justifia ainsi : *Impudicitia in ingenuo crimen est, in servo necessitas, in liberto officium.* Cela se rapporte à ce que nous avons vu précédemment, chap. XLV : *Quid servus peccavit, qui coactus est facere?*

## CHAP. LXXVI.

Page 266, ligne 16. *Coheredem me Cæsari fecit.* Cela confirme ce que nous avons dit plus haut, que, dans ces temps de tyrannie et de persécutions, on était obligé de laisser, par son testament, une partie de son bien à l'empereur, pour assurer la possession du reste à ses héritiers.

*Accepi patrimonium laticlavium.* Le laticlave, comme nous l'avons déjà vu, était la robe que portaient les sénateurs ; ainsi *patrimonium laticlavium* était un domaine sénatorial, parce qu'il fallait posséder une certaine quantité de biens pour être sénateur, et pour avoir accès aux dignités qui donnaient le droit de porter le laticlave.

Page 268, ligne 7. *Seplasium* ou *Seplasia* était une place de la ville de Capoue, où l'on vendait des essences et des parfums, d'où l'on donnait à ces denrées le nom de *seplasia*. Cicéron contre Pison, pour dire un homme efféminé, dit: *Fuit incessus saltem Seplasia dignus et Capua;* et Marcellus Empiricus, dans un poëme sur la médecine:

>Quodque ab Idumæis vectum Seplasia vendunt,
>Et quidquid confert medicis Lagæa cataplus.

On trouve aussi le mot *seplasiarius* dans un marbre décrit par Gruter:

>T. VETTIVS. T. L.
>HERMES.
>SEPLASIARIVS.

Page 268, ligne 16. *Cœpi libertos fœnerare.* Le verbe *fœnerare* veut quelquefois le nom de la personne à l'accusatif. Ainsi Martial:

>Hæc sapit, hæc omnes fœnerat una Deos.

Et Cicéron, *paradoxe* VI, dit dans le même sens que Pétrone: *Ad fœnerandas, diripiendasque provincias;* c'est-à-dire « engager, accabler les provinces par des usures. » — Pour en revenir à ces mots, *libertos fœnerare,* il faut savoir que, dès qu'un esclave était affranchi, il commençait à faire de la dépense pour jouer le personnage d'un homme libre; c'est ce que l'on appelait *homo inter homines,* que nous avons déjà rencontré dans cette satyre. Pour cet effet, il empruntait de l'argent à d'autres affranchis, qui s'étaient enrichis par l'usure; car c'est la ressource ordinaire des gens de rien qui veulent faire promptement leur fortune: c'est aussi par ce moyen que presque tous les affranchis devenaient si riches, qu'ils prêtaient de l'argent à leurs maîtres, à leurs bienfaiteurs, et les ruinaient bientôt par leurs gains usuraires.

Ligne 17. *Mathematicus..... Græculio, Serapa nomine.* Nous avons déjà dit que par le mot *mathematicus* les anciens entendaient ordinairement un astrologue; celui-ci était Grec, c'était la patrie ordinaires des charlatans: il s'était donné un nom imposant, *Serapa,* de *Serapis,* divinité que les Égyptiens adoraient sous la forme d'un bœuf. On sait que l'Égypte était la patrie des plus célèbres astrologues: tout ce qu'ils prédisaient semblait émané du temple de Jupiter Ammon. On les appelait encore *Chaldéens* et *Généthliaques*, parce qu'ils dressaient des horoscopes, et prédisaient ce qui devait arriver à quelqu'un, par l'inspection des astres, au moment de sa naissance : ce qu'on appela plus tard faire un *thème de nativité*. Ces astrologues, Chaldéens, ou Généthliaques, après avoir été bannis de Rome par un arrêt du sénat, eurent cependant assez de crédit pour rester dans la ville. *Hominum genus*, dit un auteur ancien, *quod in civitate nostra semper et vetabitur et retinebitur*. Tibère, au rapport de Tacite, en faisait un très-grand cas. Voici l'origine de la faveur dont ils jouirent sous cet empereur. Exilé à Rhodes, sous le règne d'Auguste, un jour que Tibère était assis sur un rocher au bord de la mer, il consulta un astrologue nommé Thrasyllus, qui lui promit l'empire et toutes sortes de prospérités. « Puisque tu es si habile, lui dit le prince, pourrais-tu me dire combien de temps il te reste à vivre ? » Thrasyllus, feignant de consulter les astres, regarda les yeux de Tibère. Il devina qu'il voulait le précipiter dans la mer, et répondit : « Autant que j'en puis juger, je suis, à cette heure, menacé d'un grand malheur. » Ce trait d'esprit lui sauva la vie ; Tibère le regarda comme un oracle, et lui donna toute sa confiance.

## CHAP. LXXVIII.

Page 272, ligne 9. *Ut totus mihi populus bene imprecetur.* — *Imprecari* ne se prend pas toujours en mauvaise part, comme le prouve ce passage de l'*Ane d'or* d'Apulée, livre IX : *Solito sermone salutem ei imprecatus fuerat.*

*Ampullam nardi aperuit.* Il y a plusieurs espèces de nard, et Ruellius, livre II, chapitres 6 et 7, donne une longue explication sur ce sujet ; Pline en parle aussi fort amplement livre XII, chapitre 2. Le nard le plus estimé des anciens était celui qu'ils appelaient *indicum* et *syriacum*, ils en composaient des parfums très-précieux. Quelques-uns en parfumaient leurs cheveux, comme on le voit dans Tibulle, livre I, élégie 2 :

...... Illius puro distillent tempora nardo.

Page 272, ligne 15. *Novum acroama.* Mot grec ἀκρόαμα, l'action d'ouïr un son agréable ou barbare.

Ligne 19. *Consonuere cornicines.* Les cors étaient employés dans les funérailles des princes, comme on le voit dans l'*Apokolokynthosis* de Sénèque : *Erat omnium formosissimum Claudii funus, ut scires deum efferri, tibicinum, cornicinumque, omnis generis sonatorum, tanta turba, ut etiam Claudius audire posset.*

FIN DU PREMIER VOLUME.

www.ingramcontent.com/pod-product-compliance
Lightning Source LLC
Chambersburg PA
CBHW071902230426
43671CB00010B/1444